国家社科基金教育学一般项目“基于微观追踪数据的收入分配
与教育作用机制研究”研究成果（项目编号：BFA160042）

RESEARCH ON THE INTERACTIVE
MECHANISM BETWEEN EDUCATION AND
INCOME DISTRIBUTION

教育与收入分配的作用机制研究

基于多层线性模型的发现

邓峰 吕珊 著

北京理工大学出版社
BEIJING INSTITUTE OF TECHNOLOGY PRESS

图书在版编目(CIP)数据

教育与收入分配的作用机制研究：基于多层线性模型的发现／邓峰，吕珊著．--北京：北京理工大学出版社，2022.6

ISBN 978-7-5763-1364-2

Ⅰ.①教… Ⅱ.①邓… ②吕… Ⅲ.①教育投资-影响-国民收入分配-研究-中国 Ⅳ.①G526.72 ②F124.7

中国版本图书馆 CIP 数据核字(2022)第 095774 号

责任编辑：王晓莉　　文案编辑：王晓莉
责任校对：周瑞红　　责任印制：李志强

出版发行／北京理工大学出版社有限责任公司
社　　址／北京市丰台区四合庄路 6 号
邮　　编／100070
电　　话／(010) 68944439（学术售后服务热线）
网　　址／http：//www.bitpress.com.cn

版 印 次／2022 年 6 月第 1 版第 1 次印刷
印　　刷／保定市中画美凯印刷有限公司
开　　本／710 mm×1000 mm　1/16
印　　张／13.5
字　　数／228 千字
定　　价／68.00 元

前言

2010年，中国人均国内生产总值达到4 396美元，按照世界银行的标准，中国已经进入中等收入国家行列。从我国经济社会发展的现实来看，中国当前的高速增长过于依赖资本、资源和人力要素投入，但是随着资本投入效率不断降低以及资源和人口红利的消失，这一模式已经难以持续下去，经济发展后劲不足和“中等收入陷阱”的先兆已经显现出来。

党的十九大提出了到21世纪中叶“全体人民共同富裕基本实现”的目标，并将其分解为两个阶段。2021年8月17日习近平总书记主持召开中央财经委员会第十次会议，强调要在高质量发展中促进共同富裕。

在共同富裕愿景下，中国要想避免“中等收入陷阱”，必须调整发展战略。国际经验表明，很多国家发展中期陷入“中等收入陷阱”主要是由新兴产业对应的创新能力和科技进步没有跟上造成的，而创新能力最终的载体实际上就是创新型的人力资本，这要求我们加大教育投入，为转型奠定人力资本基础，同时注重提高高等教育竞争力，依靠高等教育产生的创新能力逐步提高技术进步在增长中的贡献比重。因此，重视经验分析和教育的经济价值，研究教育与经济增长和收入分配的关系对于我国规避“中等收入陷阱”是一个非常重要的课题。

本研究首先具有重要的学术价值：关于教育与收入分配之间的关系虽然一直是国内外学术界研究的热点，但由于理论基础、研究方法以及数据可得性方面的局限，研究的视角和深度受到不同程度的限制。正因为如此，此类研究在理论、方法及其研究设计上的发展和改进经久不衰。本课题将努力通过实证分析来综合考察影响收入分配的各种因素及教育在其中的作用机制，检验相关理论对中国社会状况的解释性，并力争在理论、方法及其研究设计的完善上做出贡献。

围绕收入分配这一概念复杂、影响因素众多、因果链条漫长的议题开展政策评估，其挑战性可想而知，因此需要在计量方法上进行创新。在研究收入分配问题的时候，往往需要考虑许多因素。长期以来，人们习惯于将经济增长和收入分配联系起来，却往往忽视了其他因素对收入分配的影响。对收入不平等产生影响的因素多种多样（其中宏观因素包括经济发展水平、市场开放程度等，个体因素包括家庭社会资本、个体人力资本，比如平均受教育年限等），并且因素之间的关系本身就错综复杂，因此要厘清各个因素对收入分配的影响并非易事。多层线性模型（HLM）的分析思路就是将收入的总变异分解为组内和组间两个层次，然后在不同的层次上分别引入自变量来对组内变异和组间变异进行解释，从而得到了各因素对收入分配影响因素的净效应。

本书的出版要感谢全国社会科学基金教育学一般项目（BFA160042）对本研究的资助，感谢北京理工大学出版社李颖颖老师和王晓莉老师的辛苦劳动。

书中的纰漏与不当之处，恳请读者批评指正。

著　者

Contents
目 录

第一章

研究背景与问题

一、研究背景与意义

2010年，中国人均国内生产总值达到4 396美元，按照世界银行的标准，中国已经进入中等收入国家行列。从我国经济社会发展的现实来看，中国当前的高速增长过于依赖资本、资源和人力要素投入，但是随着资本投入效率不断恶化以及资源和人口红利的消失，这一模式已经难以持续，经济发展后劲不足和“中等收入陷阱”的先兆已经显现出来。

在共同富裕愿景下，中国要想避免“中等收入陷阱”，必须调整发展战略。国际经验表明，很多国家发展中期陷入“中等收入陷阱”主要是由新兴产业对应的创新能力和科技进步没有跟上造成的，而创新能力最终的载体实际上就是创新型的人力资本，这要求我们加大教育投入，为转型奠定人力资本基础，同时注重提高高等教育竞争力，依靠高等教育产生的创新能力逐步提高技术进步在增长中的贡献。因此，重视经验分析和教育的经济价值，研究教育与经济增长和收入分配的关系对于我国规避“中等收入陷阱”是一个非常重要的课题。

本研究首先具有重要的学术价值：关于教育与收入分配之间的关系虽然一直是国内外学术界研究的热点，但由于理论基础、研究方法以及数据可得性方面的局限，研究的视角和深度受到不同程度的限制。正因为如此，此类研究在理论、方法及其研究设计上的发展和改进经久不衰。本课题将努力通过实证分析来综合考察影响收入分配的各种因素以及教育在其中的作用机制，检验相关理论对中国社会状况的解释性，并力争在理论、方法及其研究设计的完善上做出贡献。

本研究具有重要的政策和改革含义：只有对教育和收入分配的历史和现状进行客观和深入的实证分析，才能正确认识中国社会中教育的社会功能、收入分配的社会功能以及它们之间的相互关系，才能更客观地评价相关政策和制度安排，并为改革提供参考依据。

二、研究内容

（一）居民收入分配的影响机制及教育因素研究（第二章）

由于收入分配内涵复杂、涉及面广、因果链条漫长，要进一步深化收入分配改革，需要在理论框架、计量方法以及研究设计上进行创新，对收入分配的影响因素及教育的作用机制进行研究。本研究利用多层线性模型，同时考察宏观制度因素以及个体因素对于收入增长和收入差距的影响机制，探讨个体的受教育水平同其他因素的互动关系。

1. 收入差距的影响机制及教育收益率的异质性

本研究还将利用追踪数据的基线数据以及其他全国代表性的居民收入截面数据探讨收入差距的影响因素以及教育的作用机制。基尼系数是一个单纯衡量结果公正的工具，却抽象掉了影响收入差距的诸多经济因素、社会因素以及个体因素。本部分的首要目的是利用全国代表性的微观居民收入数据，全面考察地区、城乡、劳动力市场分割等宏观因素以及个体因素对于我国居民收入不平等的影响。在人力资本理论的框架下，中国教育收益率的估计及城乡和地区异质性也是本部分的研究重点。此外，本研究还将着重考察城镇和农村地区收入差距的决定机制，尤其是城乡间人力资本存量和价格效应的差异对于城乡收入差距的贡献。

2. 居民收入增长的总体状况及影响因素

本研究提出居民收入增长是收入分配的核心指标。本部分以中国健康与营养调查（CHNS）1989—2009 年的微观追踪数据为基础，以动态、变迁的视角探讨教育、收入增长和城乡收入差距变动之间的关系。具体而言，本研究试图回答：自 1989 年以来，城乡居民收入的变动趋势如何？城乡居民的收入差距和收入增长可以从哪些因素中得到解释？我国教育发展能否起到缩小城乡收入差距的作用？

（二）高等教育对收入分配的结构效应和价格效应（第三章）

教育对于收入不平等的影响主要取决于两方面：一是结构效应，二是价格效应。本部分以高等教育为例，考察高等教育扩张如何通过结构效应和价格效应对收入分配产生影响。

1. 高等教育扩张与入学机会均等程度的变化

本部分利用“中国家庭动态跟踪调查”2010年的数据，结合分省招生的高考录取制度来探讨扩招政策对于高等教育入学机会分配平等化的作用，通过实证研究方法准确估算出现阶段中国地区间高等教育入学机会差异有多大，并比较准确地考察1999年开始实施的大学扩招政策对阶层、城乡、民族、性别以及兄弟姐妹人数对高等教育机会均等化的净效应。

2. 高等教育收益率的因果推断

加强教育投资被看作是减少贫困、缩小收入差距的主要手段，尤其是在发展中国家，更是如此。但近年，在中国却出现了不同寻常的现象，一方面，高等教育扩张甚至部分的过度教育在进行中；另一方面，大学生的就业形势不理想，收入不平等日益严重。本部分首先对高等教育的平均处理效应（ATE）进行因果推断，并与教育的平均收益率进行比较，以确定我国高等教育的收益率是否依然在各级教育中保持最高。本研究还考虑了高等教育对不同群体的异质性影响，比较大学组的平均处理效应（ATT）与高中组的平均处理效应（ATU）哪个更高。

（三）高校毕业生就业状况变动趋势及与劳动力市场的匹配机制（第四章）

大学生就业状况受多种因素影响，大学毕业生供给总量是影响因素之一，但是大学生就业需要本质上是一个派生需求，取决于社会经济发展为大学生提供的就业机会，与国家的经济形势和产业结构有很大的关系，受到政治、经济等外在制度因素或经济内生因素的制约。

1. 高校毕业生就业状况的变动趋势分析

始于1999年的高校规模扩张政策极大提高了我国人力资本存量中高学历人才的数量，但是对于高等教育规模增加的速度以及实现方式则争议很多，尤其是对扩招后高等教育质量滑坡、高校毕业生就业难等现象有很多批评和反思。本研究采用政策评估的视角，通过实证研究考察高等教育规模扩张政策对大学生就业，也就是政策结果的影响，来研究我国高等教育的适度规模，以阐明高等教育规模是否扩张过快，进而思考我国应保持怎样的高等教育发展速度。

2. 高等教育人才培养及与劳动力市场的匹配机制分析

高校毕业生拥有较高的知识和技术水平，其在地区间的流动会对流入地和流出地的区域发展、产业布局、城市规划产生重要影响。以往的研究探讨了就业流动对于高校毕业生就业质量的影响，但是没有结合毕业生就业流动的具体路径，没有细致刻画各种流动路径对于就业质量的不同影响。本研究通过描绘高校毕业生就业流动的不同路径以及空间分布，进而分析毕业生跨省流动对就业质量的影响，探讨如何充分发挥人力资本对私人收益和社会整体效率提高的作用，实现高校人力资源初次配置同区域发展的协调和优化。

三、研究目标

①通过研究我国收入分配的现状以及变动趋势，认识当今中国收入分配是向均等趋近，还是向两极分化。

②确定收入分配与教育机会分配的互动关系，并进一步判断这种互动关系如何影响当今中国社会的收入分配。

③确定教育对社会收入分配结构和社会分层的影响，以认识弱势群体的生存状况是否在改善。高等教育是依然会成为一条阶层上升的通道，还是会成为恶化阶层锁定的工具。

④确定教育如何影响个人的收入情况、个人教育投资的风险情况如何，以认识家庭的教育需求及其投资行为。

⑤确定在中国劳动力市场存在多重分割的情况下，高校毕业生在地理位置或体制的劳动力市场中的就业分布以及就业状况。

四、拟解决的关键问题

（一）教育在城乡居民收入增长中的作用及机制

自改革开放以来，城乡收入差距在全国收入差距中所占比重不断上升。

本研究还将城乡居民收入增长差异作为研究的重点。以往对农民增收难的分析视角多从市场、政策等外部条件考虑，内生经济增长理论认为，土地本身并不是贫穷的重要因素，提高农村居民的人力资本水平对构筑农民收入增长的长效机制可以起到至关重要的作用。为此，本研究着力探讨教育在城乡间对收入增长的不同作用。

（二）基于全国代表性数据的中国教育收益率的无偏估计

以往国家统计局尚未实现城乡居民住户调查的一体化，农村居民纯收入和城镇居民人均可支配收入的指标含义和形态构成都有较大差异，因此教育收益率的估计通常都是分城乡单独进行的，因此对中国整体教育收益率的估计鲜有涉及。为改变这种状况，经数年共同研究，2012 年国家统计局对城乡住户调查实施了一体化改革，统一了城乡居民收入指标名称、分类和统计标准。由于转型经济的特点，中国目前劳动力市场仍处于不断发育和完善的过程之中，就业市场的多重分割是一个基本事实。在城乡二元经济结构和地区间发展不平衡的背景下，如何有效控制明瑟方程中的地区和城乡差异，从而获得中国教育收益率的无偏估计，就成为一个亟待解决的问题。

（三）改变命运还是阶层固化？高等教育收益率中 ATT 和 ATU 的比较

对于高等教育的收益率而言，参与组的平均处理效应（ATT）和未参与组的平均处理效应（ATU）的比较具有重要的政策意义。理性行为决策理论认为，最有可能选择并有机会获得高等教育的群体，将是从高等教育中获益最多的。而负向行为选择理论认为，最不可能获得高等教育机会的群体，其选择进入大学接受教育的意愿更高，而且一旦其选择进入就会收益更多。本研究还将比较 ATT 和 ATU 的高低，以确定高等教育是否依然是一种有效地促进社会流动的政策工具。

第二章

居民收入分配的影响机制及教育因素研究

一、全国居民收入差距的影响机制研究

——兼论教育收益率的估计及异质性

摘要：本研究使用中国家庭动态跟踪调查 2010 年的数据，考察我国居民收入差距的影响机制。在使用多层线性模型将收入总变异在省间、区县间和个体间进行划分后发现，个体层面因素对收入不平等的贡献最大。对随机效应的分析表明，对个体层面收入变异解释力度最强的因素包括就业市场的多重分割、人力资本、个体特征以及城乡分割。对教育收益率的分析结果表明，中国的教育收益率依然落后于世界平均水平，且城镇地区教育收益率对农村地区的优势也已不显著。影响城乡收入差距的最主要因素是城乡间人力资本存量和要素价格的差异，其他因素还包括地区因素、个体特征以及就业市场分割。

关键词：收入差距；教育收益率；多层线性模型

自从党的十六大开始以来，我国着力统筹城乡经济和社会发展，加快形成城乡发展一体化的新格局。受传统城乡二元结构的影响和制约，长期以来，我国城乡住户调查一直分别进行。由于城镇居民人均可支配收入和农村居民人均纯收入的指标定义、口径和标准不完全一致，这导致了缺乏全国居民家庭收入数据以及城乡可比的收入数据，这种状况已不适应统筹城乡发展的要求。为从根本上解决上述问题，国家统计局决定于 2013 年正式实施城乡住户一体化调查。全国统一的、城乡可比的、以可支配收入指标为核心的居民收支指标体系的建立，能够为国家制定保障和改善民生政策、调整收入分配政

策、促进城乡统筹发展提供更加准确完整的基础资料和统计服务。

研究者一般利用全国代表性的收入调查数据来计算我国的基尼系数，但基尼系数是一个单纯衡量收入不平等的工具，并不能很好地区分收入分配过程中的合理因素、不合理因素以及不合法的因素。本研究的首要目的是在微观层面全面考察地区、城乡、劳动力市场分割以及个体因素对于我国居民收入差距的影响。在人力资本理论的框架下，中国教育收益率的估计及城乡和地区异质性也是本研究的重点。此外，本研究还将着重考察城镇和农村地区收入差距的决定机制，尤其是城乡间人力资本存量和价格效应的差异对于城乡收入差距的贡献。本研究将利用“中国家庭动态跟踪调查”（Chinese Family Panel Studies，CFPS）2010 年的基线数据，通过多层线性模型（Hierarchical Linear Model，HLM）对上述问题进行研究。

（一）文献综述

1. 中国的收入差距及其分解

改革开放以来，我国经济保持快速稳定增长的同时，激励机制和分配制度也发生了重大变革，其结果是中国居民收入分配格局的演变和收入差距的扩大。在研究收入差距时，首先要对我国总体收入差距以及分领域的收入差距进行测度，主要的统计指标包括基尼系数、变异系数、泰尔指数等。其次，研究者还需要了解哪些因素对收入差距的贡献较大，这就需要采用对收入差距指标进行分解的方法。

变异系数不能够在样本之间进行分解，因此对中国收入差距的分解大多基于基尼系数或泰尔指数。传统观点认为，使用基尼系数将居民按所处地域或职业等人群特征分成子组来考察这些因素对收入差距的影响时会产生交叉项，不能满足加和可分解性（Additive Decomposability）条件，因而无法进行完美的组群分解。程永宏（2006）认为加和可分解性条件过于严格，其中一部分是非必需的，甚至是有缺陷的，提出了将全国基尼系数进行城乡分解的方法。洪兴建（2008）也给出了新的基尼系数子群分解公式，并发现农村群间不平等对总体基尼系数的贡献率最大，城镇群内不平等的贡献率不断上升，这两个因素是导致我国全体居民收入不平等扩大的重要原因。泰尔指数在收入不平等的分解研究应用也很广泛。刘学良（2008）按一阶泰尔指数的思路对居民收入差距进行了分解，将总体收入差距分解为城乡之间和城乡内部。但高帆（2012）认为泰尔指数一阶分解的次序会影响对收入分配格局的判断，先按城乡分解后按地区分解会夸大城乡收入不均等，而先按地区分解后按城乡分解会夸大地区收入不均等。基于泰尔指数二阶嵌套分解，研究者利用1978—2009年31个省份的数据，将个体收入差距分解为地区内部差距、地区之间差距和城乡之间差距，而引致总体收入差距演变的主导因素是城乡收入差距。

传统的收入差距指标分解方法对居民收入调查数据的使用存在浪费和低效的问题。基尼系数和泰尔指数的计算根本上还要依赖微观的居民收入数据，数据中原本包含丰富的信息，但在计算的过程中却抽象掉了影响收入不平等的诸多地区因素、经济因素以及个体因素。使用分解法的研究主要集中于地区或者城乡收入差距的分解，对其他居民的身份特征进行分组分解的文献则较少；总体收入差距也只能在群内以及群间进行简单划分，不能对其具体的形成机制进行深入探讨，从而无法为有关缩小居民收入差距的政策制定提供可操作的建议。

对收入不平等决定机制的研究还可以直接采用微观层面数据，使用回归的方法对影响收入差异的各种因素进行分析。Xie 和 Hannum（1996）使用CHIP项目1998年城镇地区的居民收入微观数据，通过多层线性模型综合考虑了地区间经济增长不平衡，以及个体层面的人力资本、政治资本以及性别对收入不平等的作用。

2. 中国教育收益率的估计

教育对收入分配的作用一直是劳动经济学研究的重点。教育对收入差距的影响主要取决于两个方面：一是教育的结构效应，即劳动者受教育水平的分布。研究者对教育本身所具有的减少机会不平等，从而缩小收入分配差距的社会经济效应基本达成共识。基于中国数据的实证研究也证明了教育不平等程度的减小有益于收入不平等状况的改善（陈斌开等，2009）。二是教育的价格效应，即劳动力市场对教育给出的经济回报的分布，具体表现为教育收益率。改革开放前，计划经济体制下的工资水平取决于某种事前设定的平均值，人力资本投资得不到应有的回报。随着经济改革的深入，劳动力市场在促使劳动力资源实现有效配置方面变得越来越有效，教育的回报率也不断提高。研究者认为劳动力市场对就业者教育回报显著提高是造成收入不平等扩大的重要贡献因素（陈玉宇等，2004；李实、宋锦，2010）。

以往国家统计局尚未实现城乡居民住户调查的一体化，农村居民纯收入和城镇居民人均可支配收入在指标含义和形态构成上都有较大差异，因此教育收益率的估计通常都是分城乡单独进行的，因此对中国整体教育收益率的估计鲜有涉及。娄世艳（2009）使用具有全国代表性的“中国综合社会调查

(CGSS)”2005年的数据，计算的城镇地区和农村地区教育收益率分别为10.9%和8.2%，但使用全体样本得到的中国教育收益率却高达15.1%。范静波（2011）使用CGSS数据估算的2003年、2005年、2006年和2008年的中国总体教育收益率分别为9.9%、15.5%、14.3%和14.6%。

明瑟收入方程假定在一个完全竞争的劳动力市场上，人力资本是决定个人收入的关键因素。由于转型经济的特点，中国目前劳动力市场仍处于不断发育和完善的过程之中，就业市场的多重分割是一个基本事实。当将城镇样本和农村样本合并成为全国样本时，城乡间和地区间的教育不平等和收入差距都会对使用OLS方法估计出的教育收益率产生影响。因此，在城乡二元经济结构和地区间发展不平衡的背景下，如何有效控制明瑟方程中的地区和城乡差异，从而获得中国教育收益率的无偏估计，就成为一个亟待解决的问题。

3. 城乡收入差距及其影响因素

由于中国大量的贫困人口集中在农村地区，因此缩小城乡收入差距对于缓解中国收入差距扩大问题具有重大的意义。城乡居民的收入比在1978年的改革之初为2.57。进入21世纪以来，我国大多数年份的城乡居民收入比都在3以上。随着城乡间收入差距的不断扩大，它在全国收入差距中所占比重也不断上升。李实（2011）发现，仅仅城乡之间的收入差距，1988年就占全国收入差距的37%左右，1995年为42%，2002年上升为46%，2007年达到50%。

对于造成城乡收入差距的原因，研究者从不同角度来进行探讨，比如农业生产具有天然的弱质性、风险高、比较效益低的特点；城市偏向政策（农村基础设施建设滞后，农业所特有的地方性收费）的制造；城乡二元经济结构下农村市场化程度低，农民参与市场的费用高；以及城乡二元社会结构（户籍制度、教育制度、就业制度、社会保障及福利制度等）的存在。以往研究加深了对影响城乡居民收入差距产生机制的理解，为找出缩小城乡居民收入分配差距的有效措施打下良好的基础。但从整体的视角来看，对影响城乡收入差距的因素研究并不系统，任何单一视角的研究都不可避免地存在局限性。此外，大多研究是从制度变革或者宏观政策等角度来分析城乡收入差距的成因，使用个体层面的微观数据来进行探讨的研究还较少。

提高农民收入是缩小城乡收入差距的关键。虽然近些年政府一系列增加农民收入的措施发挥了一定的作用，但农民增收的长效机制尚未形成。内生经济增长理论认为，改善穷人福利的决定因素并不是能源、耕地等要素，而是人口质量的改善和知识的增加。农民作为经济活动的主体，提高农村居民的受教育水平对构筑农民收入增长的长效机制、增强农民的自生能力可以起到至关重要的作用。姚先国等（2004）认为，公共教育投入以及受教育机会的不平等及由此造成的教育收益率的差别是城乡收入差距扩大的重要原因，在某种程度上讲，这种差异是内因甚至是决定性的原因。

4. 城乡教育收益率的比较

中国城乡二元结构的产生有着复杂的社会背景及深刻的历史原因。传统的城乡二元结构包括城乡二元经济结构和城乡二元社会结构两个方面。改革开放以来，随着城市经济的飞速发展和户籍制度的松动，数以千万计的农村剩余劳动力不断地涌入城市，从而形成了城市中本地居民的劳动力市场和外来人口劳动力市场的新城乡二元结构。以往对农村教育收益率的研究可以分为三类：第一类研究依据城乡二元经济结构划分城乡，关注的是农村地区的教育收益率。第二类依据以户籍制度为基础的城乡二元社会结构，关注农业户籍人口的教育收益率，而不管其在城镇还是农村工作。第三类研究的分类依据是城镇地区的新城乡二元结构，关注的是城市中来自农村的迁移劳动者的教育收益率。

不同的样本划分方法使得所估计的城乡教育收益率的政策含义各不相同。首先，教育收益率的变化可以作为判断劳动力市场配置效率的高低和经济转型程度的一个重要指标。以居住地为划分基础的城乡教育收益率可以作为比较城镇和农村地区劳动力市场人力资本配置效率高低的指标。其次，在城镇地区的新城乡二元结构下，比较城乡教育收益率的差异可以看出城镇居民和农民工之间在就业选择权方面的制度性差异。最后，从微观层面讲，教育收益率还可以作为个体确定投资教育的决策依据。有调查显示，农村父母更希望子女到城市里去工作。随着城乡经济发展差距的拉大和城乡流动限制的消解，农户对子女城镇就业的偏好只会更强（张勉，1995）。以当前户籍为标准划分获得的农业户籍样本中并不包括那些通过升学、招工或者参军等方式获得“农转非”机会并获得较高经济收益的农村子弟，这种样本偏差必然使得计算出的农业户籍人口的教育收益率偏低。因此，以当前户籍属性划分样本所得到的城乡教育收益率差异并没有明确的政策含义。

自2013年开始，国家统计局改变了以往按户籍确定城镇和农村抽样比例的做法，而是根据第六次人口普查的数据，不事先区别户籍，全部随机抽取。由于采取了“定宅不定户”的方法，对住宅而不是分户进行抽样，比较完整地包括农民工的样本。对于城乡划分则按照常居地的标准，农民工被并入城镇人口的人均可支配收入的统计样本中。本研究的城乡划分依据是居住地，主要关注城镇和农村劳动力市场中教育收益率的差异。使用国家统计局城调

队的数据表明，城镇地区的教育收益率从 1991 年的 2.95%，1995 年的 4.66%，2000 年的 8.53%（陈晓宇等，2003），升至 2004 年的 10.46%（王明进、岳昌君，2009）。进入 21 世纪以来，针对我国教育收益率变动趋势的研究并不多。丁小浩等（2012）利用国家统计局 2002—2009 年城镇住户调查数据研究发现，近年来中国城镇教育收益率的变化逐渐趋于平稳。在控制了行业、单位类型、地区等变量以后，城镇教育收益率变化的趋势还出现了某种下降的迹象。对于农村地区的教育收益率，Johnson 和 Chow（1997）利用 1988 年中国家庭收入调查（CHIP）的数据进行研究，结果表明，中国农村地区的教育收益率要高于城镇，农村地区大概为 4.02%，城镇地区大概为 3.29%。其他研究的结果表明，此后农村地区的教育收益率从 1991 年的 4.8%（Wei 等，1999），1996 年的 6.3%（赵力涛，2006），2004 年的 7.5%（郭建鑫，2007）直至升到 2005 年的 8.2%（娄世艳，2009）。邓峰、丁小浩（2013）利用 CHNS 数据描述了 1989—2009 年的城乡教育收益率的变动趋势，并认为农村地区收益率先高后低的变动趋势很好地契合了我国“先农村，后城镇”的改革开放进程。以往发现农村地区教育收益率较低的研究大多存在只选取农村地区在非农部门获得工资性收入劳动者的样本选择偏差问题。

（二）数据和变量

“中国家庭动态跟踪调查”是北京大学中国社会科学调查中心实施的一项旨在通过跟踪搜集个体、家庭、社区三个层次的数据，反映中国社会、经济、人口、教育和健康的变迁的重大社会科学项目。CFPS 项目在数据收集上取得以下几个方面的突破：首先，该调查采用城乡统一的问卷工具。其次，该数据具有很高的可靠性。在 2010 年全国正式实施之前，调查中心在 2007 年、2008 年和 2009 年进行三次大规模试测。最后，该数据具有很好的代表性。2010 年的数据收集在全国 25 个省、市、自治区展开。CFPS 采取省、区县、村居的三阶段不等概的整群抽样设计。全国代表性样本中包括 21 822 个成人样本。本研究选取年龄在 16 ~ 60 岁，目前有全职工作或者务农并且有年收入信息的样本，最终获得包含 8 270 个劳动者的分析样本。

本研究中的年收入包括工资性收入和经营性收入两部分，并不包括财产性收入和转移性收入。工资性收入由月固定工资，月浮动工资，加班费以及补贴和奖金，年终奖金，单位发放的实物折合现金，第二职业、兼职或临时性收入，以及其他劳动收入的合计获得。经营性收入指个人收益，不是指企业收益。农民通过经营自己的土地或其他资产如水面等获得收入被计入了家庭经营性收入，此部分收入通过除以家庭内的务农人数转化为个体经营性收入的一部分。

本研究计算教育年限所依据的是个体从全日制学校所获得的最高学历，并按中国现行学制进行换算（具体为：博士22年，硕士19年，本科16年，专科15年，高中12年，初中9年，小学6年，文盲/半文盲0年）。个体工作年限的计算是根据其最终学历所对应的离校时间，比如对于一个2003年离校的本科生来讲，其工作年限为7年。通过这种计算方式，个体的工龄就不受入学年龄以及实际受教育年限不同的影响。

个体特征包括：性别（男性=1，女性=0），民族（少数民族=1，汉族=0），政治面貌（党员=1，其他=0），户口性质（农业户口=1，非农业户口=0），当前居住地（农村地区=1，城镇地区=0）。劳动者所在省份按照国家统计局2003年发布的标准划分为东部、中部和西部。就业特征包括部门性质，所从事产业和职业层次。按照非经济部门与经济部门，国家力量对劳动力市场的作用，劳动力的雇佣方式的不同将劳动力市场划分为五大部门（刘精明，2006）：公共部门、社会部门（包括民办非企业组织、协会/行会/基金会等社会组织）、国有集体企业、私有企业以及非正式劳动力市场（农村家庭经营和个体工商户）。劳动者所在行业划分为第一产业、第二产业和第三产业。劳动者的职业层次则分为机关企事业负责人、专业技术人员、办事和有关人员、商业和服务业人员、生产运输操作人员以及农林牧渔和水利生产人员。

为衡量各省的经济、城市化以及劳动力市场发育水平，本研究根据《中国统计年鉴》和《中国人口和就业统计年鉴》构建了一系列指标，包括2009年各省GDP总值、人均GDP、第三产业占GDP比例；城乡居民收入比、城镇化率；就业人口受教育年限、第三产业就业比例、城镇国有集体企业就业比例。

（三）研究方法和模型设定

中国居民的收入水平受多种因素的共同影响。个人的收入水平受省市的经济发展水平和劳动力市场发育程度的共同影响，因此在本研究中，个体同省市存在嵌套关系。对于CFPS这样同时包含个体层面变量和地区层面变量的数据，OLS方法主要有两种处理策略。第一种方法是基于地区水平的分析，即把个体层面的数据以均数的形式同地区水平的变量一起代入模型中来考察对收入差异的影响。这种做法在一定程度上可以反映地区因素的作用，不足之处是放弃了对个体差异的解释。当将基于地区间数据得到的结论推广到个体层面时，由于方法论上的“生态学谬误”（Ecological Falacy）的影响，可能会夸大个体因素同收入水平之间的关系。第二种方法是基于个体水平的分析。

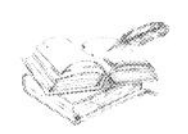

如果地区变量被处理为一层变量，就会造成它们在个体间被不恰当地重复，地区变量的离散程度被高估，从而导致地区变量的系数有一个向下的偏误。对于个体因素而言，由于同一地区个体间的同质性要高于不同地区不同个体之间的同质性，在回归中有些变量因不可被观察而进入误差项，这就违背了OLS方法关于残差同分布和无序列相关的假设。以教育收益率的估计举例，研究者一般使用明瑟收入方程来进行研究：

$$\ln W = \beta_0 + \beta_1 \mathrm{EDU} + \beta_2 \mathrm{EXP} + \beta_3 \mathrm{EXP}^2 + u$$

如果用OLS方法直接对中国的教育收益率进行估计的话，首先，由于放弃了对不同地区之间差异的考虑，很多本来由地区带来的差异被解释为教育的作用，这导致无法将参数变异和抽样变异区分开，夸大了个体受教育水平同收入间的关系。其次，明瑟方程假定劳动力市场是完全竞争性的，对于劳动者来说，这意味着就业于不同所有制单位、不同产业部门、不同地区，人力资本得到的收益率应该是完全相同的。但在中国现有国情下，不同地区的劳动力市场发育程度存在差异是一个基本事实，因此教育收益率可能在地区间存在异质性。王海港等（2007）将劳动力市场谋职比例和国有部门就业职工比重用作劳动力市场化程度的代理变量，多层线性模型的结果表明，省内较高的劳动力市场化程度有利于教育收益率的提高。

多层线性模型（Raudenbush和Bryk，2002）可以很好地处理具有嵌套结构的数据。本研究主要目的是考察劳动者的收入水平以及教育收益率如何受个体和地区因素影响。多层线性模型的分析思路是将收入的总变异分解为组内和组间两个层次，然后在不同的层次上分别引入自变量来对组内变异和组间变异进行解释。个体层面方程中的截距和斜率作为地区层面模型的因变量，由地区方程进行解释。多层线性模型还允许教育对收入的影响在不同地区间有所不同，可以假定每一个地区有各自不同的收入水平和教育收益率。同传统OLS模型一样，多层线性模型同样以变量间存在线性关系，变量总体上服从正态分布为假设，但多层线性模型不需要以方差齐性和随机误差独立性为前提假设。多层线性模型将误差在个体和组织模型中进行分解。模型的假设是个体水平的误差在个体间相互独立，地区误差在地区间相互独立。在对层一系数的估计上，HLM一般使用经验贝叶斯方法，这是一种收缩估计。当不同组样本规模不等，或者有些组内样本量比较小的时候，收缩估计比OLS估计要稳健得多。层二系数的获得一般通过广义最小二乘法方法，基本思路就是通过一定的转化将原来不满足同方差假设的模型在转换后满足同方差假定。

CFPS数据包含了省级、区县、村居和个体层面的丰富信息。本研究将

CFPS 数据按照以下结构进行处理，即个体嵌套于区县，区县嵌套于省。在三层线性模型中，个人特征看作是第一层次，省内各区县为第二层次，各省为第三层次，具体模型为：

层一模型

$$Y_{ijk}=\pi_{0jk}+\pi_{1jk}(\mathrm{Edu})_{jk}+\pi_{2jk}(\mathrm{Exp})_{jk}+\pi_{3jk}(\mathrm{Exp}^2)_{jk}+\pi_{4jk}(\mathrm{Rural})_{jk}+\pi_{5jk}(\mathrm{Rural}\times\mathrm{Edu})_{jk}+\pi_{6jk}(\mathrm{Rural}\times\mathrm{Exp})_{jk}+\pi_{7jk}(\mathrm{Rural}\times\mathrm{Exp}^2)_{jk}+\pi_{8jk}(P_i)_{jk}+\pi_{9jk}(Z_i)_{jk}+e_{ijk}$$

式中，Y_{ijk}是城市 j 省份 k 中个体 i 的收入；

π_{0jk}是城市 j 省份 k 的平均收入；

π_{pjk}是城市 j 省份 k 中自变量对应的系数，自变量 p 包括人力资本、城乡以及它们之间的交叉项，个体特征（P_i）和就业特征（Z_i）的向量矩阵（下文所出现的 p 含义相同，不再一一解释）；

e_{ijk}是层一个体的随机效应，即个体 ijk 同城市 j 省份 k 平均值的离差。假定离差服从平均值为 0，组内方差为 σ^2 的正态分布。

层二模型

$$\pi_{0jk}=\beta_{00k}+r_{0jk}$$

$$\pi_{1jk}=\beta_{10k}+r_{1jk}$$

$$\pi_{2jk}=\beta_{20k}+r_{2jk}$$

$$\pi_{3jk}=\beta_{30k}+r_{3jk}$$

$$\pi_{4jk}=\beta_{40k}+r_{4jk}$$

$$\pi_{qjk}=\beta_{q0k}$$

式中，β_{00k}是省份 k 的平均收入；

β_{p0k}是省份 k 层一系数的平均值；

r_{pjk}是城市 j 省份 k 的随机效应，即城市 jk 同其所在省份 k 平均值的离差。假定离差为正态分布，并有平均数等于 0 和方差等于 τ_π。

层三模型

$$\beta_{00k}=\gamma_{000}+\gamma_{001}(D_i)_k+u_{00k}$$

$$\beta_{10k}=\gamma_{100}+\gamma_{101}(D_i)_k+u_{10k}$$

$$\beta_{20k}=\gamma_{200}+u_{20k}$$

$$\beta_{30k}=\gamma_{300}+u_{30k}$$

$$\beta_{40k}=\gamma_{400}+u_{40k}$$

$$\beta_{q0k}=\gamma_{q00}$$

式中，γ_{000}是全国总体的平均收入；

γ_{100}是全国总体的教育收益率；

γ_{001}和γ_{101}是代表各省特征（D_i）的向量矩阵对各省平均收入和平均教育收益率的影响；

u_{00k}是省份 k 的随机效应，即省份 k 同全国总体平均收入的离差。假定离差为正态分布，并有平均数等于0 和方差等于 τ_{β}。

（四）结果

本研究首先使用 OLS 方法对教育收益率进行估计。在不考虑其他因素影响的情况下，模型 1 中的中国教育收益率已经达到 11.7%（见表 2 -1）。将样本按居住地分为城乡两部分后，模型 2 中农村地区的教育收益率为 8.8%，高于模型 3 中城镇地区的 7.5%。按照当前户籍状态来划分城乡样本，模型 4 中农业户籍人口的教育收益率为 8.2%，低于模型 5 中城镇户籍人口的 8.9%。正如上面讨论，由于“农转非”的存在，该组收益率不能作为农村家庭投资教育的决策依据。由于父母的户籍状态为时变变量（Time Varying Variable），本研究又以个体成年前的户籍状态对样本进行重新划分，假定个体在 12 岁时依然为农业户口，则可近似地认为他们来自农户家庭。结果表明，模型 6 中出生于农村家庭劳动者的教育收益率为 10.2%，高于出生自城镇家庭样本的9.2%。进一步的分析表明，当前样本中有大约 11% 的个体有“农转非”的经历，而这一部分人的收益正是农村家庭投资教育所最为看重的预期收益。

表 2 -1　基于 OLS 方法的教育收益率结果

固定效应	模型 1	模型 2	模型 3	模型 4	模型 5	模型 6	模型 7	模型 8
截距	8.279***	8.513***	8.991***	8.622***	8.732***	8.456***	8.611***	10.678***
教育	0.117***	0.088**	0.075***	0.082 0**	0.089***	0.102***	0.091***	0.194***
工龄	0.016***	0.002	0.018**	0.002	0.019**	0.005	0.031***	-0.240**
工龄平方	-0.001***	-0.000 3***	-0.000 3**	0.000**	0.000*	0.000***	-0.001***	0.004**
R^2	0.230	0.150	0.096	0.143	0.100	0.185	0.093	0.678

要使用多层线性模型来考察我国居民收入水平的决定机制，首先需要建立零模型（见表 2 -2），将收入的总变异在个体和地区间进行分解。零模型的结果表明，个体收入在省间（$u_{00k}=0.167\ 9^{***}$）和区县间（$r_{0jk}=0.288\ 9^{***}$）都存在显著差异。其中省间因素解释了收入水平 10.4% 的变异［0.167 9/(1.165 0 +0.288 9 +0.167 9)］，区县间因素解释了收入 17.8% 的变异，而个体收入余下 71.8% 的变异则由城乡差距、人力资本、个体特征、就业特征以及其他个体层面的因素解释。

表 2－2　多层线性模型对收入不平等和教育收益率的估计结果

固定效应	零模型	模型一	模型二	模型三	模型四	模型五	模型六	模型七
截距，γ_{000}	9. 275 ***	9. 262 ***	9. 270 ***	9. 268 ***	9. 253 ***	9. 248 ***	9. 244 ***	9. 163 ***
东部，γ_{001}						0. 014 1	0. 014	－0. 067
西部，γ_{002}						－0. 032	－0. 042	－0. 015
平均受教育年限，γ_{003}						0. 076	0. 061	0. 057
三产就业比例，γ_{004}						0. 278	0. 474	0. 390
国有集体就业比，γ_{005}						－1. 057 **	－1. 192 **	－1. 089 **
教育，γ_{100}			0. 079 ***	0. 066 ***	0. 072 ***	0. 075 ***	0. 045 ***	0. 042 ***
东部，γ_{101}						0. 015	0. 014	0. 015
西部，γ_{102}						－0. 005	0. 002	－0. 000 1
平均受教育年限，γ_{103}						－0. 025 **	－0. 018 *	－0. 009
三产就业比例，γ_{104}						0. 263 **	0. 227 **	0. 155 *
国有集体就业比，γ_{105}						0. 081 *	0. 078 *	0. 051
工龄，π_{jk}			0. 017 ***	0. 015 ***	0. 0221 ***	0. 023 **	0. 007	0. 009
工龄平方，π_{3jk}			－0. 000 6 ***	－0. 000 5 ***	－0. 000 5 ***	－0. 000 5 ***	－0. 000 3 ***	－0. 000 3 *
城乡，π_{4jk}		－0. 947 ***		－0. 585 ***	－0. 183 4	－0. 167	－0. 081	0. 073
城乡×教育，π_{5jk}					－0. 007 6	－0. 008	－0. 003 5	－0. 020 2 **
城乡×工龄，π_{6jk}					－0. 014 2 *	－0. 015 *	－0. 014 *	0. 006

续表

固定效应	零模型	模型一	模型二	模型三	模型四	模型五	模型六	模型七
城乡×工龄平方，π_{7jk}					-0.000 03	-0.000 0	0.000 0	-0.000 1
个体特征（P_i）							Yes	Yes
工作特征（Z_i）								Yes
随机效应	方差成分							
层一方差								
残差误差，e_{ijk}	1.165 0	1.075 2	0.963 6	0.934 9	0.932 4	0.932 1	0.862 3	0.645 6
层二方差（省内）								
截距，r_{0jk}	0.288 9***	0.155 6***	0.159 9***	0.111 0***	0.106 7***	0.110 1***	0.102 2***	0.043 2***
教育，r_{1jk}			0.001 0***	0.000 6**	0.000 6**	0.000 5**	0.000 3**	0.000 1**
工龄，r_{2jk}			0.000 4*	0.000 1***	0.000 1**	0.000 1**	0.000 1**	0.000 0
工龄平方，r_{3jk}			0.000 0					
城乡，r_{4jk}		0.208 5***		0.100 1***	0.096 0***	0.118 1***	0.113 75***	0.042 3***
层三方差（省间）								
截距，u_{00k}	0.167 9***	0.113 6***	0.122 6***	0.101 6***	0.098 1***	0.011 7**	0.012 56**	0.009 1*
教育，u_{10k}			0.000 2*	0.000 1	0.000 1	0.000 0	0.000 01	0.000 0
工龄，u_{20k}			0.000 2	0.000 0	0.000 0	0.000 0	0.000 00	0.000 0
工龄平方，u_{30k}			0.000 0					
城乡，u_{40k}		0.047 6		0.027 2	0.024 3	0.004 9	0.006 3	0.007 5

模型一中，层一方程只引入了城乡虚拟变量，并允许城乡收入差距在省内和省间有所不同。在剥离省市间发展不平衡的因素后，模型一的结果表明，城乡收入差距的系数为 -0.947，并且达到统计上极其显著的水平。此外，城乡收入差距在区县间存在显著差异（$r_{4jk}=0.2085^{***}$），其系数的95%置信区间为 -1.842 ~ -0.0518。然而，城乡收入差距在省间却不存在显著差异（$u_{40k}=0.0476$）。

模型二中，层一方程只引入了人力资本变量，并允许教育和工龄对收入的影响在省市间有所不同。结果表明，中国的教育收益率为7.9%，与使用OLS方法的模型1的结果相比下降了3.8%。此外，教育收益率在区县间（$r_{1jk}=0.0010^{***}$）和省间（$u_{10k}=0.0002^{*}$）都存在显著差异，教育收益率在区县间95%的置信区间为1.7% ~14.1%，在省间的95%置信区间为5.1% ~10.6%。工龄一次项的系数在区县间有显著差异（$r_{2jk}=0.0004^{*}$），而在省间没有显著差异（$u_{20k}=0.00002$）。工龄的二次项则在区县间和省间都没有显著差异，因此在随后的模型中，工龄平方都被设为固定效应。

在模型三中，层一方程中同时加入了城乡虚拟变量以及人力资本变量。结果表明，当控制住人力资本的影响后，城乡收入差距依然显著，但是系数从模型一中的 -0.947 降为 -0.585。而当控制了城乡收入差异后，教育的收益率由模型二中的7.9%降为6.6%。

模型四中，层一方程中继续引入了城乡变量同人力资本变量的交叉项，用以考察教育收益率在城乡间的异质性。结果表明，城乡虚拟变量所能单独解释的收入差距下降很多，并且系数变得不显著（$\pi_{4j}=-0.1834$）。城镇地区的教育收益率为7.18%，农村地区的教育收益率要比城镇地区低，为6.42%，但是两者之间的差异并不显著（$\pi_{5jk}=-0.0076$）。城镇地区工龄收益率为2.21%，农村地区的工龄收益率则为0.79%，两者之间的差异（$\pi_{6jk}=-0.0142^{*}$）达到统计上的显著水平。

模型五中，层三方程加入了一系列表征省间经济发展水平、城市化水平以及劳动力市场发育程度的指标。初步结果表明，各省市GDP总量、人均GDP、第三产业占GDP的比重、城镇化率以及城乡收入比对教育收益率均无显著影响。在设定多层线性模型时，简约是应该遵循的一个重要原则，因此，正式模型中只保留了有显著预测效力的指标。省间层面的变量均按总体均值做了对中处理（Grand - mean Centered）。与中部地区相比，东部地区的教育收益率要高1.5%（$\gamma_{101}=0.015$），西部地区的收益率要低0.5%（$\gamma_{101}=-0.005$），但这些差异都没有达到统计上的显著水平。各省劳动者的平均受教育年限增长1年，该省劳动者的平均教育收益率将下降2.5%（$\gamma_{103}=$

-0.025**），教育扩张对教育收益率具有显著的压缩效应。各省劳动者第三产业就业比例每增加10%，教育收益率增长2.63%（$\gamma_{104}=0.263^{*}$）。虽然国有部门就业比同教育收益率呈现正相关（$\gamma_{105}=0.081^{*}$），但是它也与居民收入水平呈现负相关（$\gamma_{005}=-1.057^{*}$）。在控制地区和省间因素对于教育收益率的影响后，城镇地区的教育收益率为7.45%，城乡之间教育收益率的差距（-0.8%）依然不显著。

模型六中，层一方程中加入了一组与个体特征有关的变量（P_i），比如性别、民族、政治面貌以及户籍状态。结果表明，男性劳动者的收入水平显著高于女性（0.392***），少数民族的收入与汉族没有显著差异（-0.097），党员的收入水平显著高于普通群众（0.245***），农业户籍人口的收入显著低于非农户籍（-0.271***）。控制了个体特征后，城镇地区的教育收益率为4.5%，而农村地区则为4.2%，两者之间的差异不显著（$\pi_{5jk}=-0.0035$）。

模型七中，层一方程中继续加入了一组与就业特征相关的变量（Z_i），包括劳动者的工作部门、所属行业以及职业层次，这也是本研究的总模型。结果表明，部门间的收入差距并不显著；第二产业（0.368**）和第三产业（0.399**）劳动者的收入显著高于第一产业；与农林牧渔和水利生产人员相比，机关企事业负责人（1.321***）、专业技术人员（1.236***）、办事人员（1.016***）、商业服务人员（0.978***）以及生产运输操作人员（1.124***）的收入都要显著更高。控制就业特征后，城镇地区的教育收益率为4.16%，农村地区的则为2.14%，两者之间的差异（$\pi_{5jk}=-0.0202^{**}$）达到统计上的显著水平。此外，在控制就业特征后，城乡间工龄回报系数的差异也变得不显著了（$\pi_{6jk}=0.006$）。

（五）讨论

1. 中国的收入不平等的影响机制

对于影响中国收入不平等的各种因素，可以通过比较对收入变异所解释的比例，判断它们对于居民收入差异的贡献度。多层线性模型可以将收入的总变异在不同层面进行区分。首先，对于地区因素而言，区县层面的因素（17.8%）要比省间因素（10.4%）对收入不平等的解释力度更大。其次，对于个体层面存在的71.8%的收入总变异，与零模型相比，在模型一中只加入城乡虚拟变量解释了层一中7.7%的收入变异［(1.1650-1.0752)/1.1650］。与零模型相比，在模型二中只加入人力资本变量解释了层一中17.3%的收入变异［(1.1650-0.9636)/1.1650］。与模型1相比，在控制了城乡差异的情况，在模型三中加入人力资本变量可以多解释12%的收入变异［(1.075 2 - 0.934 9)/1.165 0］。与模型二相比，在控制了人力资本的情况下，在模型三中加入城乡变量却只能多解释2.5%的收入变异。与模型五相比，在模型六中加入个体其他特征解释了层一中6%的变异［(0.932 1 - 0.862 3)/1.165 0］。与模型六相比，在模型七中加入了行业、部门和职业特征解释了层一中18.6%的变异［(0.862 3 - 0.645 6)/1.165 0］。综合而言，对于层一模型中的各种变量，对个体层面收入不平等的贡献最多的前两位因素为就业市场的多重分割和人力资本，城乡差异以及个体特征对收入不平等的贡献度相对较小。

多层线性模型还能具体解释不同层面具体的收入决定机制，从而获得不同因素对收入差异的净效应。对于地区间收入差距而言，层三模型的结果表明，地区划分所依据的地理位置并不是造成地区收入差距的显著因素，而是不同地区内各省经济发展水平和产业结构差异，第三产业以及非公有制企业发展较好的省份，其居民收入水平就较高。对于城乡收入差距而言，本研究也对其影响因素进行了全面的考察。首先，由于农村人口在地区间的分布差异，地区间的收入差距在一定程度上构成了城乡收入差距的内容。当在OLS模型中只加入城乡虚拟变量，其系数则为 -1.145。当HLM模型一中也只加入城乡变量，其系数则降为 -0.947。当在模型三中加入人力资本变量，城乡变量的系数则降为 -0.585，这说明城乡收入差距与城乡间居民在人力资本方面的差异有关。而当在模型四中加入人力资本同城乡的交互项后，城乡变量所能单独解释的收入差距仅为 -0.183。通过比较人力资本在城乡间存量的差异和收益率的差异，本研究计算出教育的结构效应和价格效应造成了0.364的城乡收入差距系数（$10.7\times0.0718-6.3\times0.0642$），工龄的一次项造成了0.252的城乡收入差距系数（$20.8\times0.0221-26.3\times0.0079$），工龄的二次项造成了0.141的城乡收入差距系数（$-0.00046\times20.8^2+0.000491\times26.3^2$），城乡之间由工龄造成的收入差距系数总共为0.393。当在模型六中加入性别、民族、政治面貌以及户籍状态等个体层面的变量，城乡收入差距的系数则降为 -0.081。而当在模型七中加入一组代表行业类别、部门所有制性质以及职业层次的虚拟变量后，城乡差距的系数则变为0.073。

以往研究者基于宏观指标，将全国收入差距系数在地区间或者城乡间进行分解，由于无法具体解释收入差距的成因，因而分解法对于寻找切实缩小居民收入差距的有效政策工具并无很大的帮助。以城乡收入差距为例，本研究发现，虽然城乡收入差距对全国总体收入差距的贡献度很高，但是如此之高的城乡收入差距却是由一系列的因素造成的，要缩小城乡收入差距，可供

政府选择的政策包括：促进地区间经济的均衡发展；实现城乡间的教育公平；促进城乡间劳动力市场一体化的建设，实现人力资源的有效配置；推行户籍制度改革；消除针对女性的就业歧视以及工资歧视；促进农村地区非农产业的发展，消除就业市场中的多重分割。

2. 中国教育收益率的估计及其城乡和地区差异

（1）中国教育收益率的估计

对正处于经济体制改革和社会变迁的国家来说，教育收益率的变化可以作为判断劳动力市场建设和经济转型程度的一个重要指标。Psacharopoulos（1985）研究了世界一些国家或地区教育收益率情况，一般来说，发展中国家的教育收益率最高，新兴国家次之，发达国家最低。研究者当然不能从上述结果中做出发展中国家劳动力市场化最高的结论。对于发展中国家而言，区域发展不平衡、城乡二元经济结构以及劳动力市场分割的现象是普遍存在的，发展中国家教育收益率最高的原因之一就是 OLS 方法无法很好控制上述因素对教育收益率估计造成的偏误。

本研究中，使用 OLS 方法估算的中国教育收益率（11.7%）要高于城镇地区（7.5%）和农村地区的教育收益率（8.8%）。如果用教育收益率衡量市场化程度，城镇地区和农村地区劳动力市场化程度有高有低，综合考虑，全国的教育收益率处于城镇和农村教育收益率之间可能更为合理。本研究使用 HLM 方法估计的全国简易明瑟收益率为 7.9%。两种方法估计结果的差异原因，就是使用 OLS 方法估算出的中国教育收益率会受到地区差异的影响。与经济欠发达地区相比，一方面，经济发达地区的居民收入水平会更高；另一方面，我国中央财政对教育投入占 GDP 的比例较低，各地教育的发展状况依赖本地经济的发展水平，从而造成发达地区居民受教育程度也更高。表 2-1 中模型 8 是将个体层面的数据合并为第二水平的变量，然后以区县为单位分析教育对收入的影响，得到区县层面的教育收益率为 19.4%。实际上，OLS 估计的教育收益率是 HLM 方法估计值和地区层面估计值的加权平均值，具体为：

$$0.117 = 0.194 \times \eta^2 + 0.079 \times (1 - \eta^2)$$

η^2是教育在区县间方差平方和同教育总平方和的比值。多层线性模型将地区发展不平衡的影响剥离出来后，可以得出教育收益率更加准确的估计。在对我国教育收益率进行跨年比较的时候，更需要控制地区差异。虽然以往研究都发现 20 世纪 90 年代我国城镇地区教育收益率稳步快速上升，但受我国梯度式非均衡的地区发展战略的影响，此时地区间经济、社会乃至教育发展的差距也在增大。在我国劳动力市场化程度不变而地区间发展不平衡加大的情况下，OLS 估计出的教育回报系数依然会呈上升趋势。

除了需要控制地区差异，在将城镇和农村地区的样本合并为全国样本的过程中，城乡间受教育程度和收入差距又会被作为个体教育收益率的一部分。因此，模型三进一步控制了城乡变量之后得到的 6.6% 的教育收益率，可以称为中国的教育收益率。模型四估计出的城镇地区教育收益率为 7.18%，农村地区的教育收益率为 6.42%，中国教育收益率 6.6% 的值正好处于城乡教育收益率之间。图 2－1 所示为各方法和模型间教育收益率的变动趋势。

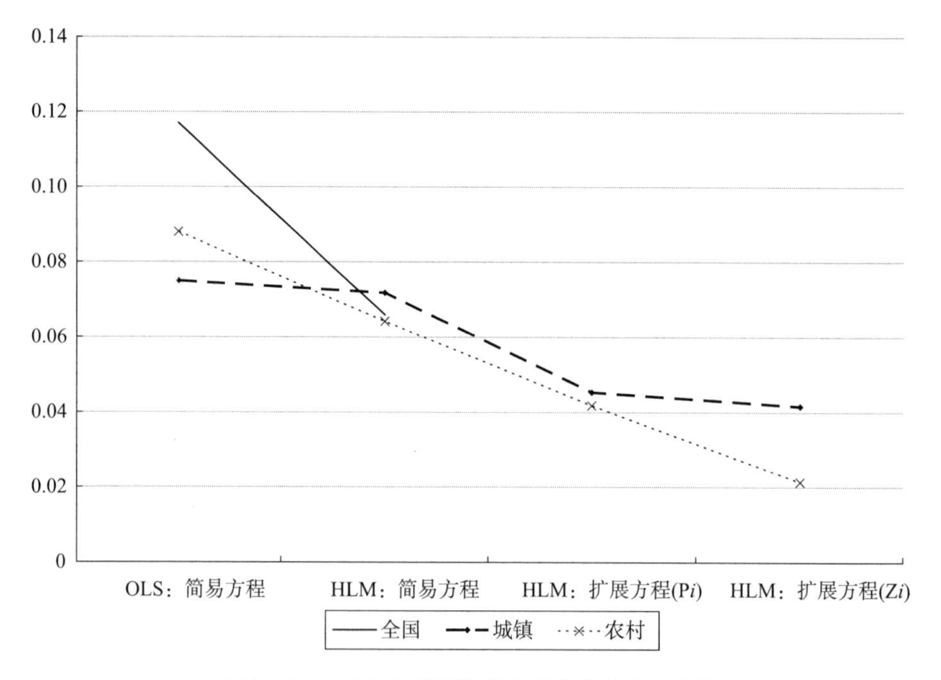

图 2－1　各方法和模型间教育收益率的变动趋势

（2）城乡教育收益率的差异

OLS 方法和 HLM 方法对于城镇地区和农村地区教育收益率孰高孰低给出了相反的结论：OLS 模型的结果表明农村地区教育收益率要高于城镇地区（8.8% >7.5%），而 HLM 模型的结果却表明农村地区的教育收益率要低于城镇地区（6.4% <7.2%）。HLM 方法可以消除地区因素对于教育收益率估计的影响，与 OLS 方法的结果相比，农村地区教育收益率 HLM 的估计值下降了 2.4%，而城镇地区教育收益率 HLM 方法的估计值只下降了 0.3%。上述结果表明，农村地区的地区间受教育程度和收入差距要比城镇地区更大，忽视地区间发展不平衡的影响，就有可能在比较城乡教育收益率时产生误判。

值得注意的是，使用 HLM 方法估计的城镇与农村地区教育收益率之间的差异并没有达到统计上的显著水平。一方面，城镇地区教育收益率仅为 7.2%，较 21 世纪初的估计出现了一定的下降趋势。这种下降可能与我国基本普及九年义务教育以及自 1999 年开始的高校扩招带来的劳动者平均受教育程度提高所造成的工资压缩效应有关；也与我国进入世贸组织后对外贸易的规模迅速增加有关，非技能劳动力的短缺也造成了他们的工资水平开始悄然持续上升。而对于农村地区，同以往研究相比相对较高的教育收益率可能与农村地区非农产业的发展有关。在本研究中，农村地区从事非农产业的劳动者已占全体劳动者的 41%，他们的年平均收入为 23 589 元，平均受教育年限为 8.1 年。相比之下，农业部门劳动者的年平均收入则为 5 526 元，平均受教育年限仅为 4.8 年。由此可见，较高的教育水平为农村居民寻找非农工作创造了有利条件，获得在非农行业就业的比较优势，有助于获得更高的非农收入，从而最终导致了农村地区教育收益率的提高。

教育对收入水平的促进作用主要是通过配置作用和生产作用来实现的。通过对明瑟方程进行扩展后发现，教育收益率的决定机制在城镇和农村地区存在不同。在模型七控制了个体的就业特征后，城镇地区的教育收益率由模型六的 4.5% 下降到 4.2%，两者之间相差不大。反观农村地区，教育收益率则由模型六中的 4.2% 下降到 2.2%，降幅明显。模型七中的城镇和农村地区教育收益率之间的差异也达到了统计上的显著水平。该结果表明，农村地区就业市场分割对于教育回报的影响较大，教育对收入的促进作用主要通过教育的配置作用，而非生产作用。

（3）地区间教育收益率的异质性

受我国改革开放初期推行的地区间非均衡发展战略的影响，各省的经济发展水平以及对劳动力市场制度性分割的解除速度是不一样的，因此教育收益率在地区间也应该有所不同。但以往研究却发现中、西部地区教育收益率起码不低于，甚至高于东部地区教育收益率（Wei 等，1999）。如果以各省份的人均 GDP 作为各省份经济发展水平的指标，本研究发现该指标与各省份劳动者平均受教育年限（$r=0.88^{***}$）存在显著正相关，但各省份劳动者平均受教育年限对教育收益率的影响却是负向的，因此经济发达省份的教育收益率未必高。对于经济欠发达的省份，劳动者平均受教育年限相对较低，具有较高教育水平的劳动者比较稀缺，而且城镇居民国有集体企业就业比例会较高，而这两个因素对于教育收益率都有提升作用。由此可见，促进和抑制教育回报的因素会在某一地区共同作用，从而导致地区经济发达程度和劳动力市场的成熟度同教育收益率之间的关系并不明显。

（六）结论

中国居民收入不平等的影响因素是复杂而多样的，这些因素会同时起作用。在计算基尼系数或者泰尔指数的过程中，会遗失微观数据所包含的有价值信息，因而系数分解法无法对中国收入差距的决定机制进行深入分析。本研究使用多层线性模型综合考虑不同层面的因素，从而得出不同因素对于收入不平等的净效应。收入差距的变异大部分存在于个体层面，其次是区县层面，省间层面最少。对于个体层面收入差距的变异，按照影响因素从大到小依次为就业市场的多重分割、人力资本、个体特征因素以及城乡分割。作为衡量劳动力市场化程度的指标，使用多层线性模型控制了地区和城乡差距后，本研究发现中国整体的教育收益率只有6.6%，与世界各国平均9.7%的教育收益率相比有较大差距。城镇地区和农村地区间教育收益率的差异不显著。对于城乡收入差距影响因素的分析表明，地区差距、城乡间人力资本存量和要素价格的差异、个体特征以及就业市场分割都有贡献，但造成我国城乡差距最重要的因素则是城乡间人力资本存量及其收益率的差异。

参考文献

[1] 程永宏．二元经济中城乡混合基尼系数的计算与分解［J］．经济研究，2006（1）：109－120.

[2] 洪兴建．一个新的基尼系数子群分解公式——兼论中国总体基尼系数的城乡分解［J］．经济学（季刊），2008（1）：307－324.

[3] 刘学良．中国收入差距的分解：1995—2006［J］．经济科学，2008（3）：5－19.

[4] 高帆．中国居民收入差距变动的因素分解：趋势及解释［J］．经济科学，2012（3）：5－17.

[5] Xie Y，Hannum E. Regional Variation in Earnings Inequality in Reform－era Urban China［J］. American Journal of Sociology，1996（4）：950－992.

[6] 陈斌开，杨依山，许伟．中国城镇居民劳动收入差距演变及其原因：1990—2005［J］．经济研究，2009（12）：30－42.

[7] 陈玉宇，王志刚，魏众．中国城镇居民20世纪90年代收入不平等及其变化——地区因素、人力资本在其中的作用［J］．经济科学，2004（6）：16－25.

[8] 李实，宋锦．中国城镇就业收入差距的扩大及其原因［J］．经济学动态，2010（10）：4－10.

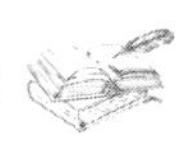

[9] 娄世艳. 中国教育收益率及其影响因素研究 [D]. 天津: 南开大学, 2009.

[10] 范静波. 2003—2008 年间中国教育收益变动趋势研究 [J]. 统计与信息论坛, 2011 (8): 47－52.

[11] 李实. 中国收入分配中的几个主要问题 [J]. 探索与争鸣, 2011 (4): 8－12.

[12] 姚先国, 张海峰. 中国教育回报率估计及其城乡差异分析——以浙江、广东、湖南、安徽等省的调查数据为基础 [J]. 财经论丛, 2004 (6): 1－7.

[13] 张勉. 中日学生家长为子女择业观的比较研究 [J]. 比较教育研究, 1995 (1): 48－51.

[14] 陈晓宇, 陈良焜, 夏晨. 20 世纪 90 年代中国城镇教育收益率的变化与启示 [J]. 北京大学教育评论, 2003 (1): 65－72.

[15] 王明进, 岳昌君. 个人教育收益率的估计与比较: 一个半参数方法 [J]. 统计研究, 2009 (6): 51－59.

[16] 丁小浩, 余秋梅, 于红霞. 本世纪以来中国城镇居民教育收益率及其变化研究 [J]. 教育发展研究, 2012 (11): 1－6.

[17] Johnson E N, Chow G. Rates of Return to Schooling in China [J]. Pacific Economis Review, 1997 (2): 101－113.

[18] Wei X, Tsang M C, Xu W. Education and Earnings in Rural China [J]. Education Economics, 1999 (2): 167－187.

[19] 赵力涛. 中国农村的教育收益率研究 [J]. 中国社会科学, 2006 (3): 98－110.

[20] 郭建鑫. 中国农村教育收益率的实证研究 [J]. 农业技术经济, 2007 (4): 4－10.

[21] 邓峰, 丁小浩. 中国教育收益率的长期变动趋势分析——基于 1989—2009 CHNS 追踪数据的证据 [J]. 统计研究, 2013 (6).

[22] 刘精明. 劳动力市场结构变迁与人力资本收益 [J]. 社会学研究, 2006 (6): 89－121.

[23] 王海港, 李实, 刘京军. 城镇居民教育收益率的地区差异及其解释 [J]. 经济研究, 2007 (8): 73－81.

[24] Raudenbush S W, Bryk A S. Hierarchical Linear Model: Applications and Data Analysis Methods [M]. A: Sage Publications, 2002.

[25] Psacharopoulos G. Returns to Education: A Further International Update and Implications [J]. The Journal of Human Resources, 1985, 20 (4): 36－38.

二、明瑟收入方程中人力资本的异质性

摘要：在我国市场转型的过程中，教育收益率持续提高，但近年社会上读书无用论抬头的现象暗示了教育收益率存在异质性，教育在年轻劳动者群体中对收入分化的作用不强。明瑟方程的根本异质性是指教育年限和工龄对收入的作用不是简单叠加，而是相互影响的关系。本研究使用中国家庭动态跟踪调查2010年的数据，利用多层线性交互分类模型证明了明瑟方程的根本异质性确实存在，并且忽视人力资本间的异质性会导致教育和工龄收益率的低估。此外，教育收益率在不同工龄群体间呈现复杂的波动趋势，而工龄收益率则随受教育水平的提高而增加。

关键词：明瑟方程；根本异质性；多层线性交互分类模型

（一）前言

教育收益率的估计与度量对研究教育对经济的贡献、个体教育投资决策行为、教育资源分配等诸多问题都具有重要意义。对正处于经济体制改革和社会变迁的中国来说，教育收益率的变化还可以作为判断劳动力市场建设和经济转型程度的一个重要指标（赖德胜，2001）。在教育收益率的实证研究中，明瑟收入方程得到了广泛应用。但由于遗漏变量、测量误差、选择偏差和异质性等问题的存在，采用普通最小二乘（OLS）方法估算的教育收益率是有偏误的，甚至是非一致的（刘泽云，2009）。

随着我国劳动力市场机制完善程度的提高，教育在促进个体收入增长以及确定职业等级方面发挥着越来越重要的作用。20世纪90年代以来，越来越多的证据表明中国城镇地区的教育收益率逐年上升。到21世纪初，我国城镇教育收益率已逐步接近世界平均水平，其中高等教育收益的增长水平最高（闵维方，2005）。传统明瑟方程法估计出来的教育收益率是一个常数，是一种平均意义上的教育收益率。但近年来“读书无用论”在某些地区又有抬头的迹象，大量农村考生放弃高考而直接进入劳动力市场。“读书无用论”在社会上的蔓延暗示，虽然我国市场转型后总体教育收益率保持在较高的水平，但不同工龄劳动者之间的教育收益率可能存在着差异，教育对于新进入劳动

力市场的年轻劳动者群体收入分化的作用可能较弱。家庭或者个体在对教育投资进行决策时，他们所依据的教育收益率可能不是总体平均的教育收益率，而是“现在”的（年轻劳动者间）收益率。

本研究主要关注的是教育收益率估计中的异质性问题。教育收益率的异质性是指教育对于不同人群收入的影响是不同的，从而不同人群的教育收益率存在差异。不同于以往异质性研究所经常探讨的教育收益率在外部控制变量（比如地区、城乡、性别和部门）间的差异，本研究首先要分析教育收益率如何随明瑟方程中另一人力资本的代理变量——工龄的变化而变化。对于工龄收益率，本研究还将考察其在不同受教育水平群体间是否也存在异质性。本研究将明瑟方程中两种人力资本变量之间收益率的异质性称为明瑟方程的根本异质性（The Fundamental Heterogeneity），即受教育水平和工龄对收入的影响并不是简单叠加（Addictive）的关系，而是相互影响（Interactive）的关系。

（二）文献综述

以往研究普遍认为教育收益率在不同年龄段之间存在差异，但对于此种年龄差异特征的描述则并不一致。对印度尼西亚（Deolalikar，1993）和对德国（Boockmanna 等，2006）的研究显示，年长劳动者的教育收益率较高。而对挪威（Hoegeland，1999）以及美国、英国和加拿大（Card 和 Lemieux，2003）的研究则表明，年轻人的教育收益率更高。以往对于我国农村教育收益率年龄段差异研究的共同结论是年轻劳动者的教育收益率较高（Li 等，2005；De Brauw 和 Rozelle，2008）。比如，侯风云（2004）利用 2002 年 15 省市调查数据，发现农村教育收益率随年龄增高而下降，15 ~ 34 岁劳动者的教育收益率最高（4.5%），35 ~ 49 岁劳动者次之（3.2%），50 岁以上劳动者的教育收益率最低（2%）。对中国城镇居民的研究也发现年轻劳动者的教育收益率较高（Maurer - Fazio，1999；Li 和 Luo，2004；Zhang 等，2005）。

随着社会和科技的发展，个体为进入劳动力市场积累足够人力资本所需的时间也随之延长，两个同龄的初中毕业生和硕士毕业生初次进入劳动力市场的时间可能相差 10 年。不同的工龄不仅意味着劳动者接受教育的内容和质量会有很大差异，也意味着他们所经历的劳动力市场特征也可能有差异。因此，本研究主要探讨教育收益率在不同工龄群体之间的异质性。

使用明瑟方程对收入差异进行解释时，受教育年限和工龄对收入的影响是简单的叠加形式，两者对收入的影响是互相分隔的。Heckman 等（2006）通过分析美国 1940—1990 年人口普查数据发现，工龄对于教育收益率的影响是一个客观存在的事实。以往研究要考察教育收益率在不同工龄人群之间的差异，第一种方法是将样本按照工龄大小分成几个工龄段并分别估计每组的教育收益率。但是，工龄段的划分带有很强的人为性，更为重要的是，由于模型中其他系数也可能发生变化，对各工龄段的教育收益率估计值进行直接比较可能会使得对问题的解释变得复杂（王明进、岳昌君，2009）。第二种方法是加入教育年限同工龄的交互项，那么可以得到如下形式的收入函数（Bjoklund 和 Kjellstrom，2002）：

$$\ln W = \beta_0 + \beta_1 \text{Edu} + \beta_2 \text{Edu} * \text{Exp} + \beta_3 \text{Edu} * \text{Exp}^2 + \beta_4 \text{Exp} + \beta_5 \text{Exp}^2 + u$$

显然上式中教育年限同工龄以及工龄平方的交互项使得不同工龄群体的对数收入随受教育水平的变化不再是相互平行的。娄世艳等（2009）利用中国综合社会调查2005年的数据，将20~59岁的样本按5岁的间隔划分为8个年龄段，发现城镇人口的教育收益率随着年龄的变化基本呈现U形。如果教育收益率随工龄变化也表现出类似的规律，那么简单加入交互项未必能够很好地描述教育收益率如何依赖工龄的变化而变化。

要准确表示教育收益率在不同工龄人群中的差异可能需要复杂的函数形式，这种函数不但实现起来比较困难，而且形式是未知的，因此可以采用近些年来发展起来的非参数或半参数方法来处理这类问题。变系数部分线性回归模型（Fan 和 Huang，2005）属于半参数模型的一种，王明进、岳昌君（2009）首次将其应用到教育收益率的研究。首先，他们将传统的明瑟方程拓展成变系数部分线性模型：

$$\ln y_i = f_0(u_i) + f_1(u_i)x_{1i} + \beta_1 z_{1i} + \beta_2 z_{2i} + \varepsilon_i$$

其中，$f_0(u)$ 和 $f_1(u)$ 是“工龄” u 的两个未知函数。$f_0(u_i)$ 体现了工龄变化对于收入的影响，设为二次曲线的形式，即 $f_0(u_i) = \gamma_0 + \gamma_1 u + \gamma_2 u^2$。由于 $\partial \ln y / \partial x_1 = f_1(u)$，因此 $f_1(u)$ 度量了受教育水平提高一年，收入所增加的比例，即个人教育的收益率。与明瑟方程中收益率是一个常数不同，这里的教育收益率是一个关于工龄的非参数的函数形式。$\partial^2 \ln y / \partial x_1 \partial u$ 不一定是零，因此，对数收入随工龄变化的曲线在不同教育水平之间不再满足“平行性的”特征，除非 $f_1(u)$ 等于一个常数。研究者对 $f_0(u)$ 和 $f_1(u)$ 的具体形式没有做更多的限制，而只假定它们都是 u 的光滑函数。因此，模型的前半部 $f_0(u_i) + f_1(u_i)x_1$ 属于非参数形式，而后半部分控制变量的影响 $\beta_1 z_1 + \beta_2 z_2$ 仍然是参数的形式，这样的模型通常被称为半参数回归模型。该研究使用国家统计局1991年、1995年、2000年及2004年的中国城镇入户调查数据，检验结果表明，$f_1(u)$ 为常数的假设在常规的显著水平下被拒绝，变系数部分线性模型对样本数据拟合得更好一些。尽管从时间的纵向比较来看，我国城镇居民的

教育收益率在最近20年来是普遍增加的，但横截面的比较显示出对于不同工龄的个体来说，他们的教育收益率存在着明显的差异。随着工龄的增加，教育收益率基本上呈现一种先上升而后下降的趋势，并且教育收益率最高的群体始终是在20世纪80年代后期参加工作的那些人。

作为明瑟方程中两种基本的人力资本代理变量之一，工龄收益率也可能会随教育程度的提高而表现出一定的异质性，但以往文献中对于工龄的回报在不同教育程度人群中是否存在差异鲜有涉及。教育对收入增长的作用很大程度上是通过就业途径的选择来实现的，那些受过良好教育的个体更有可能选择在一些可以获得高收益的部门、行业和地区就业（李实、丁赛，2003）。当高学历劳动者有机会在公共部门以及国有集体企业中就业时，他们不但会获得较高的收入，而且会有较高的工龄收益。在私有部门，工龄收益极为微弱，而在自雇用经营中劳动者的工龄收益呈负向增长（刘精明，2006）。因此，受教育水平可能通过劳动者的就业选择而影响其工龄收益率。

（三）数据和变量

“中国家庭动态跟踪调查”（Chinese Family Panel Studies，CFPS）是北京大学中国社会科学调查中心实施的一项旨在通过跟踪搜集个体、家庭、社区三个层次的数据，反映中国社会、经济、人口、教育和健康的变迁的重大社会科学项目。CFPS项目在数据收集上取得以下几个方面的突破：首先，该调查采用城乡统一的问卷工具。其次，该数据具有很高的可靠性。在2010年全国正式实施之前，在2007年、2008年和2009年进行三次大规模试测，保证了调查进程实时管理和技术支持系统、数据质量实时监控技术的稳定性和可靠性。最后，该数据具有很好的代表性。2010年的数据收集在全国25个省、市、自治区展开。CFPS采取省、区县、村居的三阶段不等概率的整群抽样设计。全国代表性样本中包括21 822个成人个体。本研究选取年龄在16～60岁，目前有全职工作或者务农并且有年收入信息的样本，最终获得包含8 270个劳动者信息的分析样本。

本研究中的年收入包括工资性收入和经营性收入两部分，并不包括财产性收入和转移性收入。工资性收入由月固定工资，月浮动工资，加班费以及补贴和奖金，年终奖金，单位发放的实物折合现金，第二职业、兼职或临时性收入，以及其他劳动收入的合计获得。经营性收入指个人收益，不是指企业收益。农民通过经营自己的土地或其他资产如水面等获得收入被计入了家庭经营性收入，此部分收入通过除以家庭内的务农人数转化为个体经营性收入的一部分。

本研究计算教育年限所依据的是个体从全日制学校所获得的最高学历，其受教育年限按中国现行学制进行换算（具体为：博士 22 年，硕士 19 年，本科 16 年，专科 15 年，高中 12 年，初中 9 年，小学 6 年，文盲/半文盲 0 年）。个体工作年限的计算是根据其最终学历所对应的离校时间，比如对于一个 2003 年离校的本科生来讲，其工作年限为 7 年。通过这种计算方式，个体的工龄就不受入学年龄以及实际受教育年限不同的影响。

明瑟方程是在发达国家成熟的市场经济条件下建立的，这些条件在发展中国家并不完全具备，因此，在发展中国家依据明瑟收益率制定的政策可能会导致很大的偏差。明瑟扩展方程中的控制变量首先包括一组与个体特征相关的控制变量（P），包括性别（男性 =1，女性 =0），民族（少数民族 =1，汉族 =0），政治面貌（党员 =1，其他 =0），户口性质（农业户口 =1，非农业户口 =0），当前居住地（农村地区 =1，城镇地区 =0），劳动者所在省份按照国家统计局 2003 年发布的标准划分为东部、中部和西部。明瑟扩展方程中还包括另外一组代表个体就业特征的控制变量（Z），包括个体所在的部门、行业以及所从事的职业。对于部门特征，参照刘精明（2006）的单位分类框架，本研究将非经济部门与经济部门、国家力量对劳动力市场的作用、劳动力的雇用方式将劳动力市场划分为五大部门（包括公共部门、社会部门、国有集体企业、私有企业以及农村家庭经营和个体工商户）。劳动者所在产业划分为第一产业、第二产业和第三产业。劳动者所从事的职业则分为机关党组企业事业负责人、专业技术人员、办事和有关人员、商业和服务业人员、生产运输操作人员以及农林牧渔水利生产人员。

（四）研究方法和模型设定

美国经济学家明瑟（Mincer，1974）根据人力资本理论推导出的明瑟收入方程的计量经济学模型为：

$$\ln W = \beta_0 + \beta_1 \text{Edu} + \beta_2 \text{Exp} + \beta_3 \text{Exp}^2 + u$$

在对明瑟教育收益率进行估计时，传统的 OLS 方法要求误差项满足同方差以及无序列相关等要求。但由于中国多年的改革开放和市场化转型，以及劳动力市场依然存在的多重分割性，明瑟收入方程的误差项很难满足经典回归方法的上述假设。

具有嵌套结构的数据在社会科学领域非常普遍。自 20 世纪 90 年代以来，社会科学领域的研究者出版了大量论文讨论分层模型的应用及其估计方法，并开发了可方便用于估计分层模型的各种程序和软件。在各种软件中，HLM（Hierarchical Linear Models）（Raudenbush 和 Bryk，2002）功能集中、效率较

高，为研究者所常用。明瑟收益率除了可以通过使用 OLS 方法的单层线性模型来进行估计，还可以使用多层线性模型来进行估计。图 2－2 是样本中劳动者的受教育年限和工龄的散点图，纵轴代表受教育年限，横轴代表工龄，个体的受教育年限和工龄共同影响劳动者人力资本的积累。同传统的嵌套数据结构不同，现在的情况是每个劳动者同时从属于纵轴某一受教育年限，也从属于横轴某一工龄，因此本研究引入了 HLM 的一种高级形式——多层线性交互分类模型（Cross－Classified Multilevel Model）。

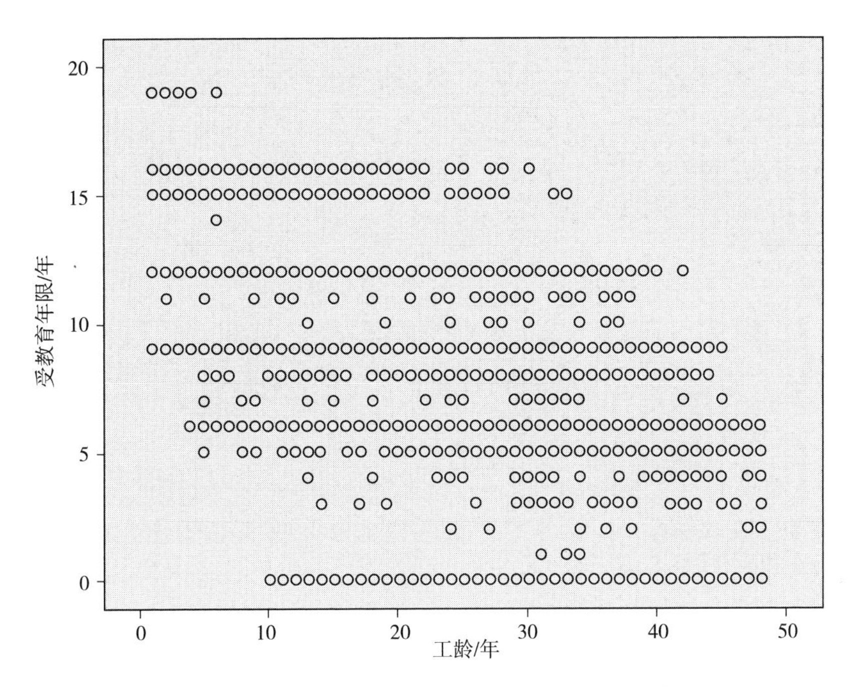

图 2－2　样本中劳动者的受教育年限和工龄的散点图

使用多层线性交互分类模型对明瑟收益率进行估计具有如下优点：首先，多层线性交互分类模型的分析思路是将收入的总变异在层一个体间、层二横栏间以及层二纵栏间进行划分，从而可以了解个体因素、教育水平和工龄对于收入差异解释力度的大小。不同层次的变量会被引入相应层次的模型，从而对该层的收入变异进行解释。个体特征和就业特征会被代入层一方程中，受教育年限会被代入层二的纵栏方程中，工龄会被代入层二的横栏方程中。

其次，同传统 OLS 方法一样，多层线性模型同样以变量间存在线性关系，变量总体上服从正态分布为假设，但多层线性模型不需要以方差齐性和随机误差独立性为前提假设。OLS 方法中的误差项（u）被分解为三部分，每个劳动者都有自己的误差项（e_{ijk}），具有相同受教育年限的个体具有相同的纵轴误差项（b_{00j}），具有相同工龄的个体也具有相同的横轴误差项（c_{00k}）。模型的假设是层一的误差在个体间相互独立，层二的纵轴误差在不同受教育年限群体间相互独立，层二的横轴误差在不同工龄群体间相互独立。对于层一系数的估计，多层线性模型一般使用经验贝叶斯方法，这是一种收缩估计，具有很好的稳健性。层二系数的获得一般通过广义最小二乘法，基本思路就是通过一定的转化将原来不满足同方差假设的模型在转换后满足同方差假定。

最后，多层线性交互分类模型还可以对层二变量间是否存在随机效应进行分析。将教育年限和工龄设为二层变量，可以检验教育收益率在不同工龄群体间是否存在显著差异（c_{01k}），或者工龄收益率的大小是否依赖受教育水平（b_{01j}，b_{02j}）。具体的模型设定如下：

层一模型

$$Y_{ijk} = \pi_{0jk} + \pi_{pjk}(P)_{ijk} + \pi_{zjk}(Z)_{ijk} + e_{ijk} \qquad \text{式 (2.1)}$$

式中，Y_{ijk}是受过j年教育，有k年工龄的个体i的对数年收入；

π_{0jk}是受过j年教育，有k年工龄群体的年平均收入；

π_{pjk}是受过j年教育，有k年工龄群体的个体特征（P，包括性别、民族、政治面貌、户口性质、居住地性质和地区）所对应的回归系数；

π_{zjk}是受过j年教育，有k年工龄群体的就业特征（Z包括部门、行业和职业分类）所对应的回归系数；

e_{ijk}是层一个体的随机效应，即个体ijk同受教育年限—工龄交互组jk平均值的离差。假定离差服从平均值为0，组内方差为σ^2的正态分布。

层二模型

$$\pi_{0jk} = \theta_0 + (\gamma_{01} + c_{01k})\text{Edu}_j + (\beta_{01} + b_{01j})\text{Exp}_k + (\beta_{02} + b_{02j})\text{Exp}^{2k} + b_{00j} + c_{00k} \qquad \text{式 (2.2)}$$

$$\pi_{pjk} = \theta_p$$

式中，θ_0是全体样本的平均对数年收入；

γ_{01}是教育对收入的平均固定效应；

c_{01k}是教育收益率在不同工龄群体间的随机效应；

β_{01}和β_{02}是工龄及其平方对收入的平均固定效应；

b_{01j}和b_{02j}是工龄及其平方的系数在不同受教育年限群体间的随机效应；

b_{00j}和c_{00k}分别为受教育年限和工龄对应的随机效应，它们都服从平均值为0，方差为τ_{b00}和τ_{c00}的正态分布。

（五）研究结果

由于以前国家统计局的城乡住户调查是分开进行的，农村居民纯收入和城镇居民可支配收入的指标含义和形态构成都有较大差异，因此，以往研究一般是分城乡估计中国的教育收益率。国家统计局已于2013年开始按照城乡统一的“人均可支配收入”指标测算全国居民收入水平。统一的居民收入指标和测算方法不但可以给出反映全国居民贫富差距的基尼系数，而且可以估算出中国整体的教育收益率。本研究所使用的CFPS数据也采用了城乡统一的收入衡量指标，因此在不考虑其他因素影响的情况下，模型1中使用OLS方法估计的中国明瑟收益率已经达到11.7%（见表2－3）。范静波（2011）使用具有代表性的“中国综合社会调查（CGSS）”2003年、2005年、2006年、2008年数据，估算的中国平均教育收益率分别为9.9%、15.5%、14.3%、14.6%。由于中国存在严重的地区间教育以及经济发展的不平衡，不对地区间的发展差异进行控制就会得出教育收益率的上偏估计。由于地区差异造成的偏误在每个模型中都存在，因此不影响本研究对明瑟方程根本异质性的分析，我们也会在后续研究中对地区差异进行控制，从而得出中国教育收益率的准确估计。在控制了一组个体特征的影响后，模型2的明瑟收益率降至5.1%。当继续控制个体就业特征的影响后，模型3的明瑟收益率则只有2.5%。上述结果说明在中国的劳动力市场中存在多重分割，包括性别、城乡、地域、行业、职业等分割。

表2－3　使用OLS方法的明瑟收入方程的结果

固定效应	模型1	模型2	模型3
截距	8.279***	9.058***	7.706***
受教育年限	0.117***	0.051***	0.025***
工龄	0.016***	0.002	0.011**
工龄平方	－0.001***	－0.000***	－0.000***
个体特征（P）		Yes	Yes
就业特征（Z）			Yes
R^2	0.230	0.356	0.550

要使用多层线性交互分类模型考察人力资本对收入的影响，我们首先要构建零模型，将收入的总变异在教育年限、工龄以及个体间进行划分。零模型的结果表明，不同受教育程度（$\tau_{b00}=0.534\ 76^{***}$）和不同工龄（$\tau_{c00}=$

0. 282 5*** ）劳动者的年收入存在显著差异。其中，受教育程度解释了收入水平29. 9%的变异［0. 534/（1. 225 +0. 534 +0. 028 =1. 788）］，工龄解释了收入1. 6%的变异（0. 028 2/1. 788），而余下68. 5%的变异由个体层面的特征所解释。

层一模型 $$Y_{ijk} = \pi_{0jk} + e_{ijk}$$ 式（2. 3）

层二模型 $$\pi_{0jk} = \theta_0 + b_{00j} + c_{00k}$$ 式（2. 4）

在下一步，我们将教育作为纵轴变量，工龄作为横轴变量代入层二方程。由模型一可知，教育收益率为12. 5%，比使用OLS方法的模型1中的估计值（11. 7%）高0. 8%。工龄收益率为2. 2%，比模型1中给出的结果高0. 6%。与OLS方法估计结果不一致的原因就是多层线性交互分类模型将人力资本处理为二层变量，从而在误差项的分布不满足传统回归假定的情况下依然可以得到无偏的系数估计。在本模型中，我们假定教育在不同工龄人群中对收入的影响相同，工龄的回报也不因受教育程度的变化而变化。

层一模型 $$Y_{ijk} = \pi_{0jk} + e_{ijk}$$ 式（2. 5）

层二模型 $$\pi_{0jk} = \theta_0 + \gamma_{01}(\mathrm{Edu})_j + \beta_{01}(\mathrm{Exp})_k + \beta_{02}(\mathrm{Exp}^2)_k + b_{00j} + c_{00k}$$ 式（2. 6）

总模型 $$Y_{ijk} = \theta_0 + \gamma_{01}(\mathrm{Edu})_j + \beta_{01}(\mathrm{Exp})_k + \beta_{02}(\mathrm{Exp}^2)_k + b_{00j} + c_{00k} + e_{ijk}$$ 式（2. 7）

在下一步，我们只将教育设为随机效应，在层二模型中加入c_{01k}来检验教育收益率是否随工龄的变化而变化。模型二的结果表明，教育收益率在不同工龄群体间存在显著差异（$\tau_{c01} = 0.00046^{***}$）。考虑教育收益率的随机效应后，其系数从模型一中的12. 5%上升为12. 8%。通过进一步的计算可知，教育收益率在不同工龄群体中95%的置信区间为8. 7% ~17. 1%（$0.128 \pm 1.96 \times \sqrt{0.00046}$）。通过分析各工龄组教育收益率的残差可以考察教育对收入的作用如何随工龄的不同而变化。图2 -3显示，教育收益率随工龄的增长呈现一种波浪式的变动：对于新参加工作的个体来讲，他们的教育收益率低于平均水平；随着工龄的增长，教育收益率在工龄为18年的群体中达到顶峰；之后教育收益率又逐渐下滑，一直到工龄为31年的群体中达到最低值；然后教育收益率又逐渐走高，并在接近最高工龄的群体中围绕平均收益率上下波动。

层一模型 $$Y_{ijk} = \pi_{0jk} + e_{ijk}$$ 式（2. 8）

层二模型 $$\pi_{0jk} = \theta_0 + (\gamma_{01} + c_{01k})\mathrm{Edu}_j + \beta_{01}(\mathrm{Exp})_k + \beta_{02}(\mathrm{Exp}^2)_k + b_{00j} + c_{00k}$$ 式（2. 9）

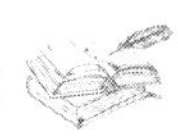

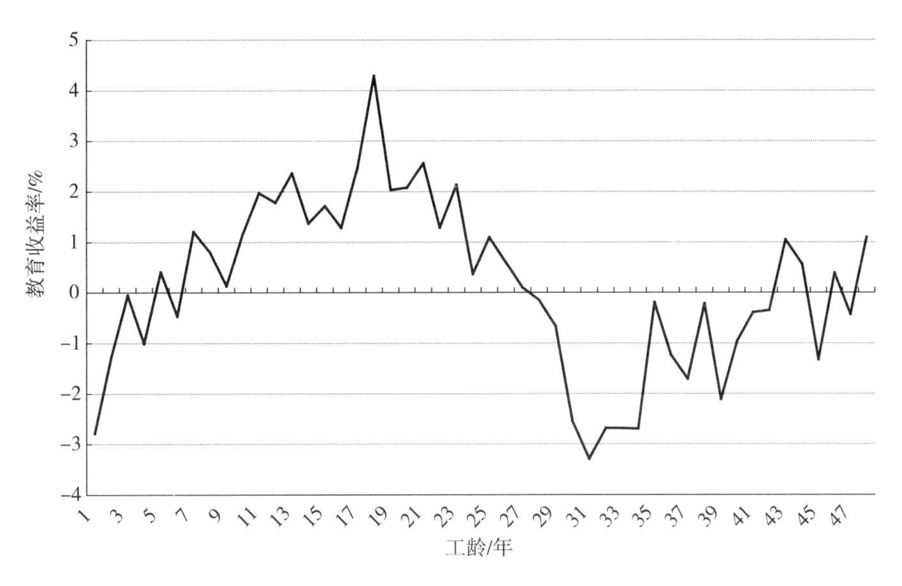

图 2－3　教育收益率在不同工龄组间的变动

在下一步，我们只将工龄设为随机效应，通过加入 b_{01j} 和 b_{02j} 来验证工龄收益率是否随教育程度的变化而变化。模型三的结果表明，工龄（τ_{b01} = 0.000 6*）及工龄平方（τ_{b02} = 0.000 1*）的系数在不同教育年限群体中存在显著差异。与模型一的结果相比，教育收益率从 12.5% 上升到 15.1%，而工龄的收益率则从 2.2% 上升到 3.9%。通过计算可以得出工龄收益率在不同受教育群体中 95% 置信区间为 0.92% ~ 8.8%，工龄平方系数的 95% 置信区间为 -0.166% ~ -0.02%。图 2－4 为我们描述了在劳动者的整个工作历程中，收入在不同受教育程度群体中如何随工龄的变化而变化。受教育水平是一个连续变量，为简便起见，我们只选取了没有接受正规学校教育的群体，以及小学、初中、高中、专科和大学本科的毕业生进行比较，硕士和博士研究生由于数量较少，因此没有在图中标出。出乎意料的是，工龄收益率最高的是文盲/半文盲群体。由于盲/半文盲群体的教育年限为 0，因此明瑟方程中对其收入起预测作用的仅剩工龄变量。使用 OLS 方法的模型 1 中估计的工龄一次项的系数仅为 1.6%，该模型对于文盲/半文盲这个特殊群体收入的预测力极为有限。此外，小学毕业生的工龄收益率最低，随着教育程度的提高，工龄收益率也逐渐提高。

层一模型　$$Y_{ijk} = \pi_{0jk} + e_{ijk} \qquad 式（2.10）$$

层二模型　$$\pi_{0jk} = \theta_0 + \gamma_{01}(\mathrm{Edu})_j + (\beta_{01} + b_{01j})\mathrm{Exp}_k + (\beta_{02} + b_{02j})\mathrm{Exp}_k^2 + b_{00j} + c_{00k} \qquad 式（2.11）$$

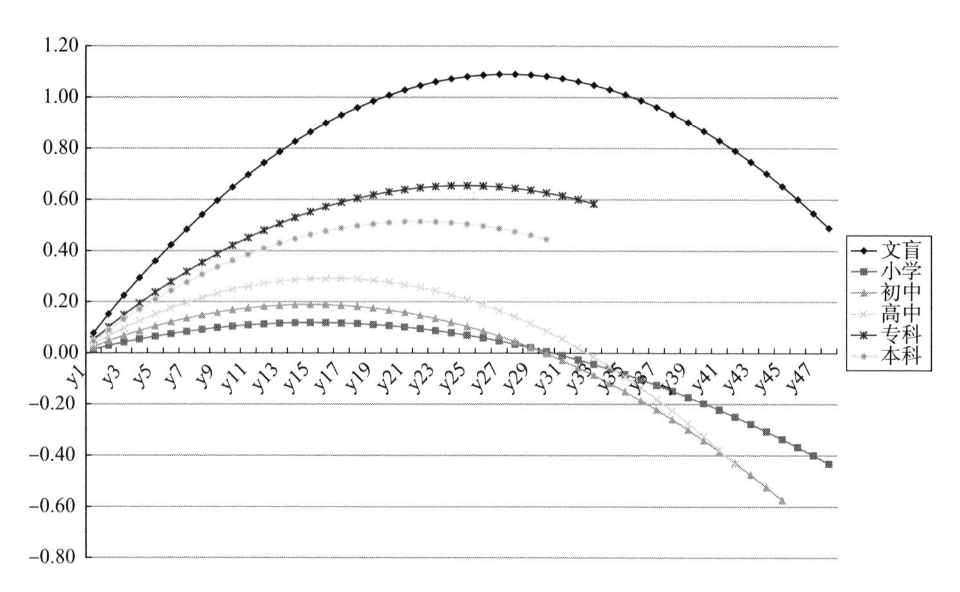

图 2－4　不同受教育群体收入随工龄增长的变动趋势

在下一步，教育年限和工龄同时被设为随机效应，允许教育收益率随工龄的变化而变化，工龄的收益率也可随受教育程度的变化而变化。模型四中人力资本收益率的估计值处于模型二和模型三之间，教育收益率为 14. 7%，而工龄收益率则为 3. 3%。

层一模型　$Y_{ijk} = \pi_{0jk} + e_{ijk}$　式（2. 12）

层二模型　$\pi_{0jk} = \theta_0 + (\gamma_{01} + c_{01k})\text{Edu}_j + (\beta_{01} + b_{01j})\text{Exp}_k + (\beta_{02} + b_{02j})\text{Exp}_k^2 + b_{00j} + c_{00k}$　式（2. 13）

在模型五中，层一模型中被加入一组个体特征变量（P）：

层一模型　$Y_{ijk} = \pi_{0jk} + \pi_{pjk}(P)_{ijk} + e_{ijk}$

在模型六中，我们继续在层一模型中加入一组就业特征变量（Z），模型六也就是本研究的总模型（式（2. 1）和式（2. 2））。控制了个体特征后，模型五给出的明瑟收益率为 6. 0%。继续控制就业特征后，模型六给出的明瑟收益率为 4. 5%。反观 OLS 方法的结果，加入更多的控制变量使得教育收益率的估计值下降很快，表 2－3 中模型 3 给出的明瑟收益率仅为 2. 5%。通过上述结果的比较可知，将受教育水平设为二层变量的一个好处就是，由于将与教育相关的收入变异同个体层面的变异分离开，教育收益率的系数较少受其他个体层面控制变量共线性的影响，因而所估计的系数更加稳定。表 2－4 所示为多层线性交互分类模型的估计结果。

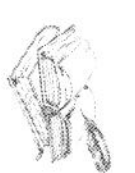

表 2－4　多层线性交互分类模型的估计结果

固定效应	零模型	模型一	模型二	模型三	模型四	模型五	模型六
截距，θ_0	9.300***	9.228***	9.227***	9.209***	9.212***	9.132***	9.147***
受教育年限，γ_{01}		0.125***	0.128***	0.151***	0.147***	0.060***	0.045***
工龄，β_{01}		0.022***	0.028***	0.039***	0.033***	0.011	0.017***
工龄平方，β_{02}		-0.001***	-0.001***	-0.001***	-0.001***	-0.001***	-0.000 4***
个体特征（P）						Yes	Yes
工作特征（Z）							Yes
随机效应	方差成分						
层一方差							
残差误差，σ^2	1.225 71	1.225 74	1.216 11	1.219 52	1.216 04	1.029 89	0.717 4
层二纵栏方差							
教育年限截距，τ_{b00}	0.534 76***	0.014 21***	0.012 59***	0.014 9***	0.011 39***	0.000 29**	0.007 6***
工龄斜率，τ_{b01}				0.000 6*	0.000 41	0.000 32**	0.000 02
工龄平方斜率，τ_{b02}				0.000 1*	0.000 00	0.000 00*	0.000 00
层二横栏方差							
工龄截距，τ_{c00}	0.028 25***	0.000 63***	0.003 04*	0.000 11	0.002 06	0.000 08	0.000 11
教育年限斜率，τ_{c01}			0.000 46***		0.000 21**	0.000 04	0.000 11**
偏差统计量	25 286	25 175	25 147	25 145	25 139	23 734	20 761
估计参数的个数	4	7	9	12	14	23	37

（六）讨论及结论

教育在促进个体收入增长方面具有重要作用，但影响个人收入的因素有很多，既有制度因素和环境因素，也有个人因素。当加入更多的控制变量来对明瑟方程进行扩展时，由于各种因素相互渗透、相互影响，共同对收入水平产生作用，因此很难从影响收入的众多因素中将教育这一因子的作用单独分离出来，教育对收入究竟有多大影响，至今还是一个尚未探明的问题（李祥云等，2001）。本研究通过多层线性交互分类模型将收入总变异进行分解的结果表明，受教育水平是影响收入水平的重要因素，总共有29.9%的收入变异由受教育水平的差异所解释，反观工龄对收入水平的解释力度则很小。

本研究所探讨的明瑟方程的根本异质性将教育收益率的异质性研究引向了人力资本的内部，这种异质性事实上被以往绝大多数研究者忽视。使用多层线性交互分类模型的模型二和模型三的随机效应表明，教育收益率在不同工龄群体间存在显著差异，工龄及工龄平方的系数在不同教育年限群体中也存在显著差异，从而证明了明瑟方程根本异质性的存在。教育收益率的异质性研究还需分析教育收益率异质性的存在会给系数的估计造成何种影响，上偏还是下偏。比如虽然遗漏变量和测量误差问题的存在会对教育收益率的估计产生偏误，但这种偏误的方向则是确定的，遗漏变量问题会对教育收益率产生一个向上的偏误，而教育水平的测量误差会对教育收益率的估计产生一个向下的偏误。以往非参数估计能够很好地描述教育收益率在不同工龄群体中如何变化，无法得到具体的参数估计则是其最大的缺陷（张车伟，2003）。多层线性交互模型不但可以对人力资本间是否存在随机效应进行假设检验，而且可以获得教育收益率回归系数、标准误差、可信区间的有效估计。将模型一的结果同模型二和模型三的结果相比较，本研究发现忽视异质性问题的存在会对教育收益率和工龄收益率的估计产生向下的偏误。

多层线性交互分类模型横轴和纵轴间的随机效应不但证明了受教育水平和工龄对收入的影响并不是简单的相加关系，而是相互影响的关系，而且很好地描绘了教育收益率如何随工龄的变化而变化。本研究发现教育收益率随工龄的变化而呈现复杂的变动趋势，该结果也可以同王明进、岳昌君（2009）的发现相互印证。两个研究反映的共同趋势是新进入劳动力市场的群体，其教育收益率较低，随着工龄的增长，教育收益率达到一个峰值，然后又开始降低，在趋近工龄最大值的时候，教育收益率又出现小幅上扬

的趋势。

人力资本发生作用需要依赖其外部环境（如体制因素、经济发展等），我国当前不同工龄群体间的教育收益率存在很大差异，要解释这种差异需要考虑他们进入劳动力市场时我国经济和社会发展情况以及劳动力市场中的制度因素。根据图 2－3 中教育收益率的极大值和极小值，本研究将样本分为三个群体，即改革开放前进入劳动力市场的群体、改革开放前期进入劳动力市场的群体，以及我国确立社会主义市场经济体制后进入劳动力市场的群体。

本研究发现，改革开放前参加工作的劳动者是三个群体中教育收益率最低的。改革开放前，由于传统的计划经济体制、单位制度以及户籍制度的限制，劳动力无法自由流动，因而人力资本无法有效转换成经济回报。虽然最高工龄附近的教育收益率在平均值上下波动，但这可能是由样本偏差造成的。娄世艳等（2009）研究发现，不同年龄群体在劳动者中的分布并不均匀，由于受以往国企改革造成的下岗失业人员、技术的快速进步以及提前退休等因素影响，40～49 岁人口只有一半左右就业，50～59 岁人口中这一比例降到了 20%～35%。因此，当前依然留在劳动力市场上的这部分接近退休年龄的劳动者可能具有较高的能力、教育水平和职位，他们享受工资刚性带来的收益，因而其教育收益率并不低。

对于改革开放前期参加工作的劳动者，一般而言，其工龄越短，教育收益率越高。进入 20 世纪 80 年代，为了提高国有企业的效益，竞争性和流动性较高的合同制和聘任制逐步取代原有的用工“终身制”。在劳动人事管理制度的变革中，往往采用“老人老办法，新人新办法”的策略，新参加工作的年轻劳动者首先要面对各种改革，他们所处的劳动力市场配置效率较高，因而其教育收益率也更高（陈晓宇等，2003）。此外，进入 80 年代中后期，高校毕业生的分配办法由统一分配转变为多种形式的供需见面，以至于逐渐过渡到双向选择制度，这时进入劳动力市场的个体拥有较大的择业自主权。新兴的私营经济对高学历人才需求旺盛，他们只能以高额的人力资本价格同国有和集体企业竞争劳动力市场中的新兴劳动力。总之，改革开放的前十几年，不同教育背景个体间的收入差异开始扩大，教育收益率逐步提高。

本研究发现，虽然 1992 年以后是我国社会主义市场经济从开始建立到逐步完善的时期，但对于该时期内进入劳动力市场的个体，年轻劳动者的教育收益率却相对较低，这背后的原因值得深思。第一个可能的解释就是教育扩张对于教育收益率的压缩作用。随着我国“普九”工作的基本完成以及自

1999 年开始的高校扩招极大地提高了我国的人力资本存量，劳动力市场中高学历人才的供需矛盾得以缓解。另外，中国加入世贸组织后，对外贸易的规模迅速增加，促进了制造业等劳动密集型产业的发展以及对职业技术人才的需求，使得蓝领阶层的收入普遍有了较大幅度的提高。这两方面因素共同作用可能会降低年轻劳动者群体的教育收益率。第二个可能的解释是在相对稳定的经济发展环境以及劳动力市场中，人力资本发挥促进收入增长的作用需要一个过程。事实上，教育投资取得经济收益具有迟效性，即使劳动者接受了较多的教育，只有通过实际工作不断提高与工作相关的技能，达到一定的水平和标准后，教育才能发挥生产性作用。不同文化水平的劳动者在刚开始工作时，收入差距可能并不太大，随着工作年限的增加，有较高文化水平的个体收入快速增长，文化水平较低的人收入增长会较慢。因此在工龄较长的群体中，不同文化水平劳动者的收入差异更大（李春玲，2003）。

本研究的另外一个重要发现就是受教育程度的提高还可以增加个体工龄的收益率。具体来讲，小学毕业生的工龄收益率最低，初中毕业生的工龄收益率也较低，高中毕业生的工龄收益率略高。专科生工龄的回报却比本科生的稍高，一个可能的解释是，当前样本中很多大专毕业生在参加工作后通过在职学习的方式获得了本科文凭。由于本研究确定教育年限是依据个体所接受的正规全日制教育计算所得，因此这种继续教育所带来的经济回报只能在工龄的收益率中得到体现。

综合而言，本研究的结果表明持“读书无用论”者仅仅关注眼前的教育收益是短视的。虽然新进入劳动力市场的年轻劳动者的教育收益率较低，但是在当前劳动力市场的条件下，教育投资收益的长期性使得教育收益率会随工龄的增长而增长。此外，受教育水平的提高还可以增加工龄的收益率，比如受过高等教育的个体拥有较高的工龄收益率，而没有接受过高等教育的个体的工龄收益在其职业生涯后期都为负。由此可见，受教育程度较高的个体不但在当前有较高的收入水平，而且他们未来预期的经济收益也较高。20 世纪 80 年代，“读书无用论”害了不少人，当分配制度日趋合理时，他们不得不花费更多的时间和精力去拾起过早放下的书本。“十二五”期间，我国将继续完善收入分配制度，形成更加公正合理的收入分配秩序。可以想见，今天的“读书无用论”在未来也会造成相同的恶果。教育投资是一生的投资，家长和学生不要被社会上的不良风气蒙蔽或者受眼前暂时的经济负担影响而不能做出正确的决策。

参考文献

[1] 陈晓宇，陈良焜，夏晨．20 世纪 90 年代中国城镇教育收益率的变化与启示［J］. 北京大学教育评论，2003（2）：65－72.

[2] 范静波．2003—2008 年间中国教育收益变动趋势研究［J］. 统计与信息论坛，2011（8）.

[3] 侯风云．中国农村人力资本收益率研究［J］. 经济研究，2004（12），75－84.

[4] 赖德胜．教育、劳动力市场与收入分配［J］. 经济研究，1998（5），42－49.

[5] 李春玲．文化水平如何影响人们的经济收入——对目前教育的经济收益率的考察［J］. 社会学研究，2003（3），64－76.

[6] 李实，丁赛．中国城镇教育收益率的长期变动趋势［J］. 中国社会科学，2003（6），58－72.

[7] 李祥云，范丽萍．西方教育收益率计算方法及其政策意义述评［J］. 教育与经济，2001（4），37－40.

[8] 刘精明．劳动力市场结构变化与人力资本收益［J］. 社会学研究，2006（6），89－119.

[9] 刘泽云．教育收益率估算中的几个方法问题［J］. 北京大学教育评论，2009（1）.

[10] 娄世艳，罗润东．我国城镇教育收益率年龄段差异研究［J］. 统计观察，2009（18），76－78.

[11] 闵维方．探索教育变革：经济学和管理政策的视角［M］. 北京：教育科学出版社，2005.

[12] 王明进，岳昌君．个人教育收益率的估计与比较：一个半参数方法［J］. 统计研究，2009（6），51－59.

[13] 岳昌君．教育对个人收入差异的影响［J］. 经济学（季刊），2004（3），135－150.

[14] 张车伟．人力资本收益率变化与收入差距："马太效应"及其政策含义［J］. 经济研究，2006（12），59－70.

[15] Bjoklund A，Kjellstrom C. Estimating the Return to Investments in Education：How Useful is the Standard Mincer Equation?［J］. Economics of Education Review，2002，21（3），195－210.

[16] Boockmanna B，Steinerb V. Cohort Effects and the Returns to Education in

West Germany [J]. Applied Economics, 2006, 38 (10): 1135 - 1152.

[17] De Brauw, Rozelle S. Reconciling the Returns to Education in Off - Farm Wage Employment in Rural China [J]. Review of Development Economics, 2008, 12 (1): 57 - 71.

[18] Deolalikar B. Gender Differences in the Returns to Schooling and in School Enrollment Rates in Indonesia [J]. The Journal of Human Resources, 1993, 28 (4): 899 - 932.

[19] Fan J, Huang T. Profile Likelihood Inference on Semi - parametric Varying Coefficient Partially Linear Models [J]. Bernoulli, 2005, 11 (6): 1031 - 1057.

[20] Heckman J J, Lochner L J, Todd P E. Earnings Functions, Rates of Return and Treatment Effects: the Mincer Equation and Beyond [J]. NBER working paper, 2006.

[21] Hoegeland T, Klette T J, Salvanes K J. Declining Returns to Education in Norway? Comparing Estimates across Cohorts, Sectors and over Time [J]. The Scandinavian Journal of Economics, 1999, 101 (4): 555 - 576.

[22] Li H, Luo Y. Reporting Errors, Ability Heterogeneity, and Returns to Schooling in China [J]. Pacific Economic Review, 2004, 9: 191 - 207.

[23] Li Q, Brauw A, Rozelle S. Labor Market Emergence and Returns to Education in Rural China [J]. Review of Agricultural Economics, 2005, 27 (3): 418 - 424.

[24] Fazio M. Earnings and Education in China's Transition to A Market Economy: Survey Evidence from 1989 and 1992 [J]. China Economic Review, 1999, 10 (1): 17 - 40.

[25] Mincer J. Schooling, Experience and Earnings [M]. New York: Columbia University Press for the National Bureau of Economic Research, 1974.

[26] Raudenbush S W, Bryk A S. Hierarchical Lin - ear Model: Applications and Data Analysis Methods [M]. CA: Sage Publications, 2002.

[27] Zhang J S, Zhao Y H, Park A. Economic Returns to Schooling in Urban China, 1988 to 1999 [J]. Journal of Comparative Economics, 2005, 33 (4): 730 - 752.

三、居民收入增长应为收入分配的核心指标

摘要：“共同富裕”是中国特色社会主义的根本原则。当前收入差距扩大和收入水平不高的问题都与收入增长有关。本研究提出居民收入增长是收入分配制度改革的核心指标，“十二五”规划建议提出的“城乡居民收入普遍较快增加”，是科学合理的收入分配秩序的具体体现，是做到走共同富裕道路，发展成果由人民共享的必由之路。

关键词：收入分配；收入增长；基尼系数

改革开放以来，中国坚持以经济建设为中心，取得了举世瞩目的巨大成就。然而，伴随着经济增长和居民收入的逐年提升，不同群体收入差距明显扩大的情况也日趋严重。我国当前收入分配领域存在的种种弊端已经成为影响和谐社会建设的重大现实问题。《我国国民经济和社会发展十二五规划纲要》中将“合理调整收入分配关系”作为“十二五”期间政府工作的重点。研究者在对我国收入分配政策和突出问题进行研究时，必须充分认识到“共同富裕”是中国特色社会主义的根本原则。党的十七大报告指出，“走共同富裕道路”。“十二五”规划纲要中也明确提出，“坚定不移走共同富裕道路，使发展成果惠及全体人民”。党的十八大报告又强调了“必须坚持走共同富裕道路”的基本要求。党的十九大提出到本世纪中叶“全体人民共同富裕基本实现”的目标。党的十九届五中全会进一步提出，到2035年“全体人民共同富裕取得更为明显的实质性进展”，这是党中央提出的又一个重要阶段性发展目标。研究者只有认识到收入分配改革的最终目标是共同富裕并据此选择合适的统计指标，才能更深入地了解我国当前的收入分配现状，从而为收入分配政策的调整提供研究支持。

（一）我国收入分配领域的主要问题

我国收入分配的现状是既不“共同”，也不“富裕”，在收入的均等性和富裕程度两方面都存在问题。首先，收入差距过大是我国当前面临的一个突出问题。进入21世纪以来，我国的基尼系数一直高于国际上公认的0.4的收入差距警戒值。但分层和差异本身并不构成不公平，问题的关键在于形成差异的原因和机制。我国当前的收入分配差距中既有合理因素，也有不合理因素，还有一些不合法的因素。合理的因素有个人的努力程度和禀赋不同、要素的占有状况不同等。随着我国市场经济体制的建立和完善，市场机制对资源的配置作用逐步增强，市场机制对于个体人力资本以及生产要素的有效配置必然带来收入差距的拉大。不合理的因素，如垄断、超过一定限度的“城乡分治”政策等。以垄断为例，市场中垄断现象的大量存在不仅导致了收入分配差距的扩大，也损害了正常的市场经济秩序的建立。一些造成收入差距扩大的不合法因素，包括腐败、偷税漏税等现象。

收入分配领域中的种种不公平现象不但直接拉大了收入差距，而且有可能影响我国经济的持续稳定增长。以腐败为例，一项利用 95 个国家 1960—1985 年数据的国际横断面研究的结果表明，腐败指数每降低一个标准差将会使一国投资率降低 4 个百分点，人均 GDP 降低提高 0.5 个百分点（Mauro，1995）。收入分配不公更为严重的问题则是降低了社会阶层间的流动性。国际和历史经验表明，收入分配差距在人群间和代际被固化在一定程度上比收入差距的扩大对社会的影响还要大。如果人群间和阶层间可以流动，各层社会成员就有改变现状的希望和动力，经济就会保持活力；如果收入流动性降低，社会底层民众失去向上流动的途径，很多穷人不但看不到自己未来的希望，甚至看不到下一代的希望。任其发展就会引发社会动荡、阶层对立，进而失去社会和经济发展所必需的凝聚力。因此，收入差距扩大和收入分配不公是不同的问题，应把解决收入分配不公作为收入分配政策的重点（李实，2011）。

居民收入水平不高是我国收入分配问题的另一重要方面。当前医疗、住房和教育构成的“新三座大山”成为很多家庭的重负，物价长期高位运行，广大民众抱怨连连。我国居民收入水平不高，从宏观层次上讲，在第一次分配中，劳动报酬占 GDP 的比重从 1995 的 45.7% 下降到 2007 年的 39.2%（张车伟等，2010）。1995—2006 年资本收入在初次分配中的比重上升 11.8 个百分点，这说明劳动者报酬被过多的企业未分配的盈余挤占（白重恩等，2009）。1979—2008 年国财政收入年均增速 14.9%，这实际上就是国民缴纳的税收过多，也就有“国富民穷”的结果。由于国家、企业、居民三者合理的国民收入分配比例关系仍不明确，劳动报酬正常增长机制还没有真正建立，劳动者工资增长赶不上国民经济增长和企业利润的增长。其次，第二次国民收入分配调节也不合理，没有以制度形式明确各级财政用于社会保障以及转移支付的支出比例。教育、医疗、社保、就业这四大支出占国家财政支出的比重偏低。最后，三次分配规模小，慈善捐赠的激励机制、管理机制、监督

机制等还不健全，对分配的调节功能有限。

收入分配的不合理使多数老百姓没有很强的购买能力，阻碍了我国转向消费、投资、出口协调拉动经济增长的新局面。投资、消费、出口被喻为拉动我国经济增长的“三驾马车”。改革开放初期，我国改变了传统体制下投资拉动的经济增长方式，注重改善民生，通过不断的消费升级带动投资。然而，2000 年以来，投资和出口发展势头越来越强劲，而消费需求却持续萎靡不振。我国居民消费率由 2000 年的 46.4% 急剧下降到 2008 年的 35.3%，中国已经是世界主要国家中消费率最低的国家（陈斌开，2012）。收入水平较低严重影响了居民消费需求的增长，这也是我国内需战略一直不能起来的重要原因；而高收入人群的资本因为消费需求不足而无法转化为投资，消费需求与经济发展之间未能形成良性循环。为此，“十二五”规划纲要中提出，我国“要坚持扩大内需特别是消费需求的战略，着力破解制约扩大内需的体制机制障碍”，为此要“完善收入分配制度，合理调整国民收入分配格局，着力提高城乡中低收入居民收入，增强居民消费能力”。

在实现共同富裕的过程中，居民收入的相对差距以及绝对水平又是紧密相关的。据世界银行公布的数据显示，改革开放前中国居民收入的基尼系数为 0.16。但当时强调平均主义的计划经济尽管顾及了社会公平问题，却是以牺牲效率为代价的，这种公平是一种贫穷的公平，它并没有充分满足人民提高生活水平的需求。此外，民众对于建立在人均收入低水平上的收入不均与建立在人均收入高水平上的收入不均的容忍度是不一样的。虽然世界上基尼系数超过 0.4 的国家很多，但只要每个公民都享有比较富裕的生活和基本的社会保障，收入差距本身就不会产生太大的问题。

（二）基尼系数和平均收入水平

以往收入分配研究大多只对“共同富裕”的某一方面进行研究。比如基尼系数在衡量我国收入差距状况的研究中应用广泛，但是基尼系数是一个单纯衡量结果公正的工具，不能反映过程的公正与否，也无法确定分配差距的内在原因。当我们在追求结果公平的时候，更重要的是强调过程公平和规则公平，这就需要我们在各个层面研究收入分配的决定机制。比如虽然有人认为垄断部门和竞争性部门之间的工资差异有一部分是由于从业者受教育水平不同造成的，但即使控制了垄断部门和竞争性部门间劳动者人力资本的不同，教育水平的差异大概也只能解释收入差距的 40%，其他 60% 的收入差距则来自垄断地位（李实，2011）。此外，当使用基尼系数进行跨年比较时，只能判断收入差距整体状况的变动，而不能反映不同收入群体动态的收入变动趋势。

假设两个年份间的基尼系数增加了，可能有两种情况：一个情况是各个收入组的绝对收入都增加，但高收入组收入增加的速度快于低收入组，导致收入差距相对增大；另一个情况是低收入组的绝对收入减少，高收入组的绝对收入增加，导致收入差距增大。两种情况下基尼系数虽然都增加了，但社会反映不同：对于第一种情况，社会各阶层的收入都在增长，所有人的利益相对自己过去都得到了一定的满足，人们的抱怨会相对较少，各个阶层打破现有分配框架的欲望不大，社会相对稳定；而对于第二种情况，低收入群体的收入状况在恶化，他们会对现有的分配框架有很强的对抗欲望，可能引发激烈的社会问题（魏杰等，2006）。

衡量一个国家富裕程度通常选用的指标是人均收入水平。但对国家统计局发布的收入数据，不少民众表示自己“被平均”，认为自己的收入并没有达到统计部门所公布的平均收入。造成这种现象的原因是在统计调查的过程中，既会抽取高收入住户，也会抽取低收入的住户，而最后的数据更多地反映的是居民收入的总体情况而非个体差异性，一些高收入岗位“拉高”了低收入岗位的工资水平。

（三）收入增长是收入分配的核心指标

本研究提出个体收入增长应作为衡量我国收入分配状况的核心指标，当前收入分配领域的各种突出问题都与个体收入增长有关。首先，我国居民收入水平较低的原因是在效率优先的经济发展模式下，居民收入的增长速度长期落后于 GDP 的增长。据国家统计局公布的数字，1979—2008 年我国居民收入年均增长 7. 1%，低于同期我国 GDP 年均增速。“十二五”规划纲要提出在“国内生产总值年均增长 7%”的基础上，“城镇居民人均可支配收入和农村居民人均纯收入分别年均增长 7% 以上”，也就是说，居民收入的增长速度要高于 GDP 的增长速度。从宏观格局变动情况来看，只有居民收入增长速度超过 GDP 的增长速度，劳动者报酬占 GDP 的比重才会提高。

其次，我国居民收入差距扩大的原因是不同个体（群体）的收入增长速度有高有低，不是所有人都平等享受到经济增长带来的好处。比如城乡收入差距扩大的直接原因就是农村居民收入增长速度落后于城镇居民。从 1989 年至 2010 年，城镇居民家庭人均可支配收入和农村居民家庭人均纯收入的年均增长率分别为 8. 4% 和 6. 7%，相差 1. 7 个百分点，二者的比值也从 1989 年的 2. 28 上升至 2010 年的 3. 23（梁润，2011）。地区间居民收入差距扩大的原因很大程度上是东部地区居民人均收入提高相对较快，1978 年分别是中部的 1. 16 倍和西部的 1. 37 倍，2001 年分别增加到是中部的 1. 71 倍和西部的 1. 95

倍。不同行业、不同职位工资增长不平衡，也造成了社会收入差距过大、收入分配不公的现象。人力资源和社会保障部劳动工资研究所发布的2011年《中国薪酬发展报告》指出，部分企业高管薪资过高，两成职工5年内从未涨工资，部分行业工资上涨过快。垄断行业工资的过快增长，尽管反映了这些部门员工人力资本的提高，但更多反映了这些部门垄断利润的快速增加和利润向工资的快速转移过程（李实，2012）。

国家统计局于2013年公布了2003—2012年我国总体的基尼系数。其中，2012年基尼系数为0.474，该系数自2008年起逐年回落。上述结果也引起社会和学界的广泛关注和争议。但赖德胜等在2012年就曾推断出我国收入差距正迎来缩小的拐点，其依据就是近年来农村居民纯收入增长速度超过城镇居民可支配收入增长速度，以及城乡内部中低收入群体收入增长快于高收入群体等统计信息（赖德胜等，2012）。因此，要缩小我国的收入差距，就应该使得低收入群体的收入增长速度更快。实际上，政府近年已经连续出台了一系列提高低收入群体收入的政策，比如“十一五”时期中国最低工资标准年均增长12.9%；连续7年提高企业退休人员基本养老金；将农民人均纯收入2 300元作为新的国家扶贫标准，比2009年提高92%；个人所得税起征点从2 000元提高到3 500元，让约6 000万工薪收入者无须再缴个税。

（四）城乡居民收入普遍较快增长

本研究认为“十二五”规划建议提出的“城乡居民收入普遍较快增加”是科学合理的收入分配秩序的具体体现，也是实现共同富裕的必由之路。首先，科学发展观的核心是以人为本，要“做到发展为了人民、发展依靠人民、发展成果由人民共享”。温家宝总理在多次讲话中都提到，“我们不仅要把蛋糕做大，而且要把蛋糕分好，要让每一个人都分享改革开放的成果”。居民收入“普遍”增长的提出充分体现了公平在此次收入分配改革中的重要地位。其次，居民收入增长速度还应“较快”。十七大报告中提出深化收入分配制度改革，“增加城乡居民收入”。“十二五”规划纲要中提出的是“加快城乡居民收入增长”，“加快”二字恰恰说明我国以往居民收入水平增长较慢。十八大报告提出的则是“千方百计增加居民收入”，“千方百计”也凸显了增加居民收入的紧迫性。十八大报告还对收入增长速度提出了具体的量化指标，即“城乡居民人均收入比2010年翻一番”。最后，就城乡而言，农村居民的收入增长速度要高于，至少不低于城镇居民，才能有效遏制城乡收入差距扩大的趋势。《中共中央关于推进农村改革发展若干重大问题的决定》提出，到2020年，农民人均纯收入要比2008年翻一番。要实现这一目标，农民人均纯收入只需要在12年间保持每年6%的增长速度即可。由于城镇居民的人均可支配收入的年均增长率几乎一定会大于6%，这一发展目标的实现必然会带来城乡收入比的继续增大。

“城乡居民收入普遍较快增加”发展目标的提出意味着中国社会发展的重点逐渐从“富国”转向“富民”，从让一部分先富起来转向共同富裕。研究重点从基尼系数转向居民收入增长状况，反映了研究者对这种政策转向的深刻理解和把握。收入分配核心指标转向居民收入增长情况，也反映了收入分配研究的关注点从宏观指标转向微观个体层面，居民收入不但总体上要较快增长，而且这种增长需要惠及每一个人。从基尼系数到居民收入增长状况还反映了收入分配研究从关注结果到关注过程的转变。影响收入分配的因素是多种多样的，个体间的收入差异是由不同层面的因素引起的，比如城乡居住地、受教育水平、所处行业或者部门以及所在地区等。研究者可以通过使用居民收入的追踪数据来分析各种因素对于个体收入水平和收入增长的影响，从而更好地了解我国收入分配的决定机制。

参考文献

[1] Mauro P. Corruption and Growth [J]. Quarterly Journal of Economics, 1995 (3).

[2] 李实. 经济改革与收入分配 [J]. 中国市场, 2011 (3).

[3] 张车伟, 张士斌. 中国初次收入分配格局的变动与问题——以劳动报酬占GDP份额为视角 [J]. 中国人口科学, 2010 (5).

[4] 白重恩, 钱震杰. 国民收入的要素分配: 统计数据背后的故事 [J]. 经济研究, 2009 (3).

[5] 陈斌开. 收入分配与中国居民消费——理论和基于中国的实证研究 [J]. 南开经济研究, 2012 (1).

[6] 李实. 中国收入分配中的几个主要问题 [J]. 探索与争鸣, 2011 (4).

[7] 魏杰, 谭伟. 基尼系数理论与中国现实的碰撞 [N]. 光明日报, 2006-02-14.

[8] 梁润. 中国城乡教育收益率差异与收入差距 [J]. 当代经济科学, 2011 (6).

[9] 李实. 理性判断我国收入差距的变化趋势 [J]. 探索与争鸣, 2012 (8).

[10] 赖德胜, 陈建伟. 中国收入差距正迎来缩小的拐点 [N]. 人民日报, 2012-04-10.

四、教育、收入增长与城乡收入差距变动

摘要：“共同富裕”是社会主义的本质规定和奋斗目标，而“城乡居民收入普遍较快增加”则是实现该目标的必然途径。本研究提出居民收入增长是收入分配制度改革的核心指标，并利用“中国健康与营养调查”1989—2009年的追踪数据，考察了20年间我国城乡居民的收入增长情况及其影响因素。结果表明，20年间我国居民收入增长的速度以及均等性方面都存在问题。我国城镇居民和农村居民收入差距呈现先扩大再缩小的趋势，造成城乡收入差距扩大的最主要因素是教育在农村地区对收入增长的作用较弱。

关键词：收入增长；城乡收入差距；多层线性增长曲线模型

胡锦涛在纪念中国共产党十一届三中全会召开30周年大会上的讲话中指出，改革开放以来，中国坚持以经济建设为中心，国内生产总值年均实际增长9.8%，是同期世界经济年均增长率的3倍多。与此同时，我国城乡居民收入也持续增长，人民生活水平得到显著改善。然而，伴随着经济增长和居民收入的逐年提升，不同群体收入差距明显扩大的情况也日趋严重。1981年，全国的基尼系数在0.31左右，2000年是0.412。2007年，根据中国社科院第四次城乡住户收入调查测算的全国基尼系数在0.48左右，远超国际上公认的0.4的收入差距警戒值。贫富差距带来的社会弊端越来越明显，人们对完善当前收入分配制度的呼声不断增强。实现社会公平和正义，是建设社会主义和谐社会的本质内容。党的十七大报告明确指出，“合理的收入分配制度是社会公平的重要体现”。我国当前收入分配领域存在的种种弊端已经成为影响和谐社会建设的重大现实问题。《我国国民经济和社会发展第十二个五年规划纲要》（以下简称“十二五”规划纲要）中也将“合理调整收入分配关系”作为工作重点。

加快收入分配制度的改革，合理调整国民收入分配格局，规范收入分配秩序，构建科学合理、公平、公正的社会收入分配体系，使所有社会成员在经济发展的同时都能共享发展和改革的成果，既关系到最广大人民的根本利益，也是促进国民经济又好又快发展的重要战略任务。以往文献中常用的衡量收入不均等程度的基尼系数无法全面反映我国当前收入分配制度改革的主要内容，本研究提出居民收入增长是科学合理的收入分配制度的核心指标。通过多层线性增长曲线模型的应用，本研究以“中国健康与营养调查”1989—2009年的微观数据为基础，以动态的视角探讨教育、收入增长和城乡收入差距变动之间的关系。具体而言，我们试图回答：在1989—2009年，我国居民以及城乡间的收入增长趋势如何？城乡居民的收入差距的变动趋势可以从哪些因素中得到解释？教育对收入增长以及城乡收入差距的作用是什么？

（一）文献综述

1. 一定程度的收入差距存在具有合理性

收入分配是指社会在一定时期内创造的生产成果，按照一定的规则，在社会群体或成员之间进行分割的经济活动。收入差距过大是我国当前收入分配领域众多问题中的一个突出组成部分。基尼系数是用来衡量收入分配平均程度的一个指标。通常认为，基尼系数低于0.2表示收入分配过于平均，难以发挥收入分配的刺激作用；基尼系数大于0.4则表示差距过大，会引起不同社会阶层的关系紧张和社会不稳定，故合理的基尼系数一般为0.2~0.4。

收入分配体制改革并不以消除收入差距为目的。据世界银行公布的数据显示，改革开放前中国居民收入的基尼系数为0.16，当时高度集中的计划经济体制以及平均主义“大锅饭”式的分配制度使得经济失去了生机与活力。我国经济体制改革是从收入分配改革起步的。改革开放以来，我国打破了“大锅饭”的体制，逐步建立了以按劳分配为主体、多种分配方式并存的收入分配制度，有力促进了国家经济发展和人民富裕。此外，一个国家基尼系数的大小也受政策制定者对收入分配制度刺激激励作用或者调解保障作用的侧重。以美国和日本为例，近数十年来，日本的基尼系数一直在0.27上下浮动，收入差距比较稳定的一个重要原因是日本实行高额累进税制，更注重收入分配制度的保障作用；美国2010年基尼系数是0.469，其薪酬制度设计更注重激励作用。其结果是，美国经济与社会具有较强的活力和创新力，但社会的割裂和碎片化明显；而日本社会则较为稳定，但经济活力和创新力又显得不足（王跃生、马相东，2011）。综合而言，我国的收入分配体制改革不能走平均主义的老路，因为平均主义的后果只能是破坏市场经济竞争机制，影响我国的国际竞争力。我国仍处于社会主义初级阶段，为此要坚持发展这个第一要务，切实遵循市场经济规律，在收入分配中探索科学合理的激励机制，鼓励多劳多得，只有如此，才能充分调动劳动者的积极性，激发经济发展的

内在活力。

2. 收入差距与收入分配不公

差异和分层是人类社会的普遍现象。无论在何种社会形态中，社会成员先赋或后致的差别都会通过各种途径和渠道、通过一定的规则和过程，造成成员在财富、权力和地位等方面的不同结果。分层和差异本身并不构成不公平，问题的关键在于形成差异的原因和机制。因此，收入分配差距和收入分配不公应严格区分。随着中国市场经济机制的建立和完善，我国当前的收入分配差距中既有合理因素，也有不合理因素，还有一些不合法的因素。合理的因素有个人的努力程度和禀赋不同、要素的占有状况不同等。随着我国市场化改革不断深入，市场对资源的配置作用逐步增强，市场机制对于个体人力资本以及生产要素的有效配置必然带来收入差距的拉大。不合理的因素，如垄断、超过一定限度的“城乡分治”政策等。以垄断为例，市场中垄断现象的大量存在不仅导致了收入分配差距的扩大，也损害了正常的市场经济秩序的建立。一些造成收入差距扩大的不合法因素，包括腐败、偷税漏税等现象。当前社会上的“仇富”现象，其实多指对于富人阶层的致富手段的合法性、依法纳税等操守所持有的怀疑和否定倾向的社会心态，“仇富”的本质就是“仇不公”。尽管在经济转型过程中居民收入拉开差距具有一定的合理与必然性，但是对收入分配领域中的不公平现象应着力解决。

3. 收入水平与收入分配

共同富裕是社会主义的本质规定和奋斗目标。科学发展观的第一要务是发展，核心是以人为本，要做到“走共同富裕道路，做到发展为了人民、发展依靠人民、发展成果由人民共享”。“十二五”规划纲要中也明确提出“坚持把保障和改善民生作为加快转变经济发展方式的根本出发点和落脚点”，“坚定不移走共同富裕道路，使发展成果惠及全体人民”。收入分配差距过大是我国当前收入分配问题的一个方面，居民收入水平不高是问题的另一方面。日本当前的高收入低差距是收入分配的理想状态。我国当前是有差距的小康水平，但是依然要比改革开放前的共同贫穷有很大进步。

温家宝总理在多次讲话中都提到，“我们不仅要把蛋糕做大，而且要把蛋糕分好，要让每一个人都分享改革开放的成果”。依照我们的理解，“把蛋糕做大”指要提高我国居民的收入水平。此外，我们并不是要将蛋糕平分，而是将蛋糕分好，这意味着在收入分配中要兼顾效率和公平。从宏观层次上讲，我国以往收入分配的结构不合理，不管是第一次分配、第二次分配都存在问题。具体来讲，第一次分配中，劳动报酬占 GDP 的比重从 1997 的 53% 下降到 2007 年的 39.7%；而 2000 年美国的比重为 58.3%，德国为 53.8%，英国为 55.2%（蔡继明，2012）。与此同时，财政收入占 GDP 的比例却持续走高，这实际上就是国民缴纳的税收过多，也就有“国富民穷”的结果。由于国家、企业、居民三者合理的国民收入分配比例关系仍不明确，劳动报酬正常增长机制还没有真正建立，劳动者工资增长赶不上国民经济增长和企业利润增长及物价的增长。2007 年党的十七大报告首次提出要提高“两个比重”，即“逐步提高居民收入在国民收入分配中的比重，提高劳动报酬在初次分配中的比重”。“十二五”规划中重提两个比重，即“努力提高居民收入在国民收入分配中的比重，提高劳动报酬在初次分配中的比重”，将“逐步提高”改为“努力提高”充分体现了解决该问题的紧迫性。其次，第二次国民收入分配调节也不合理，没有以制度形式明确各级财政用于社会保障以及转移支付的支出比例。教育、医疗、社保、就业这四大支出占国家财政支出的比重，是衡量第二次国民收入分配合理不合理的重要参数。我国 2009 年已经下降到 28.8%，而世界绝大多数四大支出占当年财政支出的百分比会达到 50%。最后，三次分配规模小，慈善捐赠的激励机制、管理机制、监督机制等还不健全，对分配的调节功能有限。

4. 收入分配与经济增长

以往文献中学者比较关注的一个问题是经济增长对收入分配，尤其是收入差距的影响。比如 Kuzenets（1955）主要基于对美、英、德等国历史数据的分析提出了著名的“倒 U 假说”，讨论了经济增长中的收入分配问题，即“收入分配不平等在经济增长早期迅速扩大，而后是短暂稳定，然后在增长的后期逐渐缩小”。实际上，“倒 U 假说”只是揭示了收入不平等和经济增长的相关关系，而不是因果关系，即使倒 U 曲线存在，也不意味着在不采取任何政策时，收入不平等程度会达到一定高点后自然下落（葛玉好、赵媛媛，2010）。西方发达国家收入差距缩小的主要原因是由于政府政策做出了重要调整，引入了各种各样的社会保障和社会福利政策，从而使收入差距出现了缩小的趋势（李实，2011）。事实上，Kuzenets 本人并不认为收入差距会无条件地随经济发展而先上升后下降。他指出这种收入差距变化是由当时一系列经济、政治、社会和人口条件造成的。然而，经济增长却是居民收入水平不断提高的必要条件。只有坚持发展经济，增加社会财富，才能不断为全体人民逐步过上富裕生活创造物质基础。

经济增长同收入分配之间的影响是双向的，一方面，收入差距过大可能

导致社会政治秩序的动荡，从而损害经济的长期增长；另一方面，收入水平过低会抑制居民的消费能力，进而会影响到经济增长的持续性和稳定性。投资、消费、出口被喻为拉动我国经济增长的“三驾马车”。然而，2000 年以来，投资和出口发展势头越来越强劲，而消费需求却持续萎靡不振。我国居民消费率由 2000 年的 46.4% 急剧下降到 2008 年的 35.3%，中国已经是世界主要国家中消费率最低的国家（陈斌开，2012）。收入分配的不合理，使多数老百姓没有很强的购买能力，低收入人群的消费需求因为缺乏购买力得不到满足，这是我国内需战略一直不能起来的重要原因；而高收入人群的资本因为消费需求不足而无法转化为投资，消费需求与经济发展之间未能形成良性循环（廖云珊，2008）。“十二五”规划纲要中提出，我国要形成“消费、投资、出口协调拉动经济增长新局面”，“要坚持扩大内需特别是消费需求的战略，着力破解制约扩大内需的体制机制障碍”，为此要“完善收入分配制度，合理调整国民收入分配格局，着力提高城乡中低收入居民收入，增强居民消费能力”。调整收入分配格局，提高公民劳动所得，不仅可以激发居民特别是低收入居民的消费信心，保持经济平稳较快发展，客观上也会逐步扭转收入差距扩大的趋势。

5. 患寡患不公

在区分收入分配差距、收入分配不公和收入水平等问题后，我们将收入分配领域的问题以另外一种方式表述，那就是“不患不均，患寡患不公”。中美两国当前的基尼系数都在 0.45 以上。美国“占领华尔街”运动的导火索就是国际金融危机导致美国家庭收入增长趋缓和收入分配差距进一步扩大，代表了美国一部分人对目前美国收入分配状况的不满。但在以夫妇为核心的家庭中，美国有一半家庭年收入在 7 万美元以上，富裕的中产阶级保持了美国社会的总体稳定，因而“占领华尔街”响应程度还是相对较低的，这表明美国的收入分配机制仍存在一定的合理性（张国华，2012）。传统二元经济在向市场经济转轨的过程中出现收入差距扩大的现象很普遍，我们不能因为当前巨大的收入差距而改变“按劳分配为主体、多种分配方式并存的分配制度”。“十二五”规划纲要指出，“初次分配和再分配都要处理好效率和公平的关系”。化解我国当前的收入分配领域存在的各种问题，初次分配不能不讲效率，要坚持按生产要素和贡献分配，使报酬与贡献相一致。我国当前收入分配领域中的一些不合理和不合法的现象恰恰是背离了按生产要素和贡献分配，比如权力参与了财富分配，这不仅导致收入差距扩大，而且抑制了各种要素所有者创造财富的积极性，从而严重降低了效率（蔡继明，2012）。

虽然我国当前的基尼系数已经迫近0.5，但可能引起社会动荡的不一定是收入差距扩大，而是低收入群体收入过低的问题，也就是“寡”的问题。随着改革进程的深入，过去享有的各种社会福利也不断被剥夺，当前医疗、住房和教育构成的“新三座大山”成为很多家庭的重负。物价长期高位运行、通胀压力不断加大的背景下，劳动报酬增速跑不赢GDP和CPI，意味着老百姓手中货币的购买力在减小，广大民众抱怨连连。如果这些抱怨转化为不理智的行动，就会影响社会的稳定，也影响大多数人的安居乐业。实际上，政府近年已经出台了一系列提高低收入群体收入的政策。比如我国连续7年提高企业退休人员基本养老金，全年人均增加1 680元，5 700多万人受益；提高个人所得税起征点，2011年从原来的2 000元提高到3 500元，让约6 000万工薪收入者无须再缴个税；进一步提高城乡低保补助水平以及部分优抚对象抚恤和生活补助标准，给全国城乡低保对象、农村五保供养对象等8 600多万困难群众发放一次性生活补贴；建立社会救助和保障标准与物价上涨挂钩的联动机制，等等。

十七大报告中提出，要“着力提高低收入者收入，逐步提高扶贫标准和最低工资标准”。就当前标准看，我国的扶贫标准和最低工资标准依然有提高的空间。中国的贫困人口主要在农村地区。《中国人权事业发展报告（2011）》称，由于贫困线过低，2009年，中国贫困人口仅为全国人口的2.69%，远远低于世界其他国家。2011年，中央决定将农民人均纯收入2 300元（2010年不变价）作为新的国家扶贫标准，这个标准比2009年提高了92%。2011年年末，新标准以下的农村贫困人口仍有12 238万人，占农村户籍人口的13%（温家宝，2012）。世界银行在2008年将国际绝对贫困线从每天生活费1美元提升至1.25美元。按照人民币市场汇价1美元兑6.35人民币计算，中国的贫困线应为每年2 897元。中国自1985年起启动政府扶贫计划，并把绝对贫困线确定为人均年收入200元以下，约占当时农民年人均收入的一半（397元）。2011年的绝对贫困标准占当年中国农民人均纯收入（6 977元）的33%。这意味着，现有贫困线下的人口，其生活状况与社会平均水平之间的差距并未缩小，而是在扩大。因此，农村的扶贫标准还应在现有的基础上继续提高，这样既能显著提高贫困人口的生活水平，也显示了政府贯彻落实以人为本、执政为民理念，彰显了社会主义制度的优越性。从“十一五”时期看，中国最低工资标准累计调整了3.2次，年均增长了12.9%（其中含2009年金融危机暂停提高最低工资标准）。我国首部由国务院批转的促进就业专项规划又明确提出，“十二五”时期，我国将形成正常的工资增长机制，最低工资标准年均增长13%以上。但我国的最低工资标准依然不高。根据刘世

荣（2010）的研究，我国最低工资是人均 GDP 的 25%，世界平均为 58%；我国最低工资是平均工资的 21%，世界平均为 50%。因此，应在企业可以承受的限度内，尽快把我国最低工资调整到世界平均水平。总之，我们应切实落实“十二五”规划纲要中提出的“明显增加低收入者收入”的发展目标。

收入分配领域中的种种不公平现象不但直接拉大了收入差距，更为严重的问题则是降低了社会阶层的流动性。收入流动性主要是研究较长时期内不同人群相对收入的变动情况。国际和历史经验表明，一段时期收入分配差距拉大并不是最可怕的事情，最可怕的是收入分配差距在人群间和代际被锁定，收入分配关系被固化。收入流动性的降低在一定程度上比收入差距的扩大对社会的影响还要大。如果人群间和阶层间可以流动，各层社会成员就有改变现状的希望和动力，经济社会就会保持活力。如果收入流动性降低，使得社会底层民众失去社会流动的上升途径，很多穷人不但看不到自己未来的希望，甚至看不到下一代的希望。任其发展就会引发社会动荡，阶层关系对立，进而失去经济社会发展所必需的凝聚力（李实，2011）。毋庸讳言，从目前的情况看，中国社会结构已经逐渐形成占有财富、权力和知识为特征的强势群体，和以贫困农民、城市农民工、城市失业者与下岗人员等为主的弱势群体。当前我国的中等收入群体在人口中的比例偏低，无法形成现代化的社会一般都具备的“橄榄型”社会结构的特征，必须破除收入分配领域中的种种不公现象，增大社会流动性，使得更多的底层民众有机会上升到中产阶层。收入分配改革方案之所以迟迟难出台，很大程度上是遭遇了既得利益群体的阻力。而“调高”的实质就是治理各种特权（比如垄断）。因此“十二五”规划纲要中提出的“健全法律法规，强化政府监管，加大执法力度，加快形成公开透明、公正合理的收入分配秩序”的措施，对改善我国收入分配状况具有更深远的社会意义。

综上所述，在我国社会保障体制还不健全以及通货膨胀压力依然较大的当前，解决“寡”的问题更为迫切，一方面可以增强居民消费能力，扩大内需，成为我国经济持续发展的基础动力；另一方面，着力提高改善低收入群体的经济状况也会对控制收入分配扩大的趋势有直接作用，解决了“寡”的问题，“不均”的问题也会得到缓解。但是从长远来看，解决“不公”的问题对于缩小我国当前严重的收入分配差距具有基础性的作用。控制高收入群体收入过快增长的趋势，就会对“不均”的问题有直接作用。此外，通过收入分配制度改革促进社会阶层间的流动性，“不公”问题的解决还可以对“寡”的问题有间接作用。因此，未来我国应进一步理顺分配关系，完善分配制度，着力提高低收入者收入水平，扩大中等收入者的比重，有效调节过高收入，取缔非法收入，这样就可以逐步缓解社会成员间收入分配差距扩大的趋势。

6. 收入分配的核心指标：个体收入增长

在讨论了我国收入分配领域存在的主要问题以及“十二五”期间收入分配体制改革的目标和重点后，我们需要寻找一个能够衡量我国目前收入分配状况的核心指标。首先，基尼系数作为一种相对指标，它本身并不能反映出我国居民的富裕程度。当使用基尼系数进行时序比较时，只能用来判断收入差距整体状况的变动，而不能反映个体收入动态变动的情况。假设两个年份间的基尼系数增加了，可能有两种情况，一个是各个收入组的绝对收入都增加，但高收入组收入增加的速度快于低收入组，导致收入差距相对增大；另一个情况是低收入组的绝对收入减少，高收入组的绝对收入增加，导致收入差距增大。两种情况下基尼系数的变动虽同样增加，但社会反映不同。对于第一种情况，社会各阶层的收入都在增长，所有人的利益相对自己过去都得到了一定的满足，人们的抱怨会相对较少，各个阶层打破现有分配框架的欲望不大，社会相对稳定；而对于第二种情况，贫困一方的状况在恶化，收入停止增长甚至减少，他们会对现有的分配框架有很强的对抗欲望，可能引发激烈的社会问题。

其次，基尼系数可以描述社会成员间总体收入差距，但并不能清楚地说明分配格局的内在原因，因而也不能确定在收入分配的哪个环节存在不公，这就需要我们在各个层面研究收入分配的决定机制，区分收入分配中的合理与不合理因素。以行业间的工资差距为例，自20世纪90年代以来，国家发改委公布的一系列收入分配报告显示，不同行业职工平均工资的差距不断拉大。1990—2005年，平均货币工资收入最高和最低行业之比由1.76∶1扩大为4.88∶1。而国际上公认行业间收入差距的合理水平在3倍左右（王羚，2010）。再比如垄断部门与制造业部门之间的工资差距，20世纪90年代初期部门之间平均工资之间的差别比较小，工资最高的电力部门比制造业高出不到30%。此后，这种差距不断扩大。2008年，电力部门平均工资已经高出制造业平均工资160%，金融部门平均工资高出制造业平均工资220%。同样，政府部门在20世纪90年代跟其他部门的平均工资基本一致。到2008年，政府部门则高出制造业平均工资300%。虽然有人认为部门和行业之间的工资差异有一部分是由于从业者受教育水平不同造成的，但是即使控制了垄断部门和竞争性部门间劳动者人力资本的不同，教育水平的差异大概只能解释收入

差距的40%，其他60%的收入差距则来自垄断地位、垄断利润（李实，2011）。《中国居民收入分配年度报告（2008）》分析认为，中国现在巨大的行业收入差距在很大程度上是由于市场准入方面的行政限制带来的。行政性垄断行业的收入有三分之一是靠各类特许经营权获得的，导致不同行业间的收入差距逐渐拉大。宏观经济研究院社会所课题组（2009）也认为，我国行业间工资差距中，约三分之一是政府垄断因素造成的。

个体收入增长可以作为衡量我国收入分配状况的核心指标。归根结底，我国居民收入水平较低的原因是在效率优先的经济发展模式下，居民收入的增长速度长期落后于GDP的增长。我国居民收入差距扩大的原因是有的群体收入增加较快，而有的群体收入增加较慢，不是所有个体都平等享受到经济增长带来的好处。国家统计局自2000年公布全国基尼系数后，10年之间没有再公布过，但是研究者依然可以根据居民的收入增长情况对我国收入差距的总体变动趋势进行判断。比如赖德胜、陈建伟（2012）根据近年来农村居民纯收入增长速度超过城镇居民可支配收入增长速度，以及城乡内部中低收入群体收入增长快于高收入群体等统计信息，推断出我国收入差距正迎来缩小的拐点。此外，通过探讨各种因素对于个体收入增长速度的影响，可以将收入差距扩大的合理因素以及不合理因素区分开来，比如受教育水平的差异或者城乡二元分割的经济制度对于个体收入增长的影响。“十二五”规划建议中提出，我国收入分配制度改革的主要目标就是“城乡居民收入普遍较快增加”。首先，我们注意到该目标的一个重要内容就是要求城乡居民收入增长的同步，并且这种增长是普遍的，要惠及广大人民群众的。其次，该目标对收入增长的速度也有要求。十七大报告中提出的是“深化收入分配制度改革，增加城乡居民收入”。而“十二五”规划纲要中提出的则是“加快城乡居民收入增长”，“加快”两字说明以前居民收入增长不够快。“十二五”规划纲要还提出“努力实现居民收入增长和经济发展同步、劳动报酬增长和劳动生产率提高同步”，并且对于收入增长速度提出了具体指标。“十二五”规划纲要提出“国内生产总值年均增长7%”，并且“城镇居民人均可支配收入和农村居民人均纯收入分别年均增长7%以上”，也就是说，居民收入的增长速度要高于GDP的增长速度。对于行业和部门间的工资水平差异，“十二五”规划纲要也提出，一方面要“形成反映劳动力市场供求关系和企业经济效益的工资决定机制和增长机制”，而另一方面要“加强对部分行业工资总额和工资水平的双重调控，缩小行业间工资水平差距。清理规范国有企业和机关事业单位工资外收入、非货币性福利等”。因此，我们要完整全面地了解一个国家或地区居民的收入分配状况，仅仅依据基尼系数还不够。我们除了要监控城乡收入增长情况外，还可以对地区间、行业间、部门间、管理人员和普通员工间的收入差距和增长情况进行监控，当社会各群体间的收入都普遍增长，并且弱势群体的收入增长较快时，中国基尼系数过大的问题也会得到缓解。

7. 城乡收入差距

我国巨大的收入差距与中国城乡间日益扩大的收入差距有关。城乡居民的收入比在1978年的改革之初为2.37。城乡差距的变化在改革开放初期曾出现过一段时期的缩小，1984—1986年达到历史上最佳时期，城市人均收入是农村人均收入的1.85倍。之后，城乡收入差距继续扩大，直到1995年（2.8）政府提高了农产品的收购价格，城乡收入差距才有所缩小。但1997年以后，随着农产品收购价格的下降，城乡收入差距又进一步扩大，到2001年城乡居民的收入比为2.9。自2002年到2009年，城乡居民收入比一直在3.11～3.33徘徊。中国社会科学院城市发展与环境研究所（2011）发布的《中国城市发展报告No.4聚焦民生》显示，目前我国是世界上城乡收入差距最大的国家之一。在2005年，国际劳工组织的数据显示，绝大多数国家的城乡人均收入比都小于1.6，只有三个国家超过2，中国名列其中。而美、英等西方发达国家的城乡收入差距一般是在1.5左右。随着城乡之间收入差距的不断扩大，它在全国收入差距中所占比重也不断上升，从而全国收入差距呈不断扩大之势。李实（2011）发现，仅仅城乡之间的收入差距，1988年就占全国收入差距的37%左右，1995年为42%，2002年上升为46%，2007年达到50%。如果从收入分配公平性角度来考虑，城乡之间的收入差距应该是一种最大限度的收入不公。

随着中国的城乡收入差距呈逐步扩大趋势，学者从不同角度对其进行研究。目前，对中国城乡居民收入差距的形成有多种解释：中国重工业优先发展战略内生的城市偏向政策以及其他歧视性的社会政策，比如户籍管理制度等（林毅夫等，1994；林毅夫、刘明兴，2003）；要素市场的扭曲（蔡昉、杨涛，2000；李实、赵人伟，1999）；城乡二元结构（陈宗胜，1991）；经济开放程度的不同（Wei等，2001；Zhai和Li，2002）；金融发展的差异（章奇、刘明兴，2003；张立军、湛泳，2006）；人力资本和生育率的不同（郭剑雄，2005）等。

实际上，城乡收入差距扩大的直接原因就是农村地区居民收入增长速度落后于城镇地区，上述研究所探讨的种种宏观因素都必须通过影响城乡居民的收入增长情况来表现出来，进而才能体现在城乡收入差距的变动上。1989—2010年，城镇居民家庭人均可支配收入和农村居民家庭人均纯收入的年均真实增长率分别为8.4%和6.7%，相差1.7个百分点，二者的比值也从

1989 年的 2.28 上升至 2010 年的 3.23（梁润，2011）。《中共中央关于推进农村改革发展若干重大问题的决定》（2008）提出，到 2020 年，农民人均纯收入要比 2008 年翻一番。其实，农民人均纯收入只要在 12 年间保持每年 6% 的增长速度，上述目标就能实现。这一发展目标一旦达成，由于城市居民的人均可支配收入的年均增长率几乎一定会大于 6%，城乡收入比必然会继续增大。从“十二五”开始，假设城镇居民收入年增长速度一直维持在 7%，而农村的增长速度比城镇高 3 个百分点，即每年 10%，城乡收入比需要 18 年的时间才能从 2010 年的 3.23（19 109/5 919）回落到 2 以内（64 587/32 909）。

无疑农民收入过低是导致城乡收入差距越来越大的根本原因，提高农民收入是缩小城乡收入差距的关键。2004 年新年伊始，中共中央、国务院就农民增收发出了“一号文件”——《中共中央国务院关于促进农民增加收入若干政策的意见》。2005 年 10 月，十六届五中全会通过的《中共中央关于制定国民经济和社会发展第十一个五年规划的建议》（以下简称《建议》）中，强调要“千方百计增加农民收入”。这个“千方百计”，表明了中央对农民收入问题的重视。《建议》中还提出，“建设社会主义新农村是我国现代化进程中的重大历史任务”。目前，新农村建设正如火如荼地进行，“三农”问题依然是热点中的热点，农民收入问题是当前“三农”问题的核心。持续较快增加农民收入、提高农民生活水平和生活质量是社会主义新农村建设的基本出发点和根本目的，千方百计增加农民收入，使广大农民由温饱全面进入小康，是我们面临的带有根本性、全局性、政治性的历史任务。2010 年和 2011 年，农村居民收入增速连续 2 年超过城镇居民，这在逻辑上是可以理解的：21 世纪以来，农民从过去纯粹给国家净交税费（还不算借机附加在其上更重的各级地方性税费），变为免除几乎全部税费。反过来，国家各种对农民的直补和其他转移性补贴已经占到农民纯收入的 6% ~7%，这种情况都会显著改善农民的境遇。虽然近些年政府一系列的促进农民增收的措施发挥了一定的作用，但农民增收的长效机制尚未形成，农业稳定发展和农民持续增收难度加大。

8. 教育与收入增长

在本研究中，我们提出收入分配的本质其实是居民的收入增长，教育对个体收入产生影响是在微观层面发生的，较高的教育水平带来较高的收入水平需要教育的生产能力和配置能力共同发挥作用，但配置能力早于生产能力发挥作用。改革开放初期我国的教育对个体收入的影响微弱，在很大程度上是因为市场的分割和要素的非流动性抑制了教育配置能力的发挥（赖德胜，1998）。随着我国劳动力市场建设的不断完善，教育的配置作用逐渐显现，受教育程度较高的劳动者可以更好地通过择业来实现自己人力资本的最优配置。在中国目前存在严重劳动力市场分割的情况下，教育对收入水平的影响很大程度上是通过就业途径的选择来实现的。那些受过良好教育的个体更有可能选择在一些可以获得高收益的部门、行业、地区和企业就业（李实、丁赛，2003）。人力资本理论也能从教育的生产能力方面解释教育同收入的关系。教育能使受教育者获得更高的认知和非认知能力，这些能力能够产生较大的用于社会生产和服务的能力。随着工资制度的改革，个人的收入同实际工作能力和绩效相挂钩，力图反映岗位技能要求与劳动者技能之间的竞争性匹配关系。此外，有较高文化水平的人更有可能获得职位晋升，因而导致收入快速增长；文化水平较低的人获得晋升的机会较少，收入增长会较慢。总而言之，在市场经济条件下，教育可以通过配置和生产作用使受教育程度较高的个体的收入快速增长，从而造成教育对个体收入分化的作用更强。

以往对农民增收难的分析视角多从市场、政策等外部条件考虑，内生经济增长理论认为，“土地本身并不是贫穷的重要因素，而人的能力和素质才是决定贫穷的关键”（舒尔茨，1990），改善穷人福利的决定因素是人口质量的改善和知识的增进。我们认为，农民作为经济活动的主体，从其自身特别是人力资本积累（受教育水平）的角度来研究农民持续增收问题应该更为根本。提高农村居民的人力资本水平对构筑农民收入增长的长效机制、增强农民的自生能力可以起到至关重要的作用。以往文献基本都支持教育不平等程度的减小有益于收入不平等的改善。一些基于中国数据的研究（孙百才，2006；Sicular 等，2007；陈斌开等，2009）也表明，教育不平等是中国城乡收入扩大的重要原因，而且其贡献度还在不断扩大。城乡间存在着严重的教育不公平，较低的受教育水平阻止了农村剩余劳动力向非农产业或者城镇地区的转移。温娇秀、王延军（2010）按照收入来源对农村地区收入差异进行分解后发现，我国农村地区收入差距的扩大主要来自农村工资性收入，而农村工资性收入差距又主要与农村教育差距相关，并且教育差距在相当程度上是影响农村收入差距今后动态变化的因素。“十二五”规划纲要一方面提出要“促进城乡劳动者平等就业”，另外要“加大引导和扶持力度，提高农民职业技能和创收能力”，从而达到“千方百计拓宽农民增收渠道，促进农民收入持续较快增长”的目的。我们认为，通过实现城乡间的教育公平来促进就业公平的实现，对缩小城乡间的收入差距具有重要意义。

对收入分配问题进行深入研究，要认识到个体的收入增长情况是我们准确理解中国收入分配变化的关键。但是使用横截面数据的研究不能很好地描述收入分配变动的动态趋势，对个体的收入增长进行研究需要长期跟踪调查

数据，因此本研究使用 1989—2009 年的 CHNS 数据对城乡居民收入增长的差异及影响因素进行研究。自 20 世纪 90 年代中期以来，在我国教育快速发展，特别是义务教育普及和高等教育扩张的情况下，研究教育与收入分配之间的关系具有重大的现实意义，它直接关系到我国收入分配政策和教育政策的有效设计、实施与修正。

（二）数据和变量

本研究使用的“中国健康与营养调查”（CHNS）数据涵盖了广泛的信息。本研究主要利用成人调查问卷中个人基本特征、就业特征、个人收入状况等信息。CHNS 调查于 1989 年、1991 年、1993 年、1997 年、2000 年、2004 年、2006 年、2009 年共进行了八轮数据收集。CHNS 采用多阶段整群随机抽样方法，调查范围包括辽宁、江苏、山东、河南、湖北、湖南、广西、贵州、黑龙江，共计 9 个省区。本研究分析所用的数据是卡罗来纳人口中心于 2011 年年初发布的经过整合的 1989—2009 年的追踪数据。

国家统计局在 2013 年以前是分别进行城乡住户调查的，农村居民纯收入和城镇居民可支配收入的指标含义和形态构成都有较大差异，城乡居民收入统计口径的不一致会对全国以及城乡收入增长的比较产生一定影响。本研究尝试将城乡居民的收入指标进行统一处理。本研究的内容包括在人力资本的框架下考察教育通过配置效应和生产效应对增加个体收入的作用，因此收入构成并不包括转移性收入和财产性收入，如健康、独生子女补助、食物补助，以及礼物、租金收入等。考虑到中国农村地区个人收入来源的多样性，本研究的收入指标包括工资性收入以及务农、经商等劳动经营性收入，具体的个人收入变量包括：非退休工资性收入、家庭果菜园收入、家庭农业收入、家庭养殖收入、家庭渔业收入、小商业收入。由于农村地区的务农或务工的经营性收入很多都是家庭多人共同经营所获，需要通过一定的方法近似地分解到个人。CHNS 课题组将家庭的务农以及经商的劳动经营性收入，通过个体所花费的时间除以家庭成员所花费的总时间分解成为个体的务农以及经营性收入。该方法比简单地将家庭经营性收入按照家庭劳动人口数进行平分要更加精确，因此本研究采用了课题组对家庭经营性收入的分解方法。收入变量的原始问卷和收入的计算方法详见 CHNS 课题组提供的《成人和住户问卷》《个人收入指标建构》手册和《住户收入指标建构》手册。

本研究中受教育年限是在参考中国学制的基础上，依照劳动者接受的最高教育水平进行换算：文盲 =0 年，小学 =6 年，初中 =9 年，高中 =12 年，职高/技校/中专 =12 年，大学专科 =15 年，成人本科 =15 年，大学本科 =16

年，研究生 =19 年。工龄依据惯例，由被访者的年龄减去受教育年限再减去入学年龄。

个体的非时变变量（time - invariant variable）包括性别（男性 =1，女性 =0）和民族（少数民族 =1，汉族 =0）。劳动者的个体时变特征（P_{tij}）包括户口性质（农业户口 =1，非农业户口 =0）和婚姻状况（未婚、结婚、离婚或丧偶）。劳动者的就业时变特征（Z_{tij}）包括部门性质（公共部门、国有集体企业、私有企业和个体经营）和职业层次（机关党组企业事业负责人、专业技术人员、办事和有关人员、商业服务业人员、产业工人阶层、灵活自由就业者以及农业劳动者阶层）。劳动者所在社区的特征包括居住社区类型（农村地区 =1，城镇地区 =0）以及地区划分（东部、中部和西部）。

（三）研究方法和模型设定

追踪研究（Panel Study）指的是对同一组对象在多个不同的时间点上进行调查、收集资料，然后通过对前后几次调查所得资料的统计分析，来探索社会现象随时间变化而发生的变化及其不同现象之间关系的一种研究方式。CHNS 调查范围较广，样本量较大，包含的信息较多，追踪个体的横跨时间长，可以为研究个体收入增长情况提供保障。本研究选取在劳动力市场具有工作或者在农村务农的年龄在 16 ~ 60 岁，并且具有收入信息的样本。最终的分析样本中共有 16 390 个劳动者、49 004 个观测值，有 49.3% 的劳动者具有 3 个及以上的收入观测值。

现有分析因变量增长趋势的统计方法概括起来主要有以下几种：多元重复测量的方差分析、时间序列分析、潜变量增长曲线模型以及多层线性模型。多元重复测量的方差分析法和时间序列分析法主要关注总体的平均发展趋势，但本研究不但要了解我国居民总体平均的收入增长情况，也要对个体间收入增长的差异及其影响因素进行深入考察，因此这两种方法并不适用于本研究。对于潜变量增长曲线模型，该方法要求样本的各个观测时间的间隔相同，但 CHNS 的历年调查间隔时间并不相同，属于非结构化时间（time - unstructured）数据，因此只有多层线性模型可以适用于本研究。

多层线性模型（Hierarchical Linear Model，HLM）的适用范围非常广，当用于纵向研究时，可以将个体的若干个重复观测视为嵌套于个体。本研究中，个体的收入增长轨迹会被作为因变量，因此需要使用多层线性增长曲线模型（HLM growth curve modeling）（Raudenbush 和 Bryk，2002）。使用多层线性增长曲线模型需要至少三轮以上的数据，一般认为，测量的轮次越多，多层线性分析的结果也就越可靠。多层线性增长曲线模型可以在最大似然或限制性

最大似然估计的基础上处理缺失值，因此对原始数据的要求相对较低，不需要去除那些带有缺失值的研究对象，也不需要弥补缺失的观测值（Cheung，2007）。此外，多层线性增长曲线模型对于重复测量的次数和重复测量之间的时间跨度都没有严格的限制。不同个体可以有不同的测量次数，测量与测量之间的时间跨度也可以不同。目前国内收入分配研究领域采用多层线性增长曲线模型的有刘泽云、萧今（2004）对学校教育、成人教育和企业培训对职工工资及其增长的作用的研究。

本研究构建了三层增长曲线模型，个体的重复观测为第一层，个体为第二层，个体所属的社区为第三层。在层一模型中，HLM 将个体的收入增长轨迹作为个体特征参数加上随机误差的函数。CHNS 共八轮的数据允许研究者对个体收入增长情况提出不同假设，例如个体的收入增长是否存在着显著的递增或者递减趋势？本研究还将个体的收入年均增长速度分别设为一次项和二次项（Wave & $Wave^2$），通过拟合度检验选出最吻合观测数据的模型。层二模型则可描述个体各自增长参数的变化，研究者可以设定个体间的随机回归系数，验证不同个体的收入增长速度是否一致（r_{1ij}，r_{2ij}）。在追踪研究中，个体有些特征，比如户口状态，可能随时间变化而变化。HLM 可以非常容易地在层一模型中加入时变协变量，而性别以及民族等非时变协变量则被加入层二个体模型中。HLM 不但可以考察收入增长速度在个体间的异质性，还可以对影响个体收入增长的外部情境进行研究。层三模型主要用来考虑城乡和地区对个体收入增长的影响。此外，本研究允许个体的收入增长速度在各个社区间也可以有所不同（u_{10j}，u_{20j}），同样，教育对于收入增长的影响也依赖个体所在社区（u_{11j}，u_{21j}）。本研究的总模型如下：

层一模型

$$Y_{tij} = \pi_{0ij} + \pi_{1ij}(\text{Wave})_{tij} + \pi_{2ij}(\text{Wave}^2)_{tij} + \pi_{3ij}(\text{Exp})_{tij} + \pi_{4ij}(\text{Exp}^2)_{tij} + \pi_{5ij}(P)_{tij} + \pi_{6ij}(Z)_{tij} + e_{tij}$$

式中，Y_{tij}是社区 j 中个体 i 在年份 t 的收入；

π_{0ij}是个体 ij 在 1989 年的初始期望收入；

Wave_{tij}在 1989 年为 0，在 1991 年为 2，在 1993 年为 4，在 1997 年为 8，在 2000 年为 11，在 2004 年为 15，在 2006 年为 17，在 2009 年为 20；

π_{1ij}和 π_{2ij}是个体 ij 年收入增长率的一次项和二次项；

π_{pij}是工龄及其平方，个体特征（P，包括户口和婚姻状况），就业特征（Z，包括部门所有制形式和职位）等时变变量所对应的系数；

e_{tij}是一层的随机误差项，它是独立的，服从均值为 0 和方差为常数 σ^2 的正态分布。

层二模型

$\pi_{0ij}=\beta_{00j}+\beta_{01j}(\mathrm{Edu})_{ij}+\beta_{02j}(\mathrm{Male})_{ij}+\beta_{03j}(\mathrm{Minority})_{ij}+r_{0ij}$,

$\pi_{1ij}=\beta_{10j}+\beta_{11j}(\mathrm{Edu})_{ij}+\beta_{12j}(\mathrm{Male})_{ij}+\beta_{13j}(\mathrm{Minority})_{ij}+r_{1ij}$

$\pi_{2ij}=\beta_{20j}+\beta_{21j}(\mathrm{Edu})_{ij}+\beta_{22j}(\mathrm{Male})_{ij}+\beta_{23j}(\mathrm{Minority})_{ij}+r_{2ij}$

$\pi_{pij}=\beta_{p0j}$

式中，β_{00j}是1989年社区j的初始平均收入；

β_{10j}和β_{20j}是社区j的年平均收入增长率的一次项和二次项；

β_{01j}、β_{11j}和β_{21j}分别是社区内受教育水平对于个体初始收入差距、收入增长率的一次项和二次项的回归系数；

r_{0ij}、r_{1ij}和r_{2ij}是层二模型中的随机效应。

层三模型

$\beta_{00j}=\gamma_{000}+\gamma_{001}(\mathrm{Rural})_j+\gamma_{002}(\mathrm{East})_j+\gamma_{003}(\mathrm{West})_j+u_{00j}$

$\beta_{01j}=\gamma_{010}+\gamma_{011}(\mathrm{Rural})_j+\gamma_{012}(\mathrm{East})_j+\gamma_{013}(\mathrm{West})_j+u_{01j}$

$\beta_{10j}=\gamma_{100}+\gamma_{101}(\mathrm{Rural})_j+\gamma_{102}(\mathrm{East})_j+\gamma_{103}(\mathrm{West})_j+u_{10j}$

$\beta_{11j}=\gamma_{110}+\gamma_{111}(\mathrm{Rural})_j+\gamma_{112}(\mathrm{East})_j+\gamma_{113}(\mathrm{West})_j+u_{11j}$

$\beta_{20j}=\gamma_{200}+\gamma_{201}(\mathrm{Rural})_j+\gamma_{202}(\mathrm{East})_j+\gamma_{203}(\mathrm{West})_j+u_{20j}$

$\beta_{21j}=\gamma_{210}+\gamma_{211}(\mathrm{Rural})_j+\gamma_{212}(\mathrm{East})_j+\gamma_{213}(\mathrm{West})_j+u_{21j}$

$\beta_{pqj}=\gamma_{pq0}$

式中，γ_{000}是全体样本初始平均工资的期望值；

γ_{100}和γ_{200}是全体样本平均收入年增长率的一次项和二次项；

γ_{010}、γ_{110}和γ_{210}分别是全体样本受教育水平对于初始收入差距、收入增长率的一次项和二次项的回归系数；

u_{p0j}和u_{p1j}是层三的随机效应。

（四）结果

要使用多层线性模型考察个体收入增长的趋势，我们首先假定居民收入增长是线性的。此外，居民的收入增长速度在个体间和社区间都 -13.72% $(0.075\ 36\pm1.96\times\sqrt{0.001})$。收入增长速度在社区间也存在显著差异（$u_{10j}=0.000\ 6^{***}$），其95%置信区间为2.76%～12.32%。此外，个体的初始收入（π_{0ij}）同其增长速度（π_{1ij}）存在负相关（$r=-0.373$），而社区的初始平均收入同其平均增长速度之间也存在负相关（$r=-0.204$）。表2－5所示为基于多层线性增长曲线模型的居民收入增长结果。

模型二中个体的收入增长曲线被设为二次项。偏差统计检验（Deviance Test）表明，相对于线性增长模型，模型二对数据的拟合度更好（$p=$

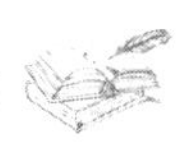

0.000）。结果表明，居民的起始收入在个体间（$r_{0ij}=0.1398^{***}$）以及社区间（$u_{00j}=0.1376^{***}$）都存在显著差异。居民起始收入的总变异有50.4%存在于个体间［0.139 8/(0.139 8 +0.137 6)］，余下49.6%的变异存在于社区之间。个人收入年增长率的一次项为4.4%，个体层面解释了收入增长一次项43%的变异［0.002 89/(0.002 89 +0.003 81)］，而余下的57%的变异存在于社区层面。此外，居民的收入增长呈现加速的态势，二次项为0.16%（$\gamma_{200}=0.0016^{***}$），个体层面的因素解释了收入增长二次项21.7%的变异［2.37/(2.37 +8.52)］，而余下78.3%的变异存在于社区层面。个体收入增长速度的变异在个体和社区层面分解的结果表明，影响个体收入增长的主要因素还是所在社区或者地区的社会和经济发展水平。

在模型三中，城乡变量被加入层三方程。结果表明，城镇地区居民收入的年均增长率的一次项为5.47%，农村地区为3.8%，两者之间存在显著差异（$\gamma_{101}=-0.0167^{*}$）。城镇居民收入增长呈显著的加速状态，其加速率为年均0.142%（$\gamma_{200}=0.00142^{***}$），而农村地区略高，为0.175%，两者之间的差异没有达到统计上的显著水平（$\gamma_{201}=0.00033$）。

模型四只考察人力资本对于个体收入增长的作用，工龄及其平方项作为时变变量加入层一模型中。教育年限作为个体特征加入层二模型中，其作用被允许在社区间有所不同，因此教育年限依照所在社区的平均受教育年限进行了居中处理（Group Mean Centered）。模型四的结果表明，对于1989年的起始年收入，教育年限每增加1年，收入差距增大2.5%（$\beta_{01j}=0.025^{***}$）。对于个体收入年增长率，受教育年限每增加1年，个体收入增长的一次项增加0.26%（$\beta_{11j}=0.0026^{***}$），二次项增加0.000 2%（$\beta_{21j}=0.000002$）。相对于模型二，在控制了教育和工龄对于收入增长的影响后，个体收入年增长率一次项的变异（r_{1ij}）下降了19.4%，［(0.002 89 -0.002 33)/0.002 89］，收入增长率二次项的变异（r_{2ij}）下降了21.1%。

模型五同时探讨了城乡差别和人力资本对于个体收入增长的影响。结果表明，城镇居民收入增长一次项为4.51%，农村居民则为2.98%，两者之间存在显著差异（$\gamma_{101}=-0.0153^{*}$）。此外，教育对于收入增长的作用在城乡间存在显著差异（$\gamma_{111}=-0.0035^{*}$），城镇居民每多接受1年教育，其收入增长速度提高0.49%（$\beta_{11j}=0.0049^{***}$），而在农村地区，每多接受1年教育其收入增长速度仅提高0.14%。

在模型六中，我们将一组表示个体特征的时变变量（P，包括户口和婚姻状况；Z，包括部门和职业特征）代入层一模型，非时变变量（包括性别和民族）代入层二模型，个体所处的地区（东部和西部，中部作为参照组）代

表 2－5　基于多层线性增长曲线模型的居民收入增长结果

固定效应	模型一	模型二	模型三	模型四	模型五	模型六
个体初始收入，π_{0ij}						
社区模型，β_{00j}						
截距，γ_{000}	7.759***	7.855***	8.061***	7.930***	8.115***	7.957***
农村地区，γ_{001}			−0.315***		−0.320***	−0.149**
东部，γ_{002}						0.050
西部，γ_{003}						−0.109*
教育，β_{01j}						
截距，γ_{010}				0.025***	0.014 9**	0.004 9
农村地区，γ_{011}					0.015 0**	0.012 9*
东部，γ_{012}						0.000 6
西部，γ_{013}						−0.023*
男性，β_{02j}						0.057*
少数民族，β_{03j}						−0.001
个体收入增长，π_{ij}						
社区模型，β_{1j}						
截距，γ_{100}	0.075 4***	0.044***	0.054 7***	0.035***	0.045 1***	0.048 2***
农村地区，γ_{101}			−0.016 6*		−0.015 3*	−0.006 4

续表

固定效应	模型一	模型二	模型三	模型四	模型五	模型六
东部，γ_{102}						0.038 2***
西部，γ_{103}						0.008
教育，β_{11j}						
截距，γ_{110}				0.002 6***	0.004 9***	0.003 2*
农村地区，γ_{111}					−0.003 5*	−0.003 0*
东部，γ_{112}						−0.001 3
西部，γ_{113}						0.002 5
男性，β_{12j}						0.011*
少数民族，β_{13j}						−0.006 8
个体收入加速度，π_{2ij}						
社区模型，β_{2j}						
截距，γ_{200}		0.001 61***	0.001 42***	0.001 61***	0.001 4***	0.001 1*
农村地区，γ_{201}			0.000 33		0.000 3	0.000 1
东部，γ_{202}						−0.001 7**
西部，γ_{203}						−0.000 6
教育，β_{21j}						
截距，γ_{210}				0.000 002	−0.000 1	−0.000 05

续表

固定效应	模型一	模型二	模型三	模型四	模型五	模型六
农村地区，γ_{211}					0.000 1	0.000 16
东部，γ_{212}						0.000 14
西部，γ_{213}						-0.000 08
男性，β_{22j}						-0.000 27
少数民族，β_{23j}						0.000 52
工龄及其平方				Yes	Yes	Yes
户口及婚姻（P）						Yes
就业特征（Z）						Yes
随机效应	方差成分					
层一方差						
时间变异，e_{tij}	0.702 77	0.684 56	0.684 54	0.679 53	0.679 5	0.659 45
层二方差						
个体初始收入，r_{0ij}	0.138 3***	0.139 8***	0.139 84***	0.084 5***	0.084 4***	0.086 9***
收入增长，r_{1ij}	0.001***	0.002 89**	0.002 9**	0.002 33***	0.002 3***	0.001 9***
收入加速度，r_{2ij}		$2.37*10^{-6}$*	0.000 00*	$1.87*10^{-6}$*	0.000 00*	0.000 00***
层三方差						
社区初始收入，u_{00j}	0.165 1***	0.137 6***	0.115 6***	0.119 96***	0.102 35***	0.091 76***

续表

固定效应	模型一	模型二	模型三	模型四	模型五	模型六
教育，u_{01j}				0.001 04***	0.001 01***	0.000 89***
收入增长，u_{10j}	0.000 6***	0.003 81***	0.003 7***	0.003 2***	0.003 17***	0.002 48***
教育，u_{11j}				0.000 01	0.000 01	0.000 02
收入加速度，u_{20j}		8.52×10^{-6}***	0.000 01***	0.000 01***	0.000 01***	0.000 01***
教育，u_{21j}				0.000 00	0.000 00	0.000 00*

入层三模型，该模型也就是我们的总模型。结果表明，当完全控制了个体差异、地区差异和就业特征差异后，城乡居民的收入增长不存在显著差异（$\gamma_{101} = -0.0064$）。此外，城镇地区教育对收入年均增长率的作用从模型五中的0.49%降为0.32%，但是教育在农村地区对于收入增长率的作用依然显著低于城镇地区（$\gamma_{111} = -0.0030^{*}$）。

（五）讨论

1. 收入增长与收入分配

收入分配问题的核心就是居民的收入增长，“城乡居民收入普遍较快增加”是科学合理的收入分配秩序的具体体现。我们以全国样本的整体趋势为例，模型一的结果显示，1989—2009年我国居民整体收入增长在速度以及均等性两方面都存在问题。首先，近20年来我国居民收入年均增长速度只有7.54%，低于改革开放以来我国GDP年平均9.8%的增长速度。其次，收入分配问题的另一方面就是经济增长的成果越来越难以被所有人平均分享，一部分群体收入快速增长，而某些群体的收入增长趋于停滞。个体收入年增长率95%置信区间的上限为13.72%，下限为1.34%。“十二五”规划纲要中提出要加快收入信息监测系统建设。要使该系统为我国收入分配制度改革提供及时准确的数据支持，监控内容和指标的选取就需要认真考虑。2009年7月，国家统计局公布的数字显示，上半年全国城镇单位在岗职工平均工资为14 638元，与上年同期相比增长12.9%，远超过同期7.1%的经济增速。由于该结果同某些劳动者的切身感受不符，因而在社会上出现了收入“被增长”的说法。出现这种反差的原因之一是城镇居民工资的调研覆盖范围偏窄，没有涵盖到非国有企业、私人企业、个体企业中劳动者的工资收入情况。另外一方面的问题在于当前的工资增长速度的计算方法。国家统计局先根据工资总和除以职工人数的公式算出两个时点的平均工资，然后通过比较两个时点的平均工资得出工资增长速度。该方法无法告诉我们是否所有职工的工资都普遍较快增长，或者是只有某些行业职工工资较快增长，而其他行业职工的工资并无明显增长。改进当前职工工资统计中的问题的办法就是对个体在不同时点的收入情况进行采集，通过追踪研究，不但可以报告整体的工资水平和增长情况，也可以对个体工资增长的置信区间进行估计。

虽然我国的基尼系数早已超过0.4的警戒线，但一方面，我国经济依然保持着高速增长，而且这种发展势头还在继续；另一方面，农村贫困人口不断降低。《中国农村扶贫开发的新进展（2011）》指出，农村贫困人口数量从

2000 年年底的 9 422 万人减少到 2010 年年底的 2688 万人；城镇低收入者的绝对收入也在增加，表现出了与其他转型国家完全不同的状况。两极分化可以定义为富者越富，贫者越贫。李实（2011）认为改革开放并没有带来共同富裕，但也没有带来两极分化，因为高速经济增长，哪怕是最低收入人群也能改善生活，因此社会稳定能够保持。通过分析 1989—2004 年不平等和贫困的变化，朱农、骆许蓓（2008）认为中国社会的整体，也就是说社会的每个个体，都享受到了经济增长的成果，贫困有了大幅度的下降。本研究的结果也证实了中国经济的改革与发展并没有带来贫者越贫的严重后果。个体收入年增长率 95% 置信区间的下限为 1. 34%，也就是说，虽然有部分群体没有从经济发展中获益很多，但是他们也没有出现收入负增长的情况。除此之外，个体的初始收入（π_{0ij}）同其增长速度（π_{1ij}）存在负相关（$r = -0.373$）。但低收入群体的收入增长速度相对较快并不意味着他们的生活水平有较大提高，其较高的收入年增长率很可能源于其较低的起始收入，即使收入很小的增量也会造成很大的增速。我国在 1985 年设定的贫困线为 200 元以下，假设一个低收入个体在 1989 年的年收入为 200 元，2009 年为 3 200 元，在这 20 年中，其收入翻了四番，但收入增加的绝对值仅为 3 000 元。

2. 城乡收入差距变动趋势

本研究发现二次增长曲线能够更好地描述我国居民收入加速增长的趋势。“十二五”规划纲要中也指出，“十一五”期间，城乡居民收入增长是改革开放以来最快的时期之一。城乡居民之间的收入差距是居民总体收入差距的重要组成部分，城乡收入差距扩大可以理解为农村地区居民的收入增长速度赶不上城镇地区居民。本研究发现城乡收入差距呈现先扩大后缩小的趋势。如果本研究所发现的城乡收入变动趋势不变的话，自 1989 年后，城乡收入差距持续扩大，并于 26 年后，也就是 2015 年达到最大；然后，城乡差距趋于收敛，并与 51 年后，也就是 2040 年恢复到 1989 年的城乡差距水平。实际上，2004—2009 年连续出台的六个中央一号文件，都突出强调促进农民持续增收、加快改善农村民生，并出台了一系列指向明确、操作性强的政策举措，有力推动了农民收入的较快增长。2006 年全面取消农业税后，与农村税费改革前的 1999 年相比，中国农民每年减负总额将超过 1 000 亿元，人均减负 120 元左右。一系列惠农政策的出台有效改变了农民人均纯收入连续增长缓慢的情况。2009 年，全国农民人均纯收入超过 5 000 元，实际增长 8% 以上，实现了连续 6 年增幅超过 6%，是农业农村形势好的一个重要标志。由于中央促进农民增收的政策得力，在 2010 年和 2011 年，中国农村居民人均纯收入增长速度连续2年快于城镇居民，因此我国城乡居民收入缩小的拐点有可能提前到来。

我国以往对于城乡收入差距成因的研究经常运用经典的两部门理论，关注经济发展过程中的经济城市化、工业化转型来解释城乡收入差距的扩大。所谓“二元经济”（Lewis，1954），是指发展中国家或地区的经济主要由自给自足的传统部门以及工业发展的现代部门组成的。在一个国家和地区的经济发展过程中，各部门经济在增长速度和发展规模上很少呈现均衡态式。从收入分配的角度来看，随着二元经济向现代一元经济的转换，城乡收入差距呈现出“先扩大后缩小”的变动趋势。Robinson（1976）借鉴两部门模型，利用对数方差作为衡量收入差距的指标，证明了库兹涅茨倒U假说的存在，并将其称为经济发展过程中一条必然的规律。在我国收入差距变化的理论研究中，支持城乡收入差距呈“先扩大后缩小”趋势的主要有陈宗胜（1994）、王韧（2006）、杨新铭（2012）的研究。虽然本研究中的城乡差距呈现出了先扩大后缩小的趋势，但是这种现象背后的具体原因是否如刘易斯的二元经济理论所揭示的还需更深入地探讨。

3. 教育与收入增长

本研究发现个体受教育水平同收入增长速度存在正相关。模型三中的结果表明，个体每多接受1年的教育，其收入年增长速度增加0.26%。以往收入分配研究大多使用横截面数据，从而造成了研究者从教育回报率的角度探讨教育同收入分配的关系。一般认为，市场化改革使得劳动力市场对就业者人力资本的回报显著提高，因而会造成我国收入不平等的增加（陈玉宇等，2004；朱农、骆许蓓，2008；宁光杰，2009；李实、宋锦，2010）。本研究的结果表明，当教育通过配置和生产作用使得接受较多教育的劳动者收入增长更快时，这种作用一方面会拉大群体中收入差距，从而导致总体基尼系数的增大，另一方面，不同受教育群体间的收入差距扩大也意味着教育回报率会提高。教育回报率的提高是教育与收入分配互动的结果，而不是引起收入分配变动的原因。

除传统的两部门理论外，另一类研究城乡收入差距成因的文献是沿着新古典经济理论脉络进行，即用城乡之间要素差异解释城乡收入差距。随着市场化进程的加速，物质资本、人力资本与技术进步越来越多地发挥着作用，市场的力量越来越多地替代制度因素成为城乡收入差距变化的主要原因。本研究发现城镇地区劳动者比农村地区劳动者平均受教育水平高1.9年（8.9 vs. 7），如果消除城乡间的教育不平等，农村地区的收入年增长率将增加

0.266%（1.9×0.14%）。同时，我们也发现教育在农村地区对收入增长的作用微弱。如果将这种差异消除，农村地区的收入年增长率将增加2.45%（7×0.35%）。由此可见，教育不平等是造成城乡收入差距扩大的重要因素，但城乡收入扩大的主要原因却是城乡二元经济结构使得人力资本对收入增长的作用在城乡间的作用存在显著差异。

人力资本理论的基本假设是，人力资本与人的生产能力正相关，而人力资本的边际生产力既与人力资本的积累水平有关，又依赖其外部环境（如体制因素、经济发展等）。教育投资具有间接性和潜在性的特点，农户进行人力资本投资只是形成潜在的人力资本，并不会直接产生经济效益，其收益必须通过结束教育后进入物质生产领域并创造剩余价值的劳动力来创造。教育在农村地区对收入增长作用微弱的重要原因可能与当前依然存在的城乡二元经济结构有关。中华人民共和国成立后国家主导的工业化战略造成了农村和农业经济的凋敝。改革开放后，在非平衡发展思想的指导下，农村和农业进一步凋敝。一方面，低技术含量的农业生产方式约束了农业从业人员人力资本发挥效用。Schultz（1964）早就指出，传统农业对农村劳动者的教育水平就没有什么要求，农民没有应用技术的经济激励。我国农业依然处于传统农业向现代农业变革的转型时期，相当一部分地区的农业经济仍然停留在自给自足的状态，农业发展仍然依靠增加低价值的劳动或时间投入，科技应用在农村没有占据主导地位，受过教育的个体的生产力无法得到充分发挥，妨碍了人力资本价值的实现（李春玲，2003；孙志军，2004）。另一方面，教育在农村地区的配置作用也受到限制。教育配置作用的发生需要一定的制度基础。20世纪80年代以来的一系列制度变革，包括人民公社的解体、人口迁移控制的放松以及对农民就地或异地务工经商的许可，这构成了劳动力市场兴起的制度基础。除了制度基础之外，劳动力市场发挥作用还需要一定的结构条件，这就是非农经济发展。非农部门的工资收入是造成农村地区居民收入差距产生的重要原因，学校的教育并不能成为提高耕作的实际效率的因素，但有利于提高非农就业的农村劳动力的工资。陈玉宇、邢春冰（2004）构建了劳动力转移模型，认为教育增加了农村劳动力到工业部门工作的机会，这是教育的另外一种形式的回报。然而，当前我国农村地区非农产业的发展依然相对落后，劳动力市场普遍呈现出供大于求、结构不合理的问题，无法为农村剩余劳动力提供足够的工作机会，从而导致教育在农村地区对居民收入增长的作用无法充分发挥。

（六）结论及建议

本研究通过追踪20年来我国居民收入增长情况，说明了我国收入分配现存的问题之一是居民收入增长偏慢。本研究还发现影响居民收入增长速度的一次项和二次项的因素主要存在于社区层面，这表明保持各地经济快速均衡发展是解决我国收入分配问题的基本条件。此外，中国是一个劳动力资源极为丰富的国家，城镇中的大量失业人员和外来农民工，农村中大量的处于闲置半闲置状态的劳动力，既是经济不够发展的结果，又是收入差距扩大的部分原因。从这个意义上来说，实现充分就业和抑制收入差距的扩大都需要进一步发展经济，使得经济增长始终保持在一个高水平上。本研究也发现，我国收入分配问题的另一方面就是个体收入增长差异很大。一方面政府应进一步规范收入分配秩序，对居民多种形式的合法收入进行保护，同时限制高收入群体各种非市场性收入，包括寻租、腐败、投机等所带来的收入，通过一些政策，比如完善收入的监管制度、完善税收的监管制度、健全政府权力的监管机制、试行政府官员收入和财产的公布制度等来控制不正当收入，将共同富裕建立在制度的基础上。另一方面，政府还应加快健全以税收等为主要手段的再分配调节机制，加大对高收入者的税收调节。

参考文献

[1] 陈玉宇，王志刚，魏众．中国城镇居民20世纪90年代收入不平等及其变化——地区因素、人力资本在其中的作用［J］．经济科学，2004（6）．

[2] 赖德胜，陈建伟．中国收入差距正迎来缩小的拐点［N］．人民日报，2012－04－10．

[3] 李实．中国收入分配中的几个主要问题［J］．探索与争鸣，2011（4）．

[4] 李实．理性判断我国收入差距的变化趋势［J］．探索与争鸣，2012（8）．

[5] 梁润．中国城乡教育收益率差异与收入差距［J］．当代经济科学，2011（6）．

[6] 刘泽云，萧今．教育投资收益分析［M］．北京：北京师范大学出版社，2004．

[7] 孙百才．30年来教育扩展与收入分配研究综述［J］．西北师大学报（社会科学版），2006（1）．

[8] 孙志军．中国教育个人收益率研究：一个文献综述及其政策含义［J］．中国人口科学，2004（5）．

[9] 徐舒．技术进步、教育收益与收入不平等［J］．经济研究，2010（9）．

[10] 王韧．中国城乡收入差距变动的成因分析：兼论“倒U”假说的适用性［J］．统计研究，2006（4）．

[11] 杨新铭．中国城乡收入差距形成的宏观机制分析——中国存在Kuznets

倒“U”曲线吗？[J]. 当代经济科学，2012（1）.

[12] Cheung M W. Comparison of Methods of Handling Missing Time-invariant Covariates in Latent Growth Models under the Assumption of Missing Completely at Random [J]. Organizational Research Methods, 2007, 10 (4): 609 - 634.

[13] Johnson E N, Chow G. Rates of Return to Schooling in China [J]. Pacific Economis Review, 1997, 2 (2): 101 - 113.

[14] Lewis A W. Economic Development with Unlimited Supplies of Labour [J]. The Manchester School of Economic and Social Studies. 1954, 22 (2): 139 - 191.

[15] Raudenbush S W, Bryk A S. Hierarchical Linear Model: Applications and Data Analysis Methods [M]. CA: Sage Publications, 2002.

第三章

高等教育对收入分配的结构效应和价格效应

一、高等教育扩招与城乡入学机会差异的变化

摘要：我国的高等教育入学机会在城乡间存在很大差异，本研究主要关注高等教育机会均等程度的测算指标以及高等教育规模扩张对于城乡入学机会分配的均等化作用。本研究利用“中国家庭动态跟踪调查”2010年的数据，考察了扩招前后城乡高等教育入学率的变动趋势，并对农村生源占录取新生比、城乡录取率以及城乡辈出率等入学公平指标的数学性质进行探讨。结果表明，扩招后农村高等教育入学率的增速较快，但由于扩招前城乡入学率存在悬殊的差异，农村高等教育入学率的增量较小，这导致城乡间入学率的差距在扩招后增大。

关键词：高等教育扩招；入学公平；城乡差异

（一）前言

教育作为现代社会中促进社会公平的重要手段和实现社会平等的伟大工具，受教育机会在人口中的分配形态很大程度上决定了社会分层的基本特征和社会不平等的程度。在我国当前财富、权力等社会资源分化较大的情况下，作为社会良性流动的重要渠道，人们对教育打破代际传递的作用寄予厚望，这也是人们强烈关注高等教育入学机会平等问题的现实原因和社会背景。如果放弃对高等教育入学机会公平的追求，家庭的社会经济背景成为个体能否接受高等教育的决定性因素，那么弱势群体进行向上社会流动的渠道就会受

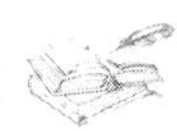

到严重冲击，由此产生的不良社会影响将是深刻而长远的（秦惠民，2010）。我国自1999年开始的高校扩招促进了高等教育规模的快速增长。虽然我国高等教育毛入学率在2002年已超过15%，但高等教育大众化不仅意味着受过高等教育人口绝对数量的增加，而且意味着接受高等教育人口在各群体间的分布建立在公平原则的基础上（别敦荣等，2003）。

由于我国的特殊国情，农民问题有着牵一发而动全身的重要地位。赫克曼（Heckman，2005）认为，城乡教育机会的不平等是中国在经济转型中存在的最重要的不平等之一。要解决中国的农民问题就必须解决农村教育问题，因而城乡间的高等教育入学机会均等对于我国教育事业和社会的全面发展具有极其重要的意义。

在探讨高等教育规模扩张与城乡入学机会均等的研究中，一种研究范式是以全体人口为研究对象，将社会背景分解为几个方面（比如父母的文化资本或者户籍状态等），然后运用回归模型探究各种因素对高等教育机会获得的影响。郭茂灿和吴晓刚（Guo 和 Wu，2008），李春玲（2010），杨舸等（2011），蔡超和许启发（2012）等研究者一致认为，城乡间入学机会的差异在扩招后增大了。另外一种国际上通用的研究范式是通过比较高等教育入学率在人群中的分布状况考察扩招对于教育机会均等化的作用。我国学者还会采用诸如录取率、农村生源占录取新生比例以及辈出率等衡量城乡入学公平的指标，基于这些指标的研究则认为扩招后城乡间高等教育入学机会不均等的状况有所改善。这些互相矛盾的结果使得我们无法对高等教育规模扩张对于城乡入学机会均等的影响进行准确评估，同样也无法对促进教育公平提出针对性的政策建议。本研究利用2010年收集的“中国家庭动态跟踪调查”数据来探讨城乡间高等教育入学机会差异在扩招前后的变化，并且对衡量城乡入学差异的各种指标的数学性质进行区分。

（二）数据和样本

中国家庭动态跟踪调查（Chinese Family Panel Studies，CFPS）由北京大学中国社会科学调查中心负责实施。CFPS2010年的数据收集在全国25个省、市、自治区展开，采取省、区县、村居的三阶段不等概率的整群抽样设计，最终的全国代表性样本包括21 822个成人。本研究关注1977—2008年城乡高等教育入学均等程度的变化趋势。CFPS详细询问了个体是否接受高等教育，一共接受了几年高等教育，哪年结束高等教育，我们利用样本对上述问题的回答估算出其进入大学的确切年份。本研究最终选取1 524个在1977—2008年进入全日制高等教育学校学习的个体，以及11 293个在1977—2008年没有接受过高等教育的适龄个体（出生年份为1959—1990年）。

以往研究一般以父亲当前的户籍来划分样本的城乡属性，但是父亲的户籍是一个时变变量，父亲当前的户口状态同其子女参加高考时的户口状态未必相同。CFPS详细询问了个体在出生时、3岁时、12岁时以及2010年的户口性质。我们选取个体12岁时的户口状态作为高等教育适龄人口的城乡划分依据。除家属随转或者征地等个别原因外，样本在参加高考前一般不太可能由于参军、招工、转干等原因而转换户口状态，因此以12岁时的户口状态作为高等教育适龄人口城乡划分的依据是比较合理的。

（三）基于CFPS数据的结果

我国在20世纪90年代初期提供的高教毛入学率是按传统意义上的普通高校招生的学生数计算的。为方便进行国际比较，教育部于1998年制定了我国高等教育毛入学率的计算方法，分子为某学年全国高等教育在学人数，分母为某年全国18~22岁人口数（隗斌贤，2001）。由于本研究主要关注1999年前后城乡高等教育入学机会差异的变动趋势，因此高等教育入学率的计算方法采用早期标准，即某年普通高校招收的学生数除以高等教育适龄人口，本研究中其操作定义为样本中某年进入大学的人数÷（某年进入大学的人数+某年未接受高等教育群体中18岁个体的人数）×100%。

对于城乡高等教育入学机会而言，机会均等意味着农村适龄人口以及城镇适龄人口的高等教育入学率处于相同的状态，即都为p%。事实上，城乡间在扩招前就存在着入学机会的差异。在高等教育规模扩张的背景下又如何判断城乡间入学机会均等程度的变化呢？我们先假设扩招前A省和B省城镇适龄人口的高等教育入学率都为20%，农村适龄人口的入学率都为10%。扩招后，A省和B省的城镇适龄人口入学率都为40%，A省农村适龄人口的入学率为30%，而B省农村适龄人口入学率为20%。对于A省，我们可以称其高等教育扩张为“均等增量型”（简称“等量型”）的扩张，城乡的入学率都增加q个百分点（20%），虽然原有的城乡入学差距没有减小，但至少高等教育扩张所带来的新增入学机会在城乡间被均等地分配。对于B省，我们可以称其高等教育扩张为“均等倍率型”（简称“等倍型”）的扩张，城乡的入学率都增为原先的n倍（2倍）。很显然，选择不同的标准判断扩招对于城乡入学机会均等化的作用，其结论也会有所不同。

表3-1给出了扩招前后全国以及城乡的平均高等教育入学率。全体样本的高等教育入学率为11.9%，自1977年恢复高考到高校扩招前的平均入学率为6.6%，而1999年扩招后的10年，我国高等教育平均入学率为27.2%，约

为扩招前的4.1倍。从城乡高等入学率的变动情况看，城镇入学率在扩招后增加了41.1%，而农村入学率在扩张后只增加了14.3%，城乡间高等教育入学率的差距由扩招前的19.8%增加到扩招后的46.6%。

表3－1　扩招前后的高等教育入学率

人口类别	扩招前/%	扩招后/%	增量/%	倍数
全国人口	6.6	27.2	20.8	4.10
城镇户口	23.3	64.4	41.1	2.76
农业户口	3.5	17.8	14.3	5.09

图3－1描述了30年间城乡高等教育入学率的变动趋势，从中我们可以比较清楚地看到城乡入学机会差距逐渐变大的趋势。

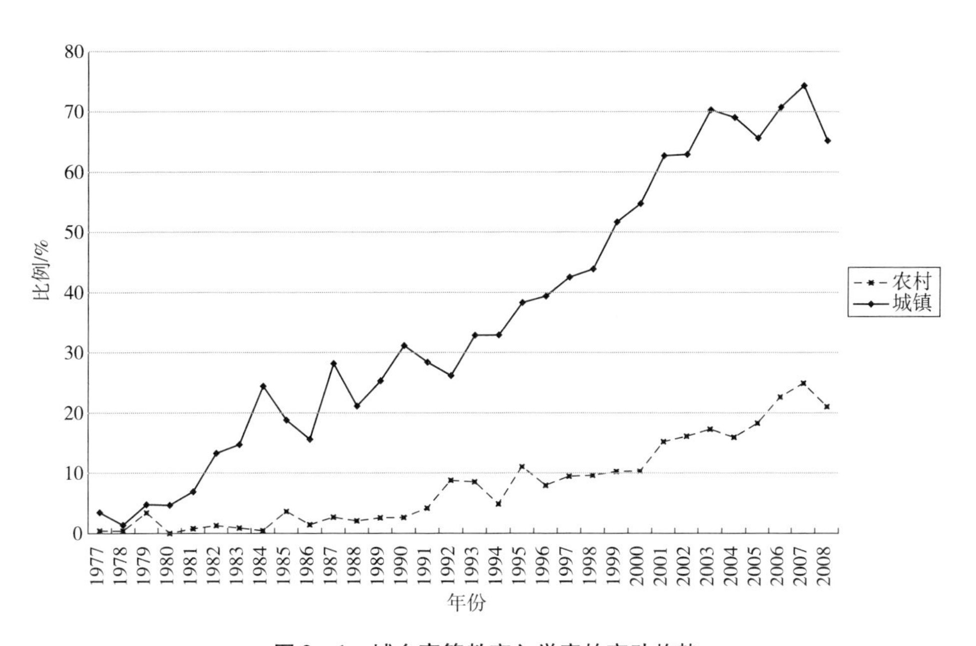

图3－1　城乡高等教育入学率的变动趋势

当发生等倍型扩张时，也就是城乡扩招后的入学率都增大为扩招前的2.76倍，农村扩招后的入学率仅为9.7%。等倍型扩张并不是一种均等式的扩张。金子元久等（2007）称等倍型扩张是一种“极端的不均等变化”，“以相同倍率扩大时，不均等化就会加剧”。等倍型扩张所依据的是城乡各自扩招前的入学率。当发生等倍型扩张时，扩招前的城乡入学差距（19.8%）就会增大为2.76倍，即54.7%。因此，等倍型扩张一定会拉大城乡间的入学机会差距，从而使我们离教育机会均等的目标越来越远。关于如何分配扩张带来的新增高等教育入学机会，等量型扩张所依据的是城乡适龄人口比例，从而保证原有的城乡入学差距不扩大。当发生等量型的扩张时，也就是城乡扩招前的入学率都同增加 41.1%，农村扩招后的入学率应为 44.6%。虽然等量型扩张是一种均等性程度最高的扩张方式，但是通常很难实现。

图 3－2 显示农村扩招后实际的入学率比发生等倍率型扩张的情况要高，但是比发生等量型扩张情况下的入学率要低。虽然城乡间高等教育入学率差距的绝对值在扩招后增大，但农村扩招后的入学率是扩招前的 5.09 倍，而城镇扩招后的入学率是扩招前的 2.76 倍（见表 3－1）。农村入学率在扩招后的增速快于城镇入学率，这在一定程度上也可视为我国在高等教育入学公平方面取得的成绩之一。

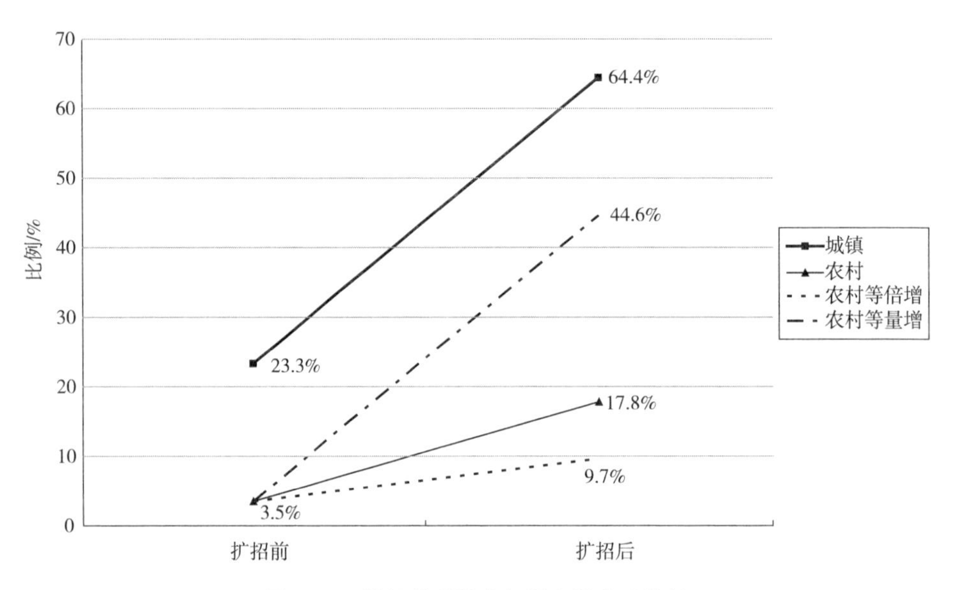

图 3－2　扩招前后城乡入学率的变动趋势

（四）与其他指标的对比

1. 农村生源占录取新生比

苟人民（2006）的研究表明，1989—2005 年 10 余年间，全国高校招生录取的新生中农村生源所占比例总体趋势不断上升，从 1989 年的 43.4% 升至 2005 年的 53%，据此作者认为城乡入学机会差距进一步缩小，高等教育公平状况有所改善。

“高考户籍制”是指高考与户籍紧密捆绑、考生必须在户籍所在地报考的制度规定。在统计全国高校招生录取的新生是否为农村生源所依据的是其户籍属性。中华人民共和国成立以来共进行了七次人口普查，城镇人口统计口径的主要依据是居民的居住地这一点是一致的。根据国家统计局的统计，截至2011年年末，城镇常住人口占总人口比重达到51.27%，城镇常住人口首超农村。但是由于户籍制度改革的滞后，我国目前的城市化仍属于“半城市化”。我国目前的各种统计公报中并没有关于农业户籍人口占总人口比例的权威统计。《中国发展报告2010：促进人的发展的中国新型城市化战略》指出，虽然我国城镇常住人口增至6.07亿人，但我国现有城市化率的统计口径包括了1.45亿左右在城市生活6个月以上的农民工，也包括了约1.4亿在镇区生活但从事务农的农业户籍人口，换言之，城镇常住人口中拥有非农户口的仅为3.22亿人。按国家统计局的资料，2008年我国城镇人口为6.067亿人，我国总人口为13.28亿人，拥有非农户口的城镇常住人口仅占总人口的24.24%，即使考虑到一小部分居住在农村地区且具有非农户口的个体，我国农业户籍人口所占比例依然很高。

本研究中，2010年具有农业户籍的样本比例为72%，在12岁时户籍状态为农业户口样本的比例为83%，大约11%的样本有农转非的经历。其中，扩招前12岁时为农业户籍人口的占扩招前适龄人口的比例为85%，而扩招后则为80%。假设我国农村适龄人口占总适龄人口的80%，在城乡入学机会都增长的情况下，即使农村适龄人口入学率增长速度仅为城镇的1/4稍多，大学新生中农村生源总量也有可能超过城镇生源。

农村生源新生＝农村适龄人口×农村入学率

＝城镇适龄人口×4×农村入学率

城镇生源新生＝城镇适龄人口×城镇入学率

我们还可以根据苟人民文中提供的历年总录取人数以及城乡录取新生人数推算出1998年和2005年城乡各自的高等教育入学率。首先假设1998年和2005年的高等教育毛入学率即为当年适龄人口的入学率，我们就可以根据总录取人数计算出总适龄人口的数量。下一步假设高等教育适龄人口的城乡比为2∶8，我们就可以得出城镇适龄人口和农村适龄人口的数量。由于各年城镇录取人数和农村录取人数已知，我们就可推算出1998年城镇入学率为25.3%，农村入学率为5.91%；2005年城镇入学率为49.3%，农村入学率为13.9%（见表3－2）。

表 3－2　全国录取新生城乡生源情况　　万人

年份	总录取人数	入学率/%	总适龄人口	城乡适龄人口比
1998	115.6	9.8	1 179.6	2∶8
2005	573.1	21	2 729	2∶8
年份	城镇适龄人口	农村适龄人口	城镇录取数	农村录取数
1998	235.9	943.7	59.8	55.8
2005	545.8	2 183.2	269.3	303.8

CFPS 样本也出现了扩招后录取新生中农村生源所占比例超过城镇生源的现象。扩招前农业人口在高等教育适龄人口中占 85%，农村适龄人口的入学率为 3.5%，城镇适龄人口的入学率为 23.3%，我们可以推知扩招前大学生群体中农村生源的比例为 44.2%［(3.5×85)/(3.5×85+23.3×15)］。同理我们也可以推知，扩招后大学生群体中农村生源的比例约为 52.5%［(17.8×80)/(17.8×80+64.4×20)］。由于我国农业人口的基数过大，大学新生中农村生源所占比例的提高并不适宜作为判断城乡高等教育入学均等程度变化的依据。

2. 城乡录取率的变动

目前有许多其他评价高等教育机会公平的指标，比如高等教育招生录取率。城乡高考录取率的差异从 1998 年的 9.7%（42.06% vs. 32.09%）下降到 2005 年的 5.46%（68.37% vs. 62.91%）。乔锦忠（2008）通过构建城乡高等教育入学机会指数（城乡高考录取率/城乡 18 岁人口占全国 18 岁人口的比例）发现高等教育入学机会的城乡差距正在不断缩小。但录取率指标并没有准确反映“机会”概念的实质内涵（刘精明，2007）。比如，在比较省间高等教育机会不均等时，各省录取率的大小不但受各省高校招生规模的影响，也受各省义务教育以及高中教育的发展水平以及筛选严格程度的影响。在初高中规模小、筛选强的省市，反而有可能有更高的高考招生录取率。

城乡二元的社会结构导致我国基础教育阶段的教育资源在城乡间的分配极为不均衡。此外，根深蒂固的重点学校制度使优先配置给城镇的教育资源并没有均衡地用于所有的城镇学校，而是又集中到了少数重点学校。重点学校拥有丰富的教育资源和优越的教学条件，但重点学校一般分布在大中城市和县城之内。位于农村地区的高中不但数量少，而且一般是非重点高中，其教育质量都比较差，农村学生只有考入位于县城的重点高中，才有较大的升入高等学校的希望（王香丽，2005）。理性选择模型（RCT）认为，个人的教

育决策（上不上大学）取决于四方面的因素：教育成本、教育收益、失败的风险和地位提升。1999 年以来，高等教育的急速扩张则伴随着高等教育学费的迅速攀升，而大学教育的短期收益则有所下降，同时义务教育和高中教育阶段的城乡发展不均衡使得农村考生在同城镇考生的高考竞争中失败的风险增大，这些因素可能使得农村学生越来越倾向于放弃上大学。另一方面，中国社会正处于阶层地位差距拉大和阶层界线明晰化的过程中，而教育水平对地位获得的影响越来越大。对于城镇群体而言，如果失去接受高等教育的机会可能使他们的地位丧失幅度很大，这促使他们有更强烈的愿望去追求高等教育机会（李春玲，2010）。综合上述因素，即使农村考生的高考录取率同城镇考生的差距缩小，我们也不能据此认为城乡间高等教育入学机会差异减小。

3. 农村辈出率的变动

在以往探讨高等教育扩张与入学机会均等化的研究中还有一种研究范式，通过计算高等教育机会的辈出率比较不同群体间高等教育机会分布的变动趋势。根据胡荣、张义祯的定义，高等教育机会阶层辈出率指某一社会阶层子女在大学生中的比例与该阶层人口在同一社会总人口中所占比例之比（胡荣等，2006）。对于农村人口，其高等教育辈出率的计算公式为：

农村辈出率 = 大学生中农村子女所占比例 ÷ 农村人口占总人口的比例

该公式的问题之一就是由于计划生育政策的规定以及落实程度在城乡间存在差异，农村居民的生育率要高于城镇居民。当大学生中农村生源所占比例等同于农村人口占总人口的比例时，即辈出率等于 1，农村适龄人口的高等教育入学率依然会低于城镇的入学率，因此农村高等教育辈出率应修正为：

农村辈出率 = 大学生中农村子女所占比例 ÷ 农村适龄人口占总适龄人口的比例。

但是该公式并不能直观地说明农村高等教育辈出率的变化同高等教育扩张的关系。通过一定的转化，我们可以得出辈出率的另一种计算方法：

$$\frac{\text{大学生中农村子女所占比例}}{\text{农村适龄人口比例}}$$

$$=\frac{\dfrac{\text{农村适龄人口}\times\text{农村入学率}}{\text{总大学生数}}}{\text{农村适龄人口比例}}$$

$$=\frac{\dfrac{\text{总适龄人口}\times\text{农村适龄人口比例}\times\text{农村入学率}}{\text{总适龄人口}\times\text{总入学率}}}{\text{农村适龄人口比例}}$$

$$=\frac{\text{农村入学率}}{\text{总入学率}}$$

由此可见，农村辈出率为1时，即农村高等教育入学率与总入学率相同，我们也可以认为农村适龄人口在高等教育入学方面得到公平的对待。根据CFPS的数据计算得知，扩招前农村辈出率为0.52（44.2%/85%，或3.5%/6.63%），扩招后农村辈出率为0.65（52.5%/80%，或17.8%/27.2%）。

$$\frac{\text{农村入学率扩招前}}{\text{总入学率扩招前}} = \frac{\text{农村入学率扩招后}}{\text{总入学率扩招后}}$$

由上式可知，如果农村高等教育入学率在扩招后保持同总入学率的等倍率增长，农村的辈出率就会保持不变。由表3－1可知，扩招后的全国高等教育平均入学率是扩招前的4.1倍，农村扩招后的入学率是扩招前的5.09倍，而城镇扩招后的入学率是扩招前的2.76倍。因此，扩招后农村辈出率会处于一种上升状态，而城镇辈出率会处于一种下降的态势。由于城乡高等教育入学率在扩招前存在显著的差异，城镇入学率是农村入学率的6.66倍（23.3%/3.5%），即使扩招后农村入学率的增速高于城镇，农村辈出率增加，城乡间高等教育入学率差距的绝对值也会增加。

4. 省间高等教育入学率的差异

我国分省定额的招生计划分配制度以及东部优先的发展战略也会引起城乡间高等教育入学机会差异（乔锦忠，2008）。分省定额制度是指国家按一定的准则将高校招生总数按省市分配其配额的一项招生录取政策。扩招时期，推动高等教育大众化的主要力量是地方政府和市场，大部分扩招指标需要本省自身去消化，各省扩招规模有赖于以省级财政、本省社会经济环境为支持的省属院校的招生能力。考生们由于各自省市所获得的招生配额不同会产生很大的入学机会差异。

关于扩招后省间入学机会不平等的变化趋势，不同的衡量公平的指标也会给出不同的结果。金子元久等（2007）指出当发生等量型扩张时，标准差不变，而基尼系数会变小；当发生等倍型扩张时，标准差会变大，而基尼系数会保持不变。刘精明（2007）利用基尼系数分析了1998—2006年我国高等教育机会省际差异的变化过程。实证结果表明，我国高等教育的省间机会不平等指数在扩招幅度最大的前三年呈现较快的下降趋势。2002年及以后，随着中央开始逐渐控制扩招规模，不平等程度降低的势头也开始减弱，2006年不平等指数出现了小幅提高。

根据刘精明文中提供的数据（见表3－3），1998年、2002年和2006年的省间入学率的标准差逐年上升。综合基于标准差和基尼系数的结果可以推知，1998—2002年，虽然省间的高等教育入学机会的差距在增大，但是高等教育落后省份入学率的增长速度要快于高等教育发达省份。2002—2006年，省间

的入学差距持续增大，但此时高等教育落后省份已经不能同发达省份保持等倍的入学率增长了。各省在 1998 年、2002 年和 2006 年的入学率增长趋势如图 3－3 所示。

表 3－3　各省入学率的描述性统计　　%

年份	最小值	最大值	均值	标准差
1998	2	11	5. 68	2. 65
2002	7	24	14. 11	4. 29
2006	8	36	20. 23	6. 49

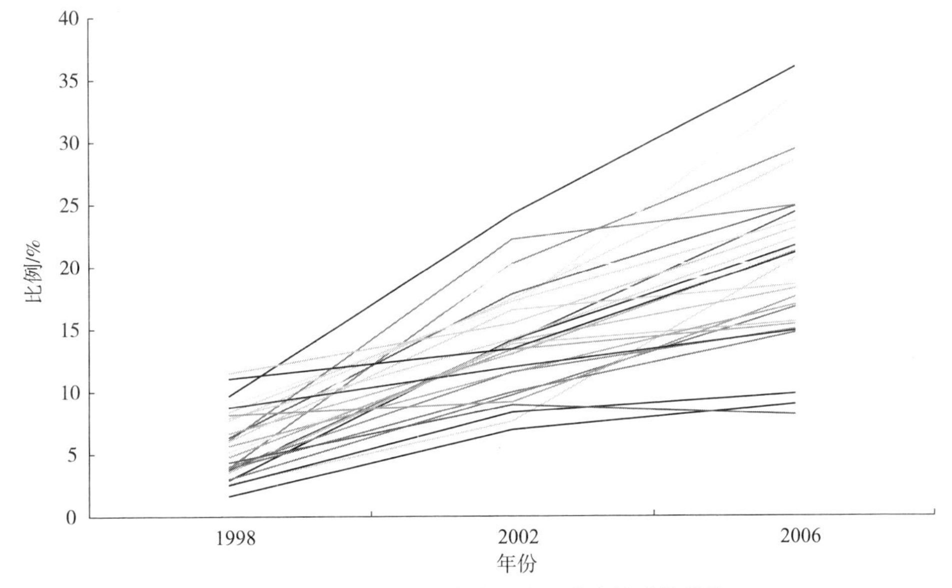

图 3－3　各省扩招后高等教育入学率的增长趋势

（五）结论及政策建议

本研究发现，1999 年开始的高校扩招政策使我国城乡适龄人口的高等教育入学率都有不同幅度的增加。由于农村适龄人口高等教育入学率的增量较小，因此城乡间高等教育入学机会的差距在扩招后增大了。但是由于扩招前较小的基数，农村适龄人口高等教育入学率的增速较快。

拥有平等的受教育机会是公民的一项重要权利。党的十七大报告指出，“教育公平是社会公平的重要基础”。《国家中长期教育改革和发展规划纲要(2010—2020 年)》也明确指出，“把教育公平作为国家基本教育政策。教育公平的关键是机会公平”。要解决我国高等教育大众化进程中的城乡入学机会不均等的问题，关键是要明确政府的责任。研究者需要对造成差异的机制进行深入的分析并据此为政府提供有针对性的政策建议。

首先，分省定额制度对于城乡差距的作用机制是，由于农村考生大多来自中西部地区，当地教育财政投入的不足导致了高等教育规模扩张缓慢，因而造成了高等教育资源匮乏的中西部省份的品学兼优的农村学生无法同直辖市以及东部教育发达省份的学生享有均等的入学机会。未来应编制科学合理的分省招生计划，在确定部属高校的分省配额时，招生录取应以报考人数为主，并对经济相对落后地区予以补偿性照顾。

其次，我国还实行以高考成绩为压倒性依据的招生录取制度。在分数面前人人平等的制度下，由于城乡学生在家庭背景以及接受基础教育质量方面存在差距，农村考生在激烈的高考竞争中明显处于不利地位，这导致了农村学生在接受高等教育上处于劣势。依法提供平等的教育资源对政府而言是应尽的职责。《国家中长期教育改革和发展规划纲要（2010—2020 年）》要求：“建立城乡一体化义务教育发展机制，在财政拨款、学校建设、教师配置等方面向农村倾斜。率先在县（区）内实现城乡均衡发展。”切实落实“纲要”中所提出的要求，废除现行城乡差别对待的基础教育经费投入制度，是解决高等教育城乡入学差距问题的关键。

最后，随着高等教育成本分担机制的实施，学费占农村人均纯收入和城镇人均收入的比例在 1990 年分别为 28% 和 12%，1999 年分别为 160% 和 61%，到 2002 年则上升到 177% 和 77%（殷红霞，2006）。高校学费及其他相关开支总额过高会导致众多农村家庭不得不放弃其子女接受高等教育的权利。另外，随着高等教育大众化战略的推行，劳动力市场对高学历人才的供需矛盾得以缓解，大学毕业生的起薪水平有所下降。同其他物力资本投资一样，个人针对高等教育的投资同样具有风险性及一些不确定性（马晓强等，2005）。扩招后高等教育呈现的高成本、低收益的趋势使得新“读书无用论”重又在农村出现。政府应加强与完善国家助学贷款（政府贴息的无担保信用贷款）制度，确保农村考生不会因为经济负担而放弃接受高等教育的机会。

参考文献

[1] 秦惠民．入学机会的公平——中国高等教育最受关注的平等话题［J］．中国教育法制评论，2010（8）：112－136.

[2] 别敦荣，朱晓刚．我国高等教育大众化道路上的公平问题研究［J］．北京大学教育评论，2003（3）：54－59.

[3] Heckman J. China's Human Capital Investment [J]. China Economic Review, 2005, 16 (1): 50-70.

[4] Guo M, Wu X. School Expansion and Educational Stratification in China, 1981-2006 [R]. Paper Presented at the Annual Meeting of the American Sociological Association Annual Meeting, 2008.

[5] 李春玲．高等教育扩张与教育机会不平等——高校扩招的平等化效应考察 [J]. 社会学研究，2010 (3): 82-113.

[6] 杨舸，王广州．户内人口匹配数据的误用与改进——兼与“高等教育扩张与教育机会平等”一文商榷 [J]. 社会学研究，2011 (3): 33-53.

[7] 蔡超，许启发．高等教育入学机会城乡差异研究——基于二元选择 O-B 分解方法 [J]. 统计与信息论坛，2012 (4): 87-93.

[8] 隗斌贤．对高等教育毛入学率统计问题的探讨 [J]. 统计研究，2001 (6): 63.

[9] 金子元久，窦心浩．高等教育大众化与机会均等——理论分析和中日比较 [J]. 教育与经济，2007 (1): 1-7.

[10] 苟人民．从城乡入学机会看高等教育公平 [J]. 教育发展研究，2006 (5): 29-31.

[11] 于弘文．我国人口普查中城镇人口统计口径探讨 [J]. 人口与经济，2002 (6): 3-8.

[12] 乔锦忠．高等教育入学机会的城乡差异 [J]. 教育学报，2008，4 (5): 92-96.

[13] 刘精明．扩招时期高等教育机会的地区差异研究 [J]. 北京大学教育评论，2007，5 (4): 142-156.

[14] 王香丽．广东高等教育入学机会研究——对广东省几所高校的调查 [J]. 高教探索，2005 (3): 11-13.

[15] 胡荣，张义祯．现阶段我国高等教育机会阶层辈出率研究 [J]. 厦门大学学报（哲学社会科学版），2006 (6): 98-106.

[16] 殷红霞．城乡家庭相对成本视角下的教育公平问题 [J]. 教育科学，2006 (4): 1-4.

[17] 马晓强，丁小浩．我国城镇居民个人教育投资风险的实证研究 [J]. 教育研究，2005 (4): 25-31.

二、高等教育非均衡扩张与入学机会均等程度的变化

摘要：我国高等教育的非均衡发展策略造成了高等教育的规模扩张在省间是非均衡的，以往研究鲜有结合省间入学机会差异来探讨扩招政策对于高等教育入学机会分配平等化的作用。本研究使用“中国家庭动态跟踪调查”2010年的数据，所采用的多层线性交互分类模型较好地契合了我国分省定额、省内划线的招生录取制度，结果表明扩招在促进高等教育入学均等化方面具有重要作用。扩招中断了自恢复高考以来地区间高等教育入学差距持续增长的趋势。性别间的高等教育入学机会差距在扩招后显著缩小，父母文化资本在代际的传递在一定程度上被削弱。扩招政策没有扩大城乡间的入学机会差异。高等教育在省间的非均衡扩张，一方面间接增加了全国范围内的城乡入学差距，另一方面也使得高等教育发达地区内部的城乡差距得以缩小。

关键词：高等教育扩招；入学公平；分省定额；多层线性交互分类模型

（一）前言

随着知识经济的兴起，高等教育不仅在促进经济增长方面发挥着重要的作用，而且在确立职业阶梯上的等级和社会结构中的位置方面也发挥着越来越明显的作用。对于底层人民群众而言，接受高等教育是其代际改变职业阶层的有效途径。然而，社会分层和高等教育之间是一种互动的双向关系，无论在什么样的社会，较高家庭出身都会使得个体在竞争高等教育机会方面处于优势，从而导致了社会分层界线的强化和阶级地位的再生产。教育作为现代社会中促进社会公平的重要手段和实现社会平等的伟大工具，受教育机会在人口中的分配形态很大程度上决定了社会分层的基本特征和社会不平等的程度。随着初等教育和中等教育在许多国家得到普及，入学机会不均等主要体现在高等教育入学机会上。UNESCO于2009年在法国巴黎召开了“2009年世界高等教育大会”，会议公报突出强调在扩大高校入学机会的同时必须确保教育公平，确保弱势群体的入学机会平等。在中国，高等教育入学机会（尤

其优质高等教育机会）历来是一种相当稀缺的资源，它的分配将直接关涉个人向上流动的可能性以及将来在社会阶层中的地位，社会成员对高等教育机会的竞争都很积极。在我国当前财富、权力等社会资源分化较大的情况下，作为社会良性流动的重要渠道，人们对教育打破代际传递的作用寄予厚望，这也是人们强烈关注高等教育入学机会平等问题的现实原因和社会背景。如果放弃对高等教育入学机会公平的追求，家庭的社会经济背景成为个体能否接受高等教育的决定性因素，那么弱势群体进行向上社会流动的渠道就会受到严重冲击，由此产生的不良社会影响将是深刻而长远的（秦惠民，2010）。党的十七大报告指出，“教育公平是社会公平的重要基础”。《国家中长期教育改革和发展规划纲要（2010—2020 年）》也明确指出：“把教育公平作为国家基本教育政策。教育公平的关键是机会公平……教育公平的主要责任在政府。”这一系列政策的出台显示推进教育公平，正在成为中国教育政策选择的一个重要的价值基点。

20 世纪中期以来，许多国家采取了高等教育扩张的策略，希望以此减少高等教育机会分配的不平等程度，促进整个社会的公平水平（李春玲，2010）。我国自 1999 年开始的高校扩招却是基于“拉动内需、刺激消费、促进经济增长、缓解就业压力”的四大目标，随着高等教育规模的快速增长，高等教育毛入学率从 1978 年的 1.56%、1998 年的 9.76%，跃升至 2002 年的 15%。到 2005 年年底，中国在校大学生总数已超过 2 300 万人，高等教育总体规模位居世界第一位。截至 2010 年，我国高等教育毛入学率已达到 26.5%。虽然我国高等教育在 2002 年已跨入大众化时期，但高等教育大众化不仅意味着受过高等教育人口绝对数的增加，而且还意味着接受高等教育人口的性别分布、阶层分布、地域分布等建立在公平原则的基础上，推进高等教育大众化必须高度重视公平问题（别敦荣等，2003）。近年来，许多农村家庭、贫困家庭和较低阶层家庭出身的孩子，在初中毕业甚至初中未毕业时就放弃升学机会进入劳动力市场，这一系列的现象似乎显示出高等教育机会分配的不平等程度并没有随着高等教育规模的扩大而缩小。

关于高等教育规模的持续扩张是否使教育机会更加均等化，国外研究的结论并不一致，甚至有互相矛盾的现象。学者们针对这些相互矛盾的研究结果进行了广泛的讨论，形成了两种较有代表性的理论解释框架。最大化维持不平等假设（Maximally Maintained Inequality，MMI）（Raftery 和 Hout，1993）声称：持续增长的教育规模并不必然会改变家庭社会地位对人们所获得的教育机会的影响，只有当高阶层的教育需求已经达到了某种饱和，特权阶层和弱势群体之间入学机会的差异才可能减小。在对 MMI 理论质疑和批判的基础上，Lucas 等人（2001）提出的“有效地维持不平等”假设（Effectively Maintained Inequality，EMI）认为，高等教育内部存在着等级分层，某些种类的高等教育文凭具有更高的价值。当高等教育得到普及，上层阶级将使用他们的各种资源确保数量类似但质量更好的教育，从而使教育不平等得以有效维持。从本质上来说，MMI 假设及 EMI 假设都认为教育扩张本身并不必然会降低教育机会的不平等（李春玲，2010）。但 MMI 理论探讨的是教育机会数量层面的均等化问题，例如通过高等教育的入学率在人群中的分布状况考察教育机会的均等性。EMI 理论针对不同质量和类型高等教育的参与状况，关注的是高等教育入学机会质量的差异（丁小浩，2006）。因为数量方面的均等化是第一步，较易实现，而质量方面的均等化是更高一级的目标，较难实现，因此本研究从研究高等教育入学机会数量上的不平等作为切入点。国内以往对高等教育机会分配差异情况已有深入研究，一般而言，我国高等教育机会存在着地区、阶层、城乡、民族和性别之间的不平等（谢维和、李雪莲，2000；安树芬，2002；文东茅，2005；谢作栩、王伟宜，2005；岳昌君，2009）。不过，对于大学扩招政策实施以后教育机会不平等变化趋势的专门分析并不多。

拥有平等的入学机会是公民的一项重要权利。《中华人民共和国教育法》第三十六条规定：“受教育者在入学、升学、就业等方面依法享有平等的权利。”但高等教育具有较强的筛选性，对结果公平要求相对较弱，对机会公平的要求较强。因此，高等教育入学公平并不意味着无差别和绝对的平等，关键在于必须区分哪些差异是在机会公平的基础上产生的，哪些差异是在机会不公平的基础上产生的。政策是对利益的权威分配，公众政策的制定目标就是要找准高等教育机会不均等问题的症结所在。在本研究中，公平的实证标准是指被考察的对象（在本研究中为高等教育入学机会）与非合理因素（比如地域与家庭经济状况）之间不存在关联（Berne 和 Stiefel，1984）。从政策与管理的角度看，只要政策和制度没有对性别、民族、阶层、城乡和区域等不同特征的人区别对待，入学机会的分配就相对合理。要探讨中国高等教育机会均等程度的变化，就必须考虑我国高等教育招生考试的两个顶层设计，第一个原则是分省定额。高考分省定额政策是指国家按一定的准则将高校招生总数按省市分配其配额的一项招生录取政策，即在考试之前制订分省招生计划，以省份为单位分配招生名额。第二个原则是高校统一招生考试，分数面前人人平等。虽然我国目前的高考命题采取教育部考试中心统一命题与分省自主命题相结合的方式，并且多元化的招生考试制度作为补充，但是我国主要采用的依然是以高考成绩为压倒性依据的高校招生录取制度，各省依照其所分配的录取名额在省内划线录取。以往研究中对涉及的地区间、城乡间、

阶层间、性别间以及民族间的高等教育入学不均等并没有对其性质进行严格区分。按照我国当前的分省定额制度，各省市考生由于各省所获得的招生配额不同会产生很大的入学机会差异，这种差异是制度性的，无法通过个体的努力而克服。而在各个省市内，城乡考生或者来自不同阶层的考生则主要通过其高考成绩来竞争事先分配好的高等教育的入学机会。如果研究者将地区间的入学不平等同其他形式的入学不平等等同起来，甚至抛开地区不平等来探讨各群体间的入学机会不平等就可能得出有偏的结果。

本研究利用北京大学中国社会科学调查中心于 2010 年收集的“中国家庭动态跟踪调查”（Chinese Family Panel Studies，CFPS）数据，使用多层线性交互分类模型（Cross - Classified Multilevel Model）来探讨现阶段中国地区、阶层、城乡、民族和性别之间的高等教育入学机会差异有多大，以及 1999 年开始实施的大学扩招政策对高等教育机会分配的平等化作用。

（二）文献综述

国际上在评价高等教育机会差异的时候，通常采用入学率的指标。在本研究中，某年高等教育入学率的操作定义为某年进入大学的人数 ÷（某年进入大学的人数 + 某年未接受高等教育者中 18 岁群体的人数）。除通过比较高等教育的入学率在人群中的分布状况来考察教育机会的均等性外，另一种研究思路是将社会背景分解为几个方面（比如父母的文化资本和政治资本等），然后运用回归模型探讨各种因素对于高等教育机会获得的影响。刘精明（2006）采用 2003 年全国综合社会调查（CGSS2003）数据，采用事件史的 Cox 比例风险模型，对我国高等教育机会不平等的变化趋势做了较系统的考察，得出的结论是：如果不考虑高等教育的分层，相对父亲为低阶教育水平的体力劳动者而言，其他各职业/教育阶层位置的优势作用在扩招后都出现了明显的下降趋势。然而更多的研究表明扩招后中国高等教育入学不均等程度加强。Guo 和 Wu（2008）采用“中国健康和营养调查”（CHNS）追踪数据对 1991—2006 年中国教育不平等的变化趋势进行考察。数据分析显示，大学招扩后城乡和阶层间的高等教育入学不平等有很大幅度的上升。李春玲（2010）基于 2005 年 1% 人口抽样调查的数据，采用 Logit 模型分析了大学扩招对教育机会不平等的影响，主要结论是：大学扩招没有减少阶层、民族和性别之间的教育机会差距，反而导致了城乡之间的教育不平等上升。但是在使用户内人口匹配数据时忽略未匹配人口而带来的选择性偏差问题（比如农村地区受教育程度低的女性由于早早出嫁，或者农村家庭人口通过升学获得非农户口而在城镇地区单独居住），有可能影响研究者对性别和城乡入学机会差距的判断。杨舸等（2011）针对李春玲的研究内容进行再检验，在提高户内数据匹配准确性和成功率的基础上，重新构造的模型显示，我国高等教育扩招后，父亲教育和职业对子女是否接受高等教育的影响减少了，性别、民族间的入学差异也减少了，但城乡差距依然扩大了。研究者最后提出未来研究需要在基础数据和统计方法方面做进一步改进。蔡超、许启发（2012）使用 CGSS2006 数据，通过二元选择 Oaxaca - Blinder 分解对中国高等教育入学机会城乡差异的影响因素进行定量分析。实证结果表明，高等教育入学机会存在显著的城乡差异，并且这一差异随时代发展呈现扩大趋势。

以上研究面临的共同问题是忽视了分省定额制度决定着高等教育入学机会的分配方式，在模型中没有考虑省份间的入学机会差异。分省定额政策是指国家按一定的准则将高校招生人数总数按省市分配其配额的一项招生录取政策。在这项制度中，各省市能被录取进入高校的考生总数以及这些考生在不同层次的学校间和专业间的分布，远在高考之前就已被给定。然而，高等教育招生配额的分配并不是依照各省报考人数按比例分配招生名额。《中华人民共和国高等教育法》第三十二条规定，“高等学校根据社会需求、办学条件和国家核定的办学规模，制定招生方案”，也就是说，各省高等教育发展状况对其招生规模有直接影响。在 1993 年发布的《中国教育改革和发展纲要》中，我国政府明确提出：“鼓励经济、文化发达地区率先达到中等发达国家 80 年代末的教育水平。”20 世纪 90 年代中后期，在中央与地方联合共建、部属院校下放的情况下，地方政府开始以多种形式参与部属院校的建设，其中包括投入大量的资金，这在很大程度上造成了高等教育水平日益依附地方经济的发展。在这一过程中，招生指标的属地化倾斜成为部属高校服务地方的主要内容（谢作栩，2001）。高考户籍制，即高考与户籍紧密捆绑、考生必须在户籍所在地报考的制度规定。分省定额制度造成省际招生人数存在很大差异，考生由于具有的户籍不同，其享有的高等教育机会也就不同。

以往研究中对涉及的省市间、城乡间、阶层间、性别间以及民族间的高等教育入学机会差异并没有对其性质进行严格区分。考生们由于各自省市所获得的招生配额不同会产生很大的入学机会差异，这种差异是制度性的，无法通过个体的努力而克服。此外，我国高校录取中还实行以高考成绩为压倒性依据的招生录取制度，分数面前人人平等，各省依照所分配的录取名额在省内统一划线录取。在各个省市内，考生主要通过其高考成绩来竞争事先分配好的高等教育入学名额，个体间的入学机会差异主要因为他们高考成绩的高低而产生。以往文献中经常讨论的城乡、阶层、民族和性别间的高等入学差距，其本质属于机会均等下的结果不平等。抛开省间入学机会差异来探讨

各群体间的入学机会不平等有可能得出不正确的结论。在高校扩招政策正式实施10余年后，很有必要采用全国代表性的数据，综合考虑我国高等教育招生录取制度，采用更为精细的统计分析方法，对大学扩招后的高等教育机会不平等状况进行深入考察。

（三）数据和变量

中国家庭动态跟踪调查（Chinese Family Panel Studies，CFPS）由北京大学中国社会科学调查中心负责实施。CFPS2010年的数据收集在全国25个省、市、自治区展开，采取省、区县、村居的三阶段不等概率的整群抽样设计，最终的全国代表性样本包括21 822个成人。本研究关注1977—2008年的高等教育入学均等程度的变化趋势。以往调查大多没有提供个体上大学的确切时间信息，因此研究者只能通过出生年代来大致估计他们上大学的时间。比如李春玲（2010）认为1980—1985年出生的人，他们当中如果有人接受了高等教育，应该是在大学扩招期间或之后进入大学。CFPS详细询问了个体的受教育经历，我们利用样本对于是否接受高等教育、一共接受了几年高等教育、哪年结束高等教育等问题的回答估算出其进入大学的确切年份。本研究最终选取1 524个在1977—2008年进入全日制高等教育学校学习的个体，以及11 293个在1977—2008年没有接受过高等教育的适龄个体（出生年份为1959—1990年）。

个体特征包括性别（男性=1，女性=0）、民族（少数民族=1，汉族=0）。以往研究一般以父亲的户口来划分样本的城乡属性，但是父亲户口状态是一个时变变量，父亲当前的户口状态同其子女参加高考时的户口状态未必相同。CFPS详细询问了个体在出生时、3岁时、12岁时以及2010年的居住地、户口性质以及当前的户口所在地。我们选取个体12岁时的户口状态作为高等教育适龄人口的城乡划分依据。除家属随转或者征地等个别原因外，样本在参加高考前一般不太可能由于参军、招工、转干等原因而转换户口状态，因此以个体在12岁时的户口状态作为其城乡划分的依据是比较合理的。由于考生必须在其户籍所在地报名参加高考的规定，我们也努力确定样本12岁时的户口所在地。对于出生地同当前户口所在地相同的个体，其当前户口所在省市即其12岁时的户口所在省市。对于一小部分有“农转非”经历且当前户口所在地同其成年之前的居住地不同的个体，我们将其12岁时的居住省市处理为当时的户口所在地。确定个体成年前的户籍所在地使得我们可以探讨省域特征对于个体高等教育入学机会的影响。个体所在省份按照国家统计局2003年发布的标准划分为东部、中部、西部、民族自治区以及直辖市。以往探讨高等教育入学机会不平等时阶层的划分标准一般采用“以职业分类为基础，以组织资源、经济资源和文化资源的占有状况为标准来划分社会阶层的理论框架”，将我国的社会职业结构划分为十大阶层（陆学艺，2002）。但是阶层划分所依据的职业分类、组织资源和经济资源也是时变变量，而一个家庭所拥有的文化资源最难在短时期内有大的改变，因此，本研究主要关注家庭所拥有的不同文化资源对其子女是否接受高等教育机会的影响。父母的受教育程度被划分为包括文盲或者半文盲，小学或初中教育，高中教育以及高等教育在内的四个类别。

（四）研究方法和模型设定

在分析高等教育机会不平等变化趋势的研究中，传统的做法是采用包含年龄组变量的 Logit 模型，以样本是否接受高等教育为因变量，以影响入学的各种因素为自变量，并通过年龄组与其他自变量的交互效应来考察教育机会不平等的年代变化。本研究也采用这一模型估计大学扩招前后教育机会不平等的变化，具体模型为：

$$\mathrm{Log}\left(\frac{P_i}{1-P_i}\right)=\beta_0+\beta_1\times \mathrm{Expansion}+\sum_k\beta_k X_{ik}+\sum_k\beta_{1k}X_{ik}\times \mathrm{Expansion}+e_i$$

式（3.1）

式中，P_i 是指个人 i 上大学的概率。X_{ik}代表了所有的自变量（影响上大学概率的各种因素，包括性别、民族、户口、父母受教育程度），β_k则是各自变量的回归系数，反映了各自变量对上大学概率的影响程度。Expansion 是表示扩招政策的虚拟变量。Expansion * X_{ik}表示扩招政策同其他控制变量的交互作用，β_{1k}反映的就是扩招对于教育机会不平等的影响。

要正确估计扩招政策对于高等教育入学均等程度变化的影响，我们首先要准确估计原有的入学机会差距（β_k）有多大。但是上述模型忽视了省间的入学机会差异，因而会导致入学机会差距系数的有偏估计。以城乡入学差距为例，我国东部地区的城镇化水平最高，同时东部地区也是我国高等教育最发达的地区，因而城镇考生对于农村考生的入学优势有一部分是与入学机会的省间差距有关的。本研究的样本来自全国 25 个省份，要控制省间入学差异，可行的办法就是在式 1 中加入 24 个代表省份的虚拟变量（p_i）：

$$\mathrm{Log}=\beta_0+\beta_1\times \mathrm{Expansion}+\sum_k\beta_k X_{ik}+\sum_k\beta_{1k}X_{ik}\times \mathrm{Expansion}+p_1+p_2\cdots+p_{23}+p_{24}+e_i$$

式（3.2）

然而，本研究样本的高等教育入学年份横跨 1977—2008 年，共 32 个年份。我国高等教育规模自恢复高考以来一直处于增长之中，1999 年实施的高

校扩招政策使得高等教育规模扩张更加快速，因此我们在式 2 的基础上加入 31 个表示年份的虚拟变量（y_i）来控制年份间的入学机会差异：

$$Log = \beta_0 + \beta_1 \times Expansion + \sum_k \beta_k X_{ik} + \sum_k \beta_{1k} X_{ik} \times Expansion + p_1 + p_2 \cdots + p_{23} + p_{24} + y_{1978} + y_{1979} \cdots + y_{2007} + y_{2008} + e_i \quad \text{式 (3.3)}$$

如图 3－4 所示，中国高等教育的非均衡发展策略使得各省入学机会增长的幅度并不相同。式 3.3 的问题就是对于不同省份，比如 p_1 和 p_2，它们在不同年份间的入学机会变动趋势都被设为一样。要考虑每个省自恢复高考后都有各自不同的高等教育发展轨迹，我们需要在式 3－1 的基础上加入 799 个（25×32－1）代表不同省份和年份组合的虚拟变量。

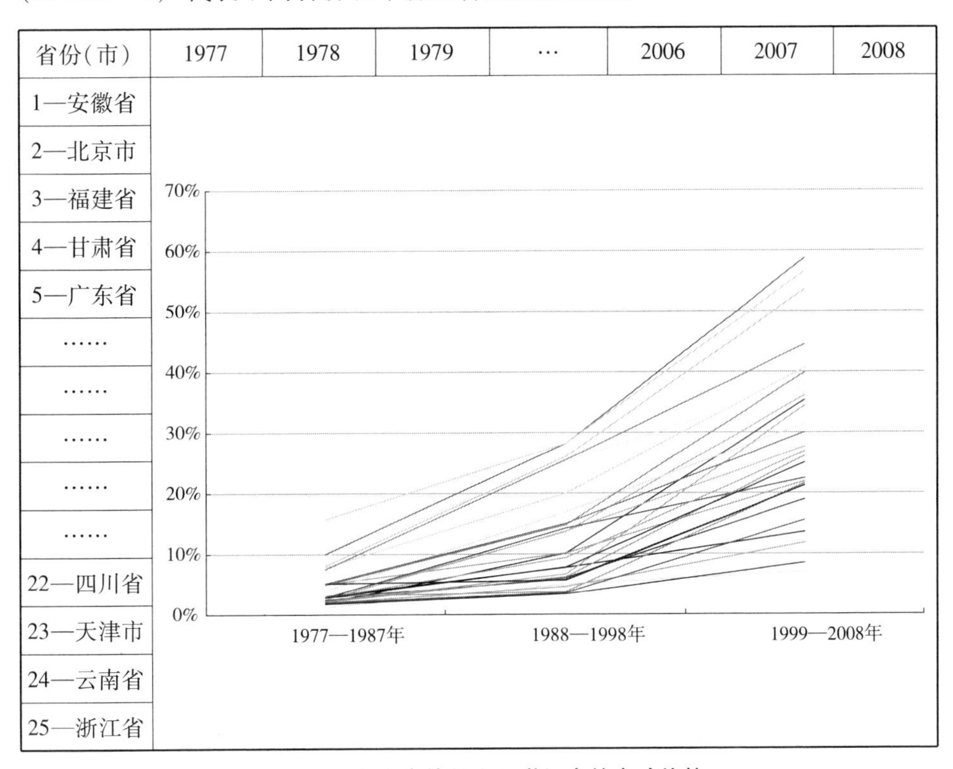

图 3－4　各省高等教育入学机会的变动趋势

$$Log = \beta_0 + \beta_1 \times Expansion + \sum_k \beta_k X_{ik} + \sum_k \beta_{1k} X_{ik} \times Expansion + p_1\, y_{1978} + p_1\, y_{1979} + p_1\, y_{1980} \cdots + p_{25}\, y_{2006} + p_{25}\, y_{2007} + p_{25}\, y_{2008} + e_i \quad \text{式 (3.4)}$$

上式可以控制不同省份在不同年份的入学机会差异，但是 MMI 理论揭示了在高等教育扩张的不同时期，影响入学机会的各种因素的作用可能并不相同。比如对于已经进入高等教育普及阶段的省市，其城乡间的入学差距可能随着城镇人口高等教育需求的饱和而出现收敛。而对于处于精英教育阶段的省份，城镇考生在入学竞争中的优势地位可能依然明显。此外，时间因素决定了全国高等教育入学机会的总量，而空间决定了入学机会在各省市间的分配。当使用省份—年份虚拟变量（比如 p_{25} y_{2008}），我们很难将决定个体入学机会的省份因素和年份因素区分开来，因此在估计与年份相关的扩招效应的系数以及与省份相关的地区间入学机会差距系数时就会遇到困难。

具有嵌套结构的数据在社会科学研究领域内很常见，多层线性模型（Hierarchical Linear Models）可以很好地处理具有嵌套结构的数据（Raudenbush 和 Bryk，2002）。如图 3 -4 所示，25 个省份和 32 个年份组成了 800 个省份—年份交互组，个体会在某一特定交互组内与同组的其他个体竞争高等教育入学机会。由于个体同时嵌套于某一省份和某一年份，因此我们需要采用 HLM 的一种高级形式——多层线性交互分类模型（Cross - Classified Multilevel Model）。此外，由于本研究中的因变量为是否接受高等教育的二分变量，模型还应继续扩展为广义多层线性模型（Hierarchical Generalized Linear Models，HGLM）。

多层线性交互分类模型的分析思路是将因变量的总变异在一层省份—年份交互组，二层横栏的年份间以及二层纵栏的省份间进行划分，然后在不同层次的模型中引入相应的自变量对结果进行解释。传统回归分析中的误差也被分解为三部分，每个个体在各自省份—年份交互组内有自己的误差（e_{ijk}），来自同一年份的个体具有相同的截距误差（b_{00j}），来自同一省份的个体具有相同的截距误差（c_{00k}）。模型的假设是层一的误差（e_{ijk}）在省份—年份交互组内相互独立，层二的横栏误差（b_{00j}）在年份间相互独立，层二的纵栏误差（c_{00k}）在省间互相独立。

由于将年份和省份间的变异同个体层面的变异分离，我们可以得到个体和家庭变量对于高等教育入学机会的净效应。在对一层系数的估计上，HLM 一般使用经验贝叶斯方法，这是一种收缩估计，具有很好的稳健性。HLM 使用首先对每个省份—年份交互组进行系数估计，然后利用组间数据进行加权最小二乘估计，HLM 最后的系数估计使用上述两个系数的加权。模型估计的方差来源于误差方差和参数估计方差两个方面，收缩估计的权重（λ_j）就是参数估计方差与总方差的比值。在我国，高等教育始终是计划体制的一部分，自 1952 年实施统一高考后就实行分区定额录取，1977 年恢复高考以来，分省划线定额录取制度逐渐完善。多层线性交互分类模型假定每个省份—年份交互组都有各自不同的高等教育入学概率和筛选机制，很好地契合了我国分省定额、省内划线的高考招生录取制度。

在将因变量的总变异在年份间和省份间进行划分的基础上，我们可以在控制省间入学机会差异的情况下探讨扩招对于入学机会均等化的影响，我们

也可以在控制年份间入学机会差异的基础上探讨地区间高等教育入学机会差异。扩张变量会被引入二层的横栏方程中，一组代表地区的虚拟变量会被引入二层的纵栏方程中。二层系数的获得一般通过广义最小二乘法方法，基本思路就是通过一定的转化将原来不满足同方差假设的模型在转换后满足同方差假定。

在正确估计一层交互组内部的个体层面的系数以及二层横栏的扩招系数后，下一步我们就可以探讨一层变量同二层扩招变量之间的交互关系，即扩招政策对于入学机会均等化的影响。多层交互分类模型还可以检验个体层面变量的随机效应，在本研究中，个体的城乡户籍类别对高等教育入学的作用被允许在省份间和年份间有所不同。具体的模型设定为：

层一模型 $$\text{Log}\left(\frac{p_{ijk}}{1-p_{ijk}}\right)=\pi_{0jk}+\pi_{1jk}(\text{Rural}_{ijk})+\pi_{2jk}(\text{Gender}_{ijk})+\pi_{3jk}(\text{Minority}_{ijk})+\pi_{4jk}(\text{PEdu}_{ijk})+e_{ijk}$$

式中，p_{ijk}是个体 i 在年份 j 省份 k 的高等教育入学概率；

π_{0jk}是年份 j 省份 k 的截距；

π_{pjk}是年份 j 省份 k 对应的自变量回归系数；

e_{ijk}是层一个体的随机效应，即个体 i 同交互组 jk 平均值的离差。

层二模型 $$\pi_{0jk}=\theta_0+b_{00j}+c_{00k}+\beta_{01}(\text{Expansion}_j)+\gamma_{0p}(\text{Area}_k)$$

$$\pi_{1jk}=\theta_1+b_{10j}+c_{10k}+\beta_{11}(\text{Expansion}_j)+\gamma_{1p}(\text{Area}_k)$$

$$\pi_{pjk}=\theta_p+\beta_{p1}(\text{Expansion}_j)$$

式中，θ_0是全体样本的截距的平均值；

θ_1是全体样本的城乡入学机会差异；

β_{01}和β_{p1}分别是高等教育扩张对于入学机会高低以及入学机会不平等的影响；

γ_{0p}和γ_{1p}分别是地区间高等教育入学机会差异以及城乡入学不平等的差异；

b_{p0j}和c_{p0k}分别为年份和省份所对应的随机效应。

（五）研究结果

本研究的结果表明，全体样本中的高等教育平均入学率为11.9%。自1977年恢复高考到高校扩招前的平均入学率为6.63%，而1999—2008年我国高等教育平均入学率为27.2%，约为扩招前的4.1倍。表3-4给出了扩招前后不同群体的高等教育入学率。Heckman（2005）认为，城乡教育机会的不平等是中国在经济转型中存在的最重要的不平等之一。从城乡入学率的变动情况看，城镇入学率在扩招后增加了41.1%，而农村入学率在扩招后只增加了14.3%，城乡间高等教育入学率的差距也由扩招前的19.8%增加到扩招后的46.6%。

表3－4　不同群体扩招前后的高等教育入学率

变量	分组	扩招前/%	扩招后/%	变量	分组	扩招前/%	扩招后/%
高考所在地区	直辖市	18	56	父母受教育水平	文盲/半文盲	2	10
	东部地区	8	30		义务教育	7	22
	中部地区	7	26		高中教育	31	43
	西部地区	3	20		高等教育	60	85
	民族地区	2.4	9.8	民族	汉族	7	29
户口性质	城镇户口	23.3	64.4		少数民族	4	18
	农业户口	3.5	17.8				
性别	男性	7.8	27.3				
	女性	5.5	27.1				

注：民族地区包括广西壮族自治区、内蒙古自治区、新疆维吾尔自治区

表3－5所列是以是否接受高等教育为因变量的Logit模型的结果。式3－1的结果见模型1。模型2中加入了一组代表地区的虚拟变量，模型3中加入了地区虚拟变量同扩招变量的交互项。由模型3可知，扩招前城乡高等教育入学机会存在显著差异，在扩招后这种差距进一步扩大，但在统计上没有达到显著水平。女性在扩招前的入学机会显著低于男性，但是扩招后性别间的入学机会差距显著缩小。关于父母的受教育程度，扩招前基本的趋势是父母受教育程度越高，子女的高等教育入学机会越大，扩招后父母文化资本对子女入学机会的影响有所降低。对于地区差距，扩招前直辖市考生拥有最多的接受高等教育的机会，东部和中部地区的入学机会也显著高于西部。扩招后，直辖市同西部的入学机会差距进一步拉大，中部同西部的入学机会差距则显著减小。

表3－5　扩招对于高等教育入学机会均等化的影响（Logit Model）

固定效应	模型1	模型2	模型3
自变量	系数	系数	系数
截距	-2.606^{***}	-2.836^{***}	-2.965^{***}
扩招	1.915^{***}	1.924^{***}	2.164^{***}

续表

固定效应	模型 1	模型 2	模型 3
自变量	系数	系数	系数
农村户口	-1.340***	-1.304***	-1.296***
扩招×农村户口	-0.153	-0.148	-0.180
女性	-0.403***	-0.402***	-0.405***
扩招×女性	0.428***	0.427***	0.433***
少数民族	-0.044	0.159	0.222
扩招×少数民族	-0.303	-0.289	-0.310
独生子女	0.388***	0.327**	0.377**
扩招×独生子女	-0.141	-0.158	-0.254
1~2 个兄弟姐妹	0.341***	0.325*	0.342***
扩招×(1~2 兄弟姐妹)	-0.425	-0.436	-0.455**
父母义务教育	0.896***	0.885***	0.859***
扩招×父母义务教育	-0.263	-0.253	-0.207
父母高中教育	2.460***	2.470***	2.441***
扩招×父母高中教育	-1.101***	-1.127***	-1.071***
父母高等教育	3.291***	3.271***	3.242***
扩招×父母高等教育	-0.529	-0.494	-0.412
直辖市		0.798***	0.618**
扩招×直辖市			0.437
东部地区		0.361**	0.407**
扩招×东部地区			-0.080
中部地区		0.179*	0.440**
扩招×中部地区			-0.512**
民族地区		-0.777**	-0.663*
扩招×民族地区			-0.208
Cox & Snell	0.188	0.190	0.192
Nagelkerke	0.363	0.368	0.373

要使用多层线性交互分类模型对个体接受高等教育的概率进行预测，我

们首先要建构零模型，将省份和年份对于个体接受高等教育的影响同个体和家庭因素区分开。零模型的结果表明，个体接受高等教育的概率在不同年份间（$\tau_{b00}=1.491^{***}$）和不同省份间（$\tau_{c00}=0.748^{***}$）都有显著差异，并且个体参加高考时的年份比所在省份对是否接受高等教育的影响更大。

层一模型 $$\text{Log}_{ijk}=\pi_{0jk}+e_{ijk} \quad \text{式（3.5）}$$

层二模型 $$\pi_{0jk}=\theta_0+b_{00j}+c_{00k} \quad \text{式（3.6）}$$

在下一步，我们将代表扩招的虚拟变量代入二层的横栏方程中，将一组代表地区的虚拟变量（东部、中部、直辖市和民族地区、西部作为对照组）代入二层的纵栏方程中。我们还允许地区间的入学机会差异在横栏年代间随机变动（c_{0pk}）。模型一固定效应的结果表明，1999 年的扩招政策极大地提高了样本接受高等教育的机会（$\beta_{01}=2.093^{***}$）。就地区而言，直辖市（$\gamma_{01}=1.765^{***}$）和东部地区（$\gamma_{02}=0.581^{**}$）居民接受高等教育的机会要显著高于西部地区。

层一模型 $$\text{Log}_{ijk}=\pi_{0jk}+e_{ijk} \quad \text{式（3.7）}$$

层二模型 $$\pi_{0jk}=\theta_0+b_{00j}+c_{00k}+\beta_{01}(\text{Expansion}_j)+(\gamma_{0p}+c_{0pk})(\text{Area}_k) \quad \text{式（3.8）}$$

在下一步，我们只将个体以及家庭的特征变量代入层一模型，并且城乡入学差距允许在省市间以及年份间有所不同。模型二固定效应的结果表明，在高等教育入学机会方面，我国存在显著的城乡差别、性别差距以及父母受教育程度的差距。随机效应的结果表明，城乡入学差别在年份间（$\tau_{b10}=0.103^{***}$）以及省份间（$\tau_{c10}=0.332^{***}$）存在显著差异，并且省份对城乡入学差距的影响大于年份的影响。

层一模型 $$\text{Log}_{ijk}=\pi_{0jk}+\pi_{1jk}(\text{Rural}_{ijk})+\pi_{2jk}(\text{Gender}_{ijk})+\pi_{3jk}(\text{Minority}_{ijk})+\pi_{4jk}(\text{PEdu}_{ijk})+e_{ijk} \quad \text{式（3.9）}$$

层二模型 $$\pi_{0jk}=\theta_0+b_{00j}+c_{00k} \quad \text{式（3.10）}$$
$$\pi_{1ij}=\theta_1+b_{10j}+c_{10k}$$

在下一步，我们同时将层二变量和层一变量引入模型，并且着重考察扩招对于城乡间入学差距的影响以及城乡入学差距在地区间的差异。模型三固定效应的结果表明，扩招对于缩小城乡差距的作用不显著（$\beta_{11}=0.104$）。西部地区的城乡入学差距最大（$\theta_1=-1.616^{***}$），中部地区次之（$\gamma_{13}=0.727^{***}$），东部地区再次之（$\gamma_{12}=0.753^{***}$），直辖市内的城乡入学差距最小（$\gamma_{11}=1.316^{***}$）。

层一模型 $$\text{Log}_{ijk}=\pi_{0jk}+\pi_{1jk}(\text{Rural}_{ijk})+\pi_{2jk}(\text{Gender}_{ijk})+\pi_{3jk}(\text{Minority}_{ijk})+\pi_{4jk}(\text{PEdu}_{ijk})+e_{ijk} \quad \text{式（3.11）}$$

层二模型　$\pi_{0jk}=\theta_0+b_{00j}+c_{00k}+\beta_{01}(\text{Expansion}_j)+\gamma_{0p}(\text{Area}_k)$　式（3.12）

$\pi_{1jk}=\theta_1+b_{10j}+c_{10k}+\beta_{11}(\text{Expansion}_j)+\gamma_{1p}(\text{Area}_k)$

在下一步，我们加入了扩张变量同其他层一变量的交互作用，这就是我们的总模型，即模型四。模型四的结果表明，扩招前我国存在显著的性别入学机会差异（$\theta_2=-0.290^{***}$），但是扩招使得这种性别差异显著缩小（$\beta_{21}=0.583^{**}$）。此外，父母受教育程度的高低对于子女接受高等教育机会的显著影响在高校扩招后也有所减弱。扩招对于城乡间入学不均等程度的缩小依然没有显著作用（$\beta_{11}=0.052$）。表3-6所示为扩招对于高等教育入学机会均等化的影响（HGLM）。

表3-6　扩招对于高等教育入学机会均等化的影响（HGLM）

固定效应	零模型	模型一	模型二	模型三	模型四
截距，θ_0	-2.245^{***}	-2.254^{***}	-2.674^{***}	2.665^{***}	-2.701^{***}
扩招，β_{01}		2.093^{***}		2.253^{***}	2.391^{***}
直辖市，γ_{01}		1.765^{***}		1.257^{**}	1.256^{**}
东部地区，γ_{02}		0.581^{**}		0.446^{*}	0.454^{*}
中部地区，γ_{03}		0.360		0.253	0.260
民族地区，γ_{04}		-0.597		-0.823^{*}	-0.822^{*}
农村户口，θ_1			-1.518^{***}	-1.616^{***}	-1.578^{***}
扩招，β_{11}				0.104	0.052
直辖市，γ_{11}				1.316^{***}	1.306^{***}
东部地区，γ_{12}				0.753^{***}	0.775^{***}
中部地区，γ_{13}				0.727^{***}	0.739^{***}
民族地区，γ_{14}				-0.776^{**}	-0.648^{**}
女性，θ_2			-0.225^{***}	-0.233^{***}	-0.290^{***}
扩招，β_{21}					0.583^{**}
少数民族，θ_3			-0.117	-0.108	-0.105
扩招，β_{31}					0.053
独生子女，θ_4			0.037	0.051	0.078
扩招，β_{41}					0.222
1~2个兄弟姐妹，θ_5			-0.171^{*}	-0.175^{*}	-0.176
扩招，β_{51}					0.195
父母义务教育，θ_4			0.620^{***}	0.595^{***}	0.581^{***}

续表

固定效应	零模型	模型一	模型二	模型三	模型四
扩招，β_{61}					-0.195
父母高中教育，θ_5			1.614***	1.570***	1.715***
扩招，β_{71}					-1.308***
父母高等教育，θ_6			2.860***	2.835***	2.881***
扩招，β_{81}					-0.987**
随机效应	方差成分				
层二横栏方差					
年份，τ_{b00}	1.491***	0.369***	1.328***	0.605**	0.573
农村户口，τ_{b10}			0.103***	0.086**	0.085
层二纵栏方差					
省份，τ_{c00}	0.748***	0.426***	0.354***	0.219***	0.214
农村户口，τ_{c10}			0.332***	0.099*	0.081

（六）讨论

在当今社会，高等教育不仅是个体在激烈的社会竞争中获得社会地位的有效手段，也是促进社会流动、加强社会整合的重要途径。为了建立和谐发展的社会，尽可能缩小弱势群体和强势群体在接受高等教育机会方面的差异，需要对造成差异的机制进行深入的分析并探讨解决方法（李文利，2005）。世界银行在《2006年发展报告：公平与效率》中，把对公平的理解建立在两个基本原则之上，其一是公平的机会。即一个人的成就应该是他或她努力以及才能的结果，而不应当受个体出生地、家庭背景及其所拥有的社会关系等因素的影响。就高等教育而言，入学机会均等是指个体能否接受高等教育、接收何种质量的高等教育与其出生背景无关，而只与学术能力和个人意愿有关。个人出生背景主要包括性别、种族、民族、年龄、家庭背景和出生地等（乔锦忠，2007）。本研究发现中国存在着显著的地区间高等教育入学机会不均等，直辖市和东部地区样本的高等入学机会要显著高于西部地区。分省定额录取政策使各省市考生在高校入学竞争中因为地域身份的限制而处于不平等的竞争地位。在实行全国统一考试的年代，“倾斜的高考分数线”引起了社会各界的广泛关注，各省的录取分数线在有些年份相差超过100分，被认为是教育领域的最大不公（黄钟，1999）。

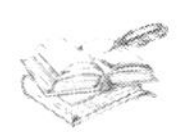

使用 HLM 方法考察地区间入学差距在年份间的随机效应揭示了恢复高考后，地区间高等教育入学机会的差距基本上处于逐年扩大的趋势。造成地区间高等教育入学不均等程度扩大的主要因素是我国高等教育非均衡的发展策略。1978 年以前，国家采用区域均衡发展战略，区域高等教育发展水平的差距有所缩小。改革开放以来，伴随区域经济非均衡化发展，高等教育的区域均衡发展的局面被打破。区域高等教育发展的不平衡意味着高等教育的空间分布不均衡，从高等教育规模绝对量的分布来看，东部沿海地区高等教育规模较大的城市非常密集，中部地区次之，西部地区最为稀疏（薛颖慧等，2002）。在 1993 年发布的《中国教育改革和发展纲要》中，我国政府明确提出："鼓励经济、文化发达地区率先达到中等发达国家 80 年代末的教育水平。"经济发展是高教发展的基础，"这种基础性作用主要体现在经济发展要为高教发展提供足够的物质条件，经济发展决定了高等教育发展的速度与规模，决定了对高教的需求和容量"（张保庆，2003）。我国高等教育非均衡发展战略的现实基础正是源于各地经济发展水平的差异。20 世纪 90 年代中后期，中国的高等教育完成了管理体制改革和布局结构调整，地方政府开始以多种形式参与部属院校的建设，其中包括投入大量的资金。在各地高等教育在与地区经济形成良性互动的同时，教育管理体制的改革又将管理权下放给地方政府，这在很大程度上造成了高等教育水平日益依附地方经济的发展（谢作栩，2001）。在这一过程中，招生指标的属地化倾斜成为这些部属高校服务地方的主要内容，从而损害了高等教育机会的区域公平。此外，政府的教育投资政策也加剧了地区间高等教育发展的不平衡。国家对高等教育的各种重点投资项目，如"211"工程投资、世界一流大学建设投资等，主要集中在东部地区重点高校，使得东部经济比较发达地区的高等教育发展锦上添花，而地方经济基础比较薄弱的广大中西部地区的高等教育，由于较少得到国家的重点投资，发展形势更为严峻（别敦荣等，2004）。扩招政策实施后的第二年，上海进行自主命题的试点，在随后短短几年内全国考生基本同一考卷的局面就被迅速打破，公众也就无法从各省市间高校录取线的差别来判断高等教育入学机会的地区差异，但是入学机会的区域差距在扩招后依然增加。扩招时期，推动大众高等教育机会扩大的主要力量是地方政府和市场，大部分扩招指标需要本省自身去消化。随着中央、省、中心城市三级办学的高等教育管理体制的建立，中央政府高等教育财政经费向以"985"院校、"211"院校为代表的央属院校倾斜，而地方普通本科院校和高职高专院校的教育经费主要依赖地方政府的财政能力（陈彬莉，2010）。各省市的扩招规模有赖于以省级财政、本省社会经济环境为支持的省属院校的招生能力，因此导致高等教育机会区域差异在扩招后不断扩大的最根本原因是地方政府财政能力差异和地方高等教育资源存量差异。

本研究发现，扩招对于高等教育入学公平的作用首先表现在对地区间入学机会差距的抑制上，虽然扩招后期地区间的入学机会差距又出现反弹，但此结果可以与其他研究者的结果相互印证。刘精明（2007）通过构建高等教育毛录取率指标，利用泰尔指数及基尼系数分析 1998—2006 年我国高等教育机会的省际差异与地区差异的变化过程。实证结果表明，随着高等教育机会总量的扩大，我国高等教育机会的省际不平等在总体上有明显改善。自 1999 年开始，机会不平等指数呈现持续下降的趋势，并且扩招幅度最大的前三年不平等程度的下降也相对较大。2002 年及以后，随着中央开始逐渐调整和控制扩招规模，不平等程度降低的势头也开始减弱，2006 年不平等指数出现了小幅提高。地区间机会不平等指数也出现先下降后上升的变化趋势。李立峰（2010）也发现 1999 年扩招之后，入学机会总量的扩大使得省际入学机会的差异程度开始缩小。

我国是一个农业人口大国，城乡人口的构成决定了我国推进高等教育大众化必须是城乡高等教育协调发展的大众化。扩招政策对于城乡间高等教育入学机会的影响是本研究关注的主要的问题之一。户籍制度在教育领域中的体现就是以省、市、自治区为计划单位分配招生名额，个体必须在其户籍所在地参加高考，最后也就决定了考生具有的户籍不同，其享有的高等教育机会也就不同，忽视这种制度性的歧视就可能对高等教育机会均等程度变化的判断出现失误。以往基于城乡全体样本的研究大多发现城乡间高等教育入学机会在扩招后扩大了，本研究发现不管是用城乡的高等教育入学率，还是使用以往研究者常用的 Logit 模型，城乡间的入学机会差距在扩招后都有所扩大。然而当使用 HLM 方法将扩招因素同分省定额制度造成的省份间的入学机会差异区分开后，我们并没有发现城乡间的入学差距在扩招后出现扩大的趋势，真正造成城乡入学差距扩大的原因是分省定额制度。实际的情况是由于农村考生大多来自中西部地区，部属高校又在分省配额中将名额向东部发达地区倾斜，这意味着许多高等教育资源匮乏的省份的品学兼优的农村学生无法同直辖市以及东部发达地区的学生公平地竞争优质的高教资源，所以本应公平的高考在分省配额制度下丧失了最基本的形式上的公平（费翔，2007）。由于各省市间高校招生规模的不同以及城镇人口比例的不同，并且省份间的高等教育入学机会同城镇人口比例存在正相关，分省定额的高考招生制度可以在各省市内部城乡入学差距没有扩大的情况下使得全国范围内的城乡间入学差距增加。但是我们不应忽视分省定额制度对城乡入学差距的另一方面的

影响，那就是对于不同地区，高等教育入学率越高，其城乡间的入学差距也越小，也就是说高等教育发达的省市已经在向城乡教育公平的道路上率先迈进。高等教育入学率的均等同收入分配的均等具有很大的差异。收入只是一个单纯的数值，但入学率是一个位于0～100%的数值（金子元久等，2007）。随着直辖市以及东部地区城镇居民高等教育入学需求的饱和，其内部的城乡入学差距必然下降。

我国高等教育的毛入学率从1999年的10.5%增长到2008年的23.3%，也就是说我国的高等教育扩张只处于大众化的前期，还远没有到普及化阶段。对英格兰、威尔士和日本的研究表明，教育扩展早期可能带来更大程度的不平等，只有在后期才有可能降低特定教育层次上的机会不平等（Halsey、Heath和Ridge，1980；金子元久，2005）。国内也有学者提出中国的高等教育机会不平等可能呈现一种具有库兹涅茨曲线特征的变化过程（刘民权等，2006）。然而，本研究发现扩招并没有扩大高等教育入学的城乡差距，可能原因就是我国高考制度的存在阻止了处于优势地位的城镇居民过多占据新增的高等教育机会。1977年恢复高校统一招生考试制度后，高考分数作为一种客观的学术标准重新取代了强制性的政治出身和政治表现，成为分配高等教育入学机会的最主要的依据。高考招生制度以学术能力为选才标准，一个人所掌握的文化资本不仅与其家庭教育和学校教育密切相关，而且也与个人后天的努力学习关系甚大。由于农村子女可以通过后天的努力学习，一定程度上克服了自身家庭教育与学校教育资源薄弱的劣势，从而为不同家庭背景的考生提供了相对公平的竞争机会。陈晓宇（2012）使用北京大学对2007年、2009年和2011年高校毕业生调查数据，发现在控制了其他因素的前提下，家庭收入水平对进入优质高校的机会存在负影响，基本支持“寒门出才俊”的论断。因此，我国总体公平的高考制度在维护教育机会平等和社会公正、促进社会阶层间的流动方面发挥了巨大的现实作用（罗立祝，2011）。城乡间的高等教育入学差距没有扩大的另一个重要原因可能与我国扩招后的高校结构有关。近年来，在国家的大力倡导下，高等职业教育取得很大发展。截至2008年年底，我国独立设置的高等职业技术学院1 184所，占全国高校总数60%左右，高职毕业生241万人，高职在校生占全国高校在校生的一半多。谢作栩（2008）认为多样化的高等教育体系是缩小各阶层子女高等教育入学机会差异的制度保障，公办高职院校为中低阶层子女提供了较多的入学机会，此类院校中各阶层子女间之入学机会差异一直呈现缩小的态势。因此，城镇考生可能会倾向于选择更有比较优势的本科教育，因此大量高职院校的入学机会都由农村考生占据。

另外，我们也必须认识到，1999 年后快速的高等教育规模扩张并没有显著缩小城乡间的入学机会差异，原因依然与高考制度相关。通过高考竞争高等教育入学机会实现的是机会均等而不是结果平等，必然使得在文化资本的积累方面处于弱势的群体在获得高等教育机会方面处于不利地位，这是因为个人的知识和能力不仅取决于个人的意愿和努力程度，而且受制于其受教育经历和家庭背景等外在因素的制约（秦惠民，2010）。学生所接受基础教育的质量高低将直接影响到其是否能够接受高等教育以及接受什么样的高等教育。高等教育入学机会的城乡差别在很大程度上首先缘于义务教育和高中教育阶段城乡教育发展的失衡，是基础教育阶段机会不平等累积的结果（张玉林，2003）。决定基础教育质量的一个重要因素是教育资源的分配。城乡间教育发展的失衡源于我国的城乡二元的社会结构（李军，2008）。计划经济时期，受教育资源严重短缺的限制，我国在基础教育资源配置上实行城镇优先的政策。改革开放，尤其是 20 世纪 90 年代以来，在教育资源总量不断扩大的情况下，这一向城镇倾斜的政策不但未得到及时有效的调整，反而被不断强化，由此导致了农村学校的教育设施、办学条件、师资水平远落后于城镇学校（缩小差距课题组，2005）。在分数面前人人平等的高考招生分配制度下，由于城乡学生在家庭背景以及接受基础教育质量方面存在差距，农村考生在激烈的高考的竞争中明显处于不利地位，所以农村学生在接受高等教育上处于劣势。此外，随着我国高校招生制度转向以全国统一高考为主，多元化的招生考试制度作为补充，由保送生制度、自主招生制度以及校长实名推荐制度等途径进入高校的学生的比例越来越高，这些新的尝试对高校选拔优秀人才起到很大的作用。然而新的招生考试制度对学生的综合素质和能力（比如对知识的涉猎面、反应能力、语言表达能力、精神面貌等）以及特长等要求较高，农村学生由于受多方面因素的影响，很难通过新的招生制度来获得高等教育的机会（刘海峰，2010）。此外，新的招生制度存在一些制度性的缺陷，相对高考制度而言，评价标准缺乏刚性约束、招生程序不够严密。制度设计的缺陷为既得利益集团提供了寻租空间，社会优势阶层可以充分运用自身具有的文化资本、权力资本以及经济资本优势，竞相争夺这些入学机会，从而使农村的学生处于更为不利的地位（张玉林、刘保军，2005）。罗立祝（2011）通过比较发现高考招生所造成的城乡差异最小，而保送招生与自主招生所产生的城乡差异最大。

随着我国市场经济的发展以及高校扩招力度的不断加大，个人或家庭进行高等教育投资已经成为一种普遍的社会现象。同其他物力资本投资一样，个人针对高等教育的投资同样具有风险性及一些不确定性（马晓强、丁小浩，

2005）。随着高等教育成本分担机制的实施，经济实力成为影响高等教育机会分配的一个重要因素（杜瑞军，2007）。我国高校学生的学费及其他开支的主要来源是家庭收入，但我国居民总体收入水平不高，并且城乡间收入的差距巨大。学费占农村人均纯收入和城镇人均收入的比例在 1990 年分别为 28% 和 12.62%，到了 1999 年则分别为 160% 和 61%，到 2002 年上升到 177.6% 和 77.3%（殷红霞，2006；李军，2008）。世界银行（2006）认为公平的第二个层面就是避免绝对的剥夺，即避免绝对剥夺享受成果的权利，尤其是健康、教育消费水平的权利。高校学费及其他相关开支总额与大多数居民家庭收入水平差距悬殊，这样势必导致众多低收入家庭（多为农村家庭）难以支付高等教育中越来越大的成本支出，从而不得不放弃其子女接受高等教育的权利，这些人为地扩大了城乡高等教育入学机会的差异。与此同时，随着大学毕业生供求关系的变化，大学生就业问题愈发凸显。2003 年作为高校扩招后本科学生毕业的第一年，就业率仅为 70.1%。其后 5 年的普通高校毕业生初次就业率都在 70% ~75% 波动。据人力资源和社会保障部部长尹蔚民介绍，“十二五”期间每年都有 700 万高校毕业生需要安排就业，主要矛盾仍是供大于求。除就业难之外，大学毕业生的起薪和农民工工资趋近也成为媒体广泛关注的问题。一方面，改革开放后，尤其是中国加入世贸组织后，对外贸易的规模迅速增加，促进了制造业等劳动密集行业的发展以及对高级职业技术人才的需求，使得蓝领阶层的收入普遍有了较大幅度的提高，在某些地区和某些时期出现了蓝领工人短缺现象（比如“民工荒”）。另一方面，随着高等教育大众化战略的推行，劳动力市场对高学历人才的供需矛盾得以缓解，大学毕业生的起薪水平有所下降（李春玲，2010）。高等教育越来越多地被人们视作一种理性的投资行为，高校毕业生的就业困难和不断走低的起薪很显然会对个人的教育决策产生影响。扩招后高等教育呈现的高成本、低收益的趋势使得新“读书无用论”重又在农村出现，“上学也考不上，考得上也供不起，供得起也找不到工作，找到工作工资也不高，还不如个打工仔”，大量农村考生放弃高考而进入劳动力市场。

居于较高的政治、经济和社会地位的阶层成员的子女具有更多的获得高等教育的机会，几乎是世界各国的普遍现象（钟宇平、陆根书，2001）。由于父母所处的社会阶层是时变变量，本研究选取更为稳定的父母受教育年限作为社会阶层的代理变量。不管是 Logit 模型的结果还是 HLM 模型的结果都显示，高等教育扩张削弱了父母的文化资本在代际的传递，这也与刘精明（2006）的研究结论相同。现代化的社会一般都具备“橄榄型”社会结构的特征。改革开放以来，中国的社会阶层结构发生了很大的变化。尽管如此，目前我国的社会结构还不太合理，仍然是上边小底盘大的“金字塔型”结构，这样的社会结构与中国当前所进行的工业化、现代化进程还不相适应（谢作栩，2008）。由于中国的优势阶层在人口中所占比重很小，即使其子女的高等教育需求都得到满足，也只占到因规模扩张而新增加的入学机会的很少一部分，因此中下阶层子女就有机会获得更多的高等教育入学机会。

对于性别间的高等教育入学差距，不管是 Logit 方法还是 HLM 方法的结果都显示，扩招前显著的性别差距在扩招后趋于消失。我国高等教育有关法律和政策规定了不同性别的公民享有平等的接受高等教育的权利。在国家和高校的努力下，我国女性高等教育的发展取得了巨大成就。中国教育事业统计年鉴的资料显示，普通高校女生占在校生总数的比例呈现逐年上升的趋势，1990 年为 33.4%，1997 年为 37.32%，2000 年为 40.98%，2005 年这一比例达到了 47.08%。其他研究也显示，女性是教育扩张的最大受益群体（安树芬，2002；杨旻，2009）。对于男女间高等教育入学机会的缩小，可能原因包括受传统思想的影响，家庭在对女孩教育的投资偏好低于男孩。但是由于中国独生子女政策的实施，传统观念对于男孩的教育投资偏好得到抑制；或者由于中国劳动力市场上存在针对女性的性别歧视，较多的教育也可以帮助女性更好地规避歧视（刘泽云，2008），因此女性对高等教育的渴求度高于男性。

关于民族差异，扩招前汉族和少数民族群体不存在明显的高等教育入学差距。一直以来，国家对于少数民族学生在招生录取中都执行一定的降分录取政策。对于民族教育优惠政策，补偿机制是其存在最有力的论据之一。中华人民共和国成立初期，我国少数民族教育的起点较低、基础薄弱，统一考试的试题内容一般难以照顾到各民族的文化特点。基于这种状况，国家按反向歧视原则向少数民族地区、边远落后地区适度倾斜招生计划，从而使他们真正获得接受高等教育的平等权利，对于维护民族团结和进一步促进这些地区的经济与社会发展都是合理与必要的（滕星等，2005）。本研究还发现，少数民族学生和汉族学生的入学机会在大扩招的背景下依然没有显著差别，这是因为扩招后我国依然在不断规范和完善少数民族的高等教育招生政策。从 2000 年起，在安排中央部委招生计划时，教育部要求招生单位及主管部门“对边疆少数民族地区和西部经济欠发达地区的计划安排应较上一年有所增加”，在编制普通高校扩招来源计划时，要求各招生院校“除去在本校所在省市安排的走读生计划外，其余计划的 70% ~80% 安排在中西部中央部委所属院校较少的省区”（包括边疆少数民族地区）。这些措施保证了民族地区的高考录取率同全国平均水平持平甚至略高。

（七）结论及建议

本研究的主要结论为，始于1999年的扩招政策使得优势群体和弱势群体都享有更多的高等教育入学机会，并且扩招在促进高等教育入学均等化方面具有重要作用。首先，扩招中断了我国地区间高等教育入学差距持续增长的趋势。此外，性别间的高等教育入学机会差距因为扩招显著缩小，父母的文化资本在代际的传递也在一定程度上被削弱。闵维方等（2006）发现，随着高校扩招，家庭经济条件和社会关系对大学生就业的影响开始凸现。结合社会上广为诟病的“拼爹”现象，这或许也可以从另一个角度说明我国高等教育扩招确实促进了入学公平。在中国，父母如果拥有较多的文化资本，我们大概也能推断出他们同样也拥有较高的社会资本与经济资本。本研究发现扩招前父母接受过高等教育的子女，其高等教育入学率高达60%。在就业竞争中，高阶层家庭的子女仅仅依靠其较高的受教育水平就可以在同其他低阶层家庭子女的竞争中占优。随着高等教育的扩招，下层民众的子女也同样获得了很多接受高等教育的机会，阶层间的高等教育入学差距缩小。为了维持其在职业分层上的优势，上层家庭的父母一方面会让其子女接受更高质量的教育外，同时还会调动其所拥有的社会资源以帮助其子女在激烈的就业竞争中取得优势。

参考文献

[1] 秦惠民．入学机会的公平——中国高等教育最受关注的平等话题［J］．中国教育法制评论，2010（8）．

[2] Raftery A E，Hout M. Maximally Maintained Inequality：Expansion，Reform，and Opportunity in Irish Education，1921－75［J］. Sociology of Education，1993，66（1）：41－62.

[3] Lucas S R. Effectively Maintained Inequality，Education Transitions，Track Mobility，and Social Background Effects［J］. The American Journal of Sociology，2001，106（6）：1642－1690.

[4] 张玉林，刘保军．中国的职业阶层与高等教育机会［J］．北京师范大学学报（社会科学版），2005（3）．

[5] 刘精明．高等教育扩展与入学机会差异1978－2003［J］．社会，2006（3）．

[6] Guo M，Wu X. School Expansion and Educational Stratification in China，1981－2006［M］. MA：Boston，2008.

[7] 李春玲. 高等教育扩张与教育机会不平等——高校扩招的平等化效应考察 [J]. 社会学研究，2010 (3).

[8] 杨舸，王广州. 户内人口匹配数据的误用与改进——兼与“高等教育扩张与教育机会平等”一文商榷 [J]. 社会学研究，2011 (3).

[9] 蔡超，许启发. 高等教育入学机会城乡差异研究——基于二元选择 O - B 分解方法 [J]. 统计与信息论坛，2012 (4).

[10] 谢作栩. 高等教育大众化进程中的区域发展问题初探 [J]. 广东工业大学学报（社会科学版），2001 (2).

[11] 陆学艺. 当代中国社会阶层研究报告 [M]. 北京：社会科学文献出版社，2002.

[12] Raudenbush S W，Bryk A S. Hierarchical Linear Models：Applications and Data Analysis Methods [M]. CA：Sage Publications，2002.

[13] Heckman J J. China's human capital investment [J]. China Economic Review，2005 (16)：50 - 70.

[14] 黄钟. 不平等的高考分数线 [J]. 北京观察，1999 (12).

[15] 刘精明. 扩招时期高等教育机会的地区差异研究 [J]. 北京大学教育评论，2007 (4).

[16] 谢宇. 认知中国的不平等 [J]. 社会，2010 (3).

[17] 刘泽云. 女性教育收益率为何高于男性？——基于工资性别歧视的分析 [J]. 经济科学，2008 (2).

[18] 滕星，马效义. 中国高等教育的少数民族优惠政策与教育平等 [J]. 民族研究，2005 (5).

[19] Halsey H, Heath A F，Ridge J M. Origins and Destinations：Family，Class，and Education in Modern Britain [M]. Oxford：Clarendon Press，1980.

[20] 金子元久. 教育机会均等的理念和现实 [J]. 清华大学教育研究，2005 (5).

[21] 陈晓宇. 谁更有机会进入好大学——我国不同质量高等教育机会分配的实证研究 [J]. 高等教育研究，2012 (2).

三、高考自主招生选拔制度的社会分层功能研究

摘要：自主招生是高考招生录取制度改革的重大突破，然而政府在逐步向高校下放招生自主权后又反向收权，直至废止了现行的自主招生模式。本研究使用北京大学“首都高校教育质量与学生发展”项目数据，对自主招生的社会分层功能进行评估。在利用多层线性回归模型对多元录取制度下自招生和统招生的入学影响因素进行分析后，结果表明：自主招生制度进一步增大了地区和城乡间高等教育入学不平等程度；家庭文化资本和经济资本对自主招生没有显著作用，中高职业阶层，尤其是政府和企业管理阶层则获得更多自主招生机会。高考的存在使得文化再生产对统招生和自招生都起了很大的作用，但高职业阶层家庭还利用自主招生制度创造的场域，通过资源转化模式获取优质高等教育资源，进而促进了阶层再生产的实现。新施行的“强基计划”消除了传统自主招生模式的弊端，而高校则还需进一步增强人才选拔和培养的能力建设。

关键词：自主招生；社会分层；人才选拔

（一）问题提出

在世纪之交，我国社会经济持续快速发展，创新在国家层面已经成为普遍的价值取向，随之对拔尖创新人才的需求也日益强烈，以高考分数为基准的统一高校招生制度无法满足高校对创新人才选拔要求（刘海峰，2011）。2003 年，教育部在 22 所部属重点大学开展自主选拔录取改革试点，批准试点高校各自拿出本年度招生计划总数 5% 以内的招生名额自主选拔录取。招生改革试点之后，教育部还进一步放宽了对高校自主招生 5% 的录取人数和降分幅度的限制。在“高考 + 自主选拔”模式的基础上又增加了复旦大学和上海交通大学的“去高考”模式。截至 2015 年，自主招生的试点高校数量增加到 90 所。

拥有自主招生权的高校包括全部“985”工程高校和大部分“211”工程高校，占据着全国优质高校资源，因而自主招生政策一直受到社会的高度关注。高校自主招生制度的成效和问题也不断显露出来，公共话语空间不断质疑该政策的效率和公平。2013 年，教育部从自主招生规模以及录取标准两个方面限制高校自主招生权力，要求“试点高校的自主选拔录取计划不超过本校年度本科招生计划总数的 5%”，“入选考生高考成绩总分录取要求，不应低于考生所在省（区、市）有关高校同批次同科类录取控制分数线”。教育部 2019 年又出台了规范试点高校招生政策、招生程序、监管措施等方面的“十严格”要求。2020 年 1 月，教育部公布《关于在部分高校开展基础学科招生改革试点工作的意见》，明确自 2020 年起开展致力于选拔培养有志于服务国家重大战略需求的招生改革试点（简称“强基计划”），现行的高校自主招生模式自此退出历史舞台。

在我国高校招生制度改革中，自主招生制度依然陷入“一统就死，一放就乱”的怪圈，政府在逐步向高校“放权”后又反向“收权”，直至最终废止了当前的自主招生模式。十八大以来中央启动了新一轮考试招生制度改革，明确提出到 2020 年基本建立中国特色现代教育考试招生制度。在新一轮的招生制度改革中，应吸取过去多年自主招生实施的经验与教训。本研究通过分析首都高校自主招生实施效果，以合理地在政府和高校之间配置招生权力（利），从而早日建成分类考试、综合评价、多元录取的创新人才选拔新机制。

（二）文献综述

高校的办学自主权是指高校作为具有独立法人资格的机构，依法独立行使本校教育决策、教育组织活动的权力。受特定因素影响，在过去相当长时期内，国家集办学者、管理者与投资者为一身，高校缺乏办学自主权，严重影响了其办学积极性与特色发展（张晓鹏，2006）。伴随着我国市场经济体制的逐步建立和政府职能的转变，政府相应进行了“简政放权”的改革，高校的管理权也正从教育行政部门逐渐向高校转移（于文明，2007）。1993 年《中国教育改革和发展纲要》要求高校成为“面向社会自主办学的法人实体”。

1. 高校招生自主权的性质与政策评估的依据

招生自主权是高校最具教育行业特点的办学自主权之一。自主招生是高校在教育部及其他主管部门的宏观调控下，遵循公平、公正、公开的原则，以市场人才需求为导向，从自身教育教学资源的条件出发，独立自主地拟订招生计划和组织选拔录取的招生制度（张继明，2005）。1998 年 8 月通过的《中华人民共和国高等教育法》从国家法律层面确定高等学校是具有法人资格

的组织机构，享有包括招生权在内的七个方面的办学自主权，这就为其后高校自主招生改革提供了法律依据。由于政府长期以来管理调控的影响，我国高校自主招生的许多环节仍深受政府政策与管理的制约，与西方高校的自主招生权限相比还存在不小距离（罗建国，2018）。

当前对于高校招生自主权具体内容与实际落实的批评和争论一直不断，一个重要的根源在于社会各界对于高校招生自主权的“权力”或“权利”性质的认识存在争议。公权力让渡说认为，高校招生自主权是权力，源于国家教育权，是高校通过公务分权以及政府委办事务等形式获得的特定公权力之一。私权利天赋说认为，高校招生自主权是权利，源于学术自主权，是一种私权利。高校招生自主权是高校作为法人组织的自然权利，这种权利不是来自政府公权力的让渡，而是对于高校独立法人基本权利的法律承认（刘世清，2018）。公权力让渡说和私权利天赋说两种观点具备一定的合理性，但都忽略了我国高校法律资格主体的特殊性，即我国高校是“事业单位法人”，具有“公”“私”双重法律主体资格（龚怡祖，2007）：一类是以隶属性为主要特征的纵向型政—校间行政性法律关系；另一类是以对等性为主要特征的横向型高校法人组织民事性质的法律关系（劳凯声，2007）。我国高校招生自主权的这种公、私权力（利）的复合属性造成了我国高校招自主权的复杂性。

一直以来，大学自治权与政府管理的关系备受各国学者关注。实施自主招生改革以来，原来由政府垄断的招生权部分地让渡给了高校。由于自主招生高校掌握了优质高等教育资源的分配权，这使得自主招生权具有扩张与滥用的特征。缺乏制约的自由裁量权从古至今对于满足公共利益的公共权力机构都是不适用的（张维平，2009）。高校内部权力制度的松散结构带来招生选拔方式和标准的自由化、弹性化，而相应的监督机制尚未建立，为自主招生寻租留下空间（董凌波，2013）。2013 年《人民日报》连续撰文指责“自主招生滋生权力腐败”。高校自主招生是一项公共管理活动，主要涉及政府、高校之间如何进行合理的分工，以便更好地为社会提供高校招生服务。定位双方权力边界的前提是明确二者在高等教育服务提供中的职能。从功能而言，自主招生既要满足高校的选才要求，也应兼顾国家与社会的根本利益，包括保障高等教育的公平性、公正性，实现公共财政的责任，更好地契合国民经济和社会发展的总体需求（德里克·博克，2001）。

俄罗斯曾因为自主招生在推行过程中存在腐败丧失公平和制度公信力，又因不公导致生源质量下降，这使得制度本身失去应有的选拔功能，最终不得不废除该制度。常春藤院校从20世纪50年代开始采用“早期选拔模式”，由于导致低收入家庭、蓝领阶层、少数族裔子女在选拔中处于劣势，该模式从2002年开始被逐步取消（郑若玲，2008）。在我国，教育部也曾允许部分“211”重点大学拥有2%的自主招生机动指标，但由于部分高校招生人员大搞权钱指标交易，致使教育部于2001年取消了所有高校招生的机动指标（刘世清，2018）。

我国当前的自主招生改革相关政策、制度建设仍处于摸索和完善阶段，但无论是政府部门还是高校自身，都没有建立自主招生的评估机制，对自主招生的实施效果缺乏科学准确的认知。评估机制的缺失也影响了自主招生改革的进一步推广和深入，只有通过健全的评估机制才能了解自主招生改革的社会分层和人才选拔效果，及时解决自主招生实践过程中出现的问题，根据动态评估结果及时调整政策和规范流程，为自主招生改革的完善提供政策依据（厉越，2015）。

2. 高校自主招生公平性的实证研究

高等学校录取制度肩负着维护社会公平和保持社会流动渠道畅通，从而达到稳定社会秩序的重要功能。作为教育公共政策，高校自主招生政策应符合公共利益，面向全体考生公开、公平竞争，不因家庭社会经济地位、地域和学校的差别而受到不公平的待遇（张亚群，2008）。我国自主招生制度的评估首先要回答自主招生制度从设计到实施是否有符合教育公平的本意，录取学生的构成是扩大还是缩小了教育不平等。

基于描述统计的分析可知，从地区公平看，黄晓婷（2015）发现自主招生中存在属地生源较多的问题，自主招生录取的属地户籍学生平均比普通高考高4%左右。从城乡公平看，厦门大学高等教育研究中心发现，2009级自主招生新生的城乡户籍比例分别为92.1%和7.9%（荀振芳，2011）；据2009年教育部阳光高考平台公示的数据显示，全国自主招生录取学生城乡比例为9:1（朱欣，2014）。上述结果表明自主招生政策导致全国优质高等教育机会加速向城镇地区流动，不利于乡村学生获取优质的高等教育资源。从高中层级看，上海市2008年10所重点高中被自主招录人数占上海自主招生总数的60.8%（郑方贤，2008）。山东省2013年通过自主招生录取的563人中来自城市重点中学的学生约占64.7%（黄首晶，2015）。由于具有推荐自主招生资格的高中大多是重点中学，多数非重点中学的农村学生被边缘化。从家庭背景看，汪庆华（2011）和侯佳伟（2011）发现自招生父母更多的是机关干部、企事业单位管理人员和专业技术人员等社会地位较高的人员；自主招生新生

父代多接受过本科及以上教育；自主招生新生高收入家庭比例普遍大于统招生。

基于回归模型的研究还发现，自主招生制度存在着向知识精英阶层、城市学生倾斜的精英化趋向。鲍威（2012）利用2010年“首都高校教学质量与学生发展”监测项目数据，多元逻辑斯特回归模型结果表明，农村学生在自主招生选拔中的成功概率相对于城镇学生低52.4%；第一代大学生在自主招生选拔机制中成功的概率比第二代大学生减少39.3%。吴晓刚（2017）使用“首都大学生成长追踪调查”中3所精英大学数据，通过多分类Logit模型分析发现，非农户籍出身的学生获得自主招生破格录取资格的发生比是农业户籍出身学生的2.1倍；就读于省级或国家级重点高中的学生获得自主招生破格录取资格的发生比是就读于其他高中的2.88倍；父母接受过大学教育对于获得自主招生破格录取资格具有显著的正向影响。

3. 以往研究的局限

上述针对自主招生录取公平性和人才选拔有效性的实证研究从实然的角度探讨了自主招生制度实施的成效，但是主要存在以下几方面问题：首先，现有关于自主招生的定量研究往往采用小范围、非随机的数据采集方式，很多研究是基于单个学校的样本，数据的代表性和质量均不高。不同高校自主招生的具体实施方案各异，因此其研究结论的科学性很难保证；其次，考察自主招生公平性的分析维度是多元的，包括地域、城乡、家庭背景以及个体特征等，这些因素的影响又互相交织在一起，以往研究很少能将影响自主招生公平性的各种因素纳入同一模型中进行控制从而得出某一因素的净效应。

（三）数据和变量

本研究利用北京大学教育学院“首都高校教育质量与学生发展”监测项目2015年的调查数据。从改革进程来看，我国自主招生制度从本科层次向高职层次延伸。2012年教育部印发《关于进一步深化高校自主选拔录取改革试点工作的指导意见》（教学〔2012〕12号），规定自主招生主要选拔“具有学科特长和创新潜质的优秀学生”，因此本研究的因变量包括大学生创新能力发展、创新活动参加情况以及学业表现。本研究采用林崇德（2001）提出的创新能力=创新人格+创新思维的操作定义，因变量为学生自评的创新人格和创新思维。北京大学教育学院编制的创新能力量表，其创新思维指标包括7个条目，主要测量学生的发散思维和批判思维；创新人格指标包括9个条目，主要测量学生的冒险性、好奇性、幽默性、坚韧性、反思性和自制力。创新人格和创新思维指标都由因子分析法获得。创新活动包括学生是否发表学术论文（6.4%）以及是否参加学术竞赛（25.6%）两个二分变量。学业表现指标则是学生的GPA是否排名在前25%。

高考统招以及自主招生涉及分省招生。大学生的生源地分为直辖市、东部地区、中部地区和西部地区。高校层级分为“985”工程大学、“211”工程大学和普通本科院校。年级分为一年级、二年级、三年级和四年级/毕业班。学生家庭所在地分为省会大城市、县市以及农村地区。学生高中教育经历包括就读高中是否是重点高中，是否是理科生以及班级成绩排名（前10%、前10%~25%、25%之后），是否参加过课外竞赛补习和课外学业补习。个体特征包括性别（男性=1）和民族（少数民族=1）。家庭资本中父母的受教育程度包括高等教育（50.2%）、中等教育（25.6%）和初中及以下（24.2%）三类；父母的职业阶层包括行政管理者阶层（16.4%）、公司管理者阶层（6.4%）、私营企业主阶层（4.0%）、专业技术人员阶层（9.2%）、办事人员阶层（13.7%）、其他阶层（50.3%，包括个体工商户、商业服务业员工、产业工人、农业劳动者、城乡无业失业半失业者）；家庭年收入分为高收入（8.6%）、中高收入（19.7%）、中等收入（35.6%）、中低收入（20.9%）以及低收入（15.2%）。

（四）研究方法

以往研究者大多用Logit或者Probit的方法估计个体是否获得自主招生资格，但除了个体和家庭层面的变量，影响个体自主招生入学机会的组织层面变量却大多被忽视了：高校由于办学层级和办学特色的不同而存在不同的自主招生比例和录取标准；高考统招以及自主招生涉及分省命题和分省招生，各省（直辖市、自治区）由于经济和教育发展水平的差异，高校投放的自主招生名额也有很大差异。由此可见，个体同省份和高校存在嵌套关系，而多层线性模型（Hierarchical Linear Models，HLM）可以很好地处理具有嵌套结构的数据。由于个体同时嵌套于某一省份和某一高校，因此需要采用HLM的一种高级形式——多层线性交互分类模型（Cross-Classified Multilevel Model）。此外，由于本研究中的因变量为是否接受获得自主招生机会的二分变量，模型还应继续扩展为广义多层线性模型（Hierarchical Generalized Linear Models，HGLM）。

本研究将省份作为横栏、高校作为纵栏，多层线性交互分类模型假定每个省份—高校交互组都有各自不同的自主招生录取概率和筛选机制。一组代

表地区的虚拟变量被引入层二的横栏方程中，高校层级变量被引入层二的纵栏方程中，个体和家庭层面的特征被引入层一模型。具体的模型为：

层一模型

$$\mathrm{Log}\left(\frac{p_{ijk}}{1-p_{ijk}}\right)=\pi_{0jk}+\pi_{1jk}\text{（年级}_{ijk}\text{）}+\pi_{2jk}\text{（生源地类型}_{ijk}\text{）}+\pi_{3jk}\text{（个体特征}_{ijk}\text{）}+\pi_{4jk}\text{（家庭特征}_{ijk}\text{）}+\pi_{5jk}\text{（高中教育经历}_{ijk}\text{）}+e_{ijk}$$

层二模型

$$\pi_{0jk}=\theta_0+b_{00j}+c_{00k}+\gamma_{01}\text{（生源地区}_j\text{）}+\beta_{01}\text{（高校办学层级}_k\text{）}$$

（五）结果

本研究使用的倾向性评分匹配方法，首先需要通过选择方程来考察自主招生群体和高考统招生群体间的异质性。模型一引入了生源地区、高校办学层级、年级以及家庭所在地等影响自主招生机会公平的相关变量。表3－7模型一中的横栏模型结果表明，直辖市（$\gamma_{01}=0.514^{**}$）、东部地区（$\gamma_{02}=0.535^{***}$）和中部地区生源（$\gamma_{03}=0.467^{**}$）获得自主招生的机会要显著高于西部地区生源。纵栏模型的结果表明，“985”工程高校（$\beta_{01}=814^{***}$）和“211”工程高校（$\beta_{02}=0.421^{*}$）招收自招生的比例要显著高于普通本科院校。层一模型的结果表明，相对于农村生源，省会大城市（$\pi_4=0.780^{***}$）和县市生源（$\pi_5=0.574^{***}$）自主招生的发生比更高。此外，重点高中学生（$\pi_6=0.347^{*}$）获得自主招生的机会要显著高于普通高中的学生。

表3－7　首都高校大学生多元录取的选择方程结果

自变量	模型一系数	优势比	模型二系数	优势比
截距，γ_{000}	-3.428^{***}	0.032	-3.471^{***}	0.031
直辖市，γ_{01}	0.514^{**}	1.672	0.473^{*}	1.605
东部地区，γ_{02}	0.535^{**}	1.707	0.553^{**}	1.738
中部地区，γ_{03}	0.467^{*}	1.595	0.415^{*}	1.514
“985”大学，β_{01}	0.814^{*}	2.257	0.845^{*}	2.328
“211”大学，β_{02}	0.421	1.523	0.431	1.538
年级：二年级，π_1	−0.067	0.934	−0.072	0.929
年级：三年级，π_2	−0.048	0.952	−0.063	0.939
年级：毕业班，π_3	−0.116	0.889	−0.122	0.884

续表

自变量	模型一系数	优势比	模型二系数	优势比
生源地：省会大城市，π_4	0.780***	2.182	0.728*	2.071
生源地：县/市，π_5	0.574***	1.776	0.441*	1.554
重点高中，π_6	0.347*	1.415	0.075	1.078
班级排名前10%，π_7			-0.086	0.916
班级排名前25%，π_8			0.051	1.053
理科考生，π_9			-0.426***	0.652
课外竞赛补习，π_{10}			0.383***	1.467
课外学业补习，π_{11}			0.093	1.098
男性，π_{12}			0.257***	1.293
少数民族，π_{13}			0.067	1.069
独生子女，π_{14}			0.107	1.114
父母高等教育，π_{15}			0.034	1.034
父母中等教育，π_{16}			0.053	1.054
父母行政管理者，π_{17}			0.584**	1.793
父母公司管理者，π_{18}			0.677***	1.968
父母私营企业主，π_{19}			0.432*	1.541
父母专业技术人员，π_{20}			0.391*	1.478
父母办事人员，π_{21}			0.218	1.244
家庭高收入，π_{22}			0.195	1.216
家庭中高收入，π_{23}			0.091	1.095
家庭中收入，π_{24}			0.025	1.025
家庭中低收入，π_{25}			-0.110	0.895

模型二进一步引入个体特征、家庭背景以及高中受教育经历等因素。结果表明，在控制其他个体和家庭层面变量后，重点高中（$\pi_6=0.075$）在自主招生方面的优势变得不显著；高中理科考生（$\pi_9=-0.426^{***}$）在自主招生中并不比文科生占优势，这说明高校自主招生并未契合国家经济和社会发展

对人才的需求。高中生参加课外竞赛补习（$\pi_{10}=383^{***}$）会显著提高其获得自主招生的机会。男性（$\pi_{12}=0.257^{**}$）更有可能获得自主招生资格；家庭的文化资本和经济资本对子女获得自主招生没有显著影响，只有父母的职业阶层能够显著影响子女通过自主招生进入当前大学：相对于其他职业阶层，父母职业阶层为行政管理者（$\pi_{17}=0.584^{***}$）、公司管理者（$\pi_{18}=0.677^{***}$）、私营企业主（$\pi_{19}=0.432^{*}$）、专业技术人员（$\pi_{20}=0.391^{**}$）的子女有更高的概率获得自主招生资格。

（六）讨论

从高等教育、社会分层与阶层再生产之间的关系的角度看，中国社会经历了从20世纪80年代的“鲤鱼跳龙门（农门）”到2000年以来“寒门难出贵子”的话语转变，表明高等教育机会的分配发生了一些根本性的变化，这可能与高等教育扩招规模有赖于省属院校的招生能力有关，也与城乡基础教育资源的分配差异有关，也与日渐拉大的阶层和贫富差距有关，还与高等教育招生改革和多元录取制度的推行有关。

自主招生公平性缺陷首先源自其内在的制度设计，包括其名额分配、招生条件设定以及考试过程中存在的系统性机会不平等。本研究发现自主招生使得高考统招中业已存在的地区间入学不平等进一步拉大。

首先，直辖市大学生获得自主招生资格的比率要显著高于西部考生。从地区分布来看，教育部选取的试点院校大都聚集于东部沿海经济发达省（市），北京市更是云集了大量具有自主招生资格的高校。试点高校在分配招生名额时还存在属地化倾向，2009年和2010年全国通过自主招生考试在京津沪三大直辖市预录取的考生数分别占全国预录取考生人数的比为37.2%与34.7%（荀振芳，2011）。其次，本研究还发现东部和中部地区大学生获得自主招生机会的概率也显著高于西部考生。从近几年各自主招生高校的招生简章来看，教育发达地区试点高校大多对考生生源地进行了限定，许多试点高校为获得优秀生源仅在经济、教育较发达的东部或中部等地区进行招生，从而导致西部地区考生没有公平享有通过自主招生接受优质高等教育的机会。

本研究选择方程的模型一发现，就读于重点高中的学生有更高概率获得自主招生的机会。重点高中对自主招生录取资格的影响，一方面是因为自主招生招考对象要求综合素质全面，来自重点中学的学生更具有多元文化滋养与优质教育培育的特色；另一方面也与自主招生的选拔方式有关。在中国幅员辽阔、高中应届毕业生众多且素质参差不齐的前提下，面向全国所有高中考核推荐生源所需的人力和物力成本都极高。多数高校因而在试点初期采取“中学推荐为主，个人自荐为辅”的原则。虽然考生也可以自己申请报名参加自主招生考试，但在实践中，中学推荐表对于成功获得自主招生机会具有非常重要的作用（Liu 等，2014）。

本研究发现省会大城市和县市考生有更多机会获得自主招生录取资格，农村生源在竞争中被排斥在边缘地位，这与自主招生的测评方式、考核内容以及实施程序等相关环节的特征有关：①获取自主招生信息的差异有可能导致农村学生参与自主招生的机会减少。就高校而言，自主招生的规模较小，有些高校缩减自主招生宣传成本，简单地通过网络媒体发布招生信息，位于网络建设落后的农村地区的学生有可能无法及时获取信息（罗建国，2018）。②自主招生高校对高中级别的硬性限定将农村考生置于弱势地位。在中国城乡二元结构的社会中，农村学生由于所接受的义务教育质量较差或者家庭经济困难等原因，大多数出自一般的县城和乡村高中，而这些非重点高中根本不具备自主招生推荐的资质（郭延凯，2014）。③自主招生高校规定的硬性报名条件容易引起城乡考生间的公平失衡。各高校自主招生简章大多要求有国际性或者是全国性比赛获奖经历，这些硬性条件与必备资格在隐形地淘汰教育资源相对贫乏、参加大型竞赛活动机会甚少的农村学生（吕小芳，2007）。④与缴纳少许报考费用即可就近参加的统一高考不同，自主招生的考点一般都设在大中城市，农村学生参加自主招生需要付出的经济成本与时间成本都会远高于城市学生。成本因素会对农村学生产生“挤出效应”，变相剥夺农村学生参与自主招生的机会（熊丙奇，2011）。⑤各高校自主招生的考试内容，尤其是在开放式面试中，具有明显的城市导向和中产阶级倾向（吉明明，2016）。学生的生活环境决定了学生经验性知识的构成，农村学生由于长期生活在信息闭塞的环境中，因而造成了考试过程中城市话语权的彰显与农村话语权的式微。

精英群体优势的代际传递是在西方社会和我国都不同程度存在的一个具有典型社会学意义的现象。那些在既存社会结构中占有优势地位的阶层为了维持自身的既得利益，会利用各种社会选择机制来维护自己的阶层地位和职位优势（王春光，2014）。伴随我国社会主义市场经济体制的建立与完善，教育的层级日益作为一种符号资本在劳动力市场发挥重要作用，进入不同层级的大学往往决定了他们毕业后的职业生涯和社会经济地位获得（钱民辉，2005）。精英群体会利用对教育的控制，即通过学校教育所颁发的文凭来排斥其他人进入那些报酬较高或声望较好的职业领域（谢维和，2000）。随着精英主义和文凭主义的高涨和热捧，社会矛盾的重心转移到对

优质高等教育的竞争与追求，自主招生的公平性也成为衡量教育公平的重要标尺。

对于家庭资本如何影响教育不平等的产生，李煜（2006）发现代际教育不平等传递主要有三种类型，分别是文化再生产模式、资源转化模式和政策干预模式。恢复高考后，家庭教育背景成为改革初期教育不平等的主要原因；1992 年以后社会分化加剧，家庭阶层背景的效用显现，教育不平等的产生机制转变为资源转化与文化再生产双重模式并存。在选择方程的模型二控制了个体特征以及家庭各种资本后，文化资本对自主招生结果没有显著影响。鲍威（2012）和吴晓刚（2017）的回归模型结果都显示父母受教育程度对自主招生有显著正向作用。但是自招生一般通过降分录取入校，其高考成绩一般比统招生低 20 分左右，如果低分的自招生来自父母教育程度较高的家庭，而高分的统招生来自父母教育程度较低的家庭，则父母教育程度与子女高考成绩呈负相关，这与一般常识和以往研究的结论相对立。上述研究利用单层回归模型考察家庭资本的作用，自主招生机会在不同层级高校中的分配并不均衡。实际上，家庭文化资本越高，其子女的高考成绩也就越高，因而越有机会报考办学层级高的学校；学校办学层级越高，其招生名额中自主招生占比就越高，最终产生了家庭文化资本同自主招生之间的显著正相关。本研究使用了多层线性模型，控制了由于高校层级造成的自主招生机会校级分布不均衡，证明了在高校内部自招生和统招生的家庭文化资本没有显著差异，这意味着由于自招生和统招生都需要参加高考，文化再生产模式对于两类考生都适用。

本研究发现家庭的职业阶层是影响自主招生的唯一显著指标，家庭经济资本缺乏影响自主招生的净效应。在高等教育公平问题的诸多影响因素中，阶层差距在教育领域中越来越突出，而这种不公平阻碍了中下层子女通过接受高等教育向上层流动的机会，促使社会阶层分化更为严重（杨东平，2006）。本研究采用的中国社会“十大社会阶层理论”（陆学艺，2002）区分的标准有三个：组织资源、经济资源、文化资源。高社会阶层同时拥有三种资源，但陆学艺认为组织资源具有决定性意义，因而国家干部占据各阶层的最高位置。本研究自主招生竞争中占优势的中高职业阶层中，拥有更重要的组织资源政府行政和企业的管理阶层又占据了更大的优势。该结果表明，随着高等教育稀缺性的降低，优势地位阶层就试图通过获得优质教育来保护其地位不被侵蚀，家庭背景对自主招生的影响主要体现为一种阶层通过影响教育机会从而实现阶层再生产的现象。

相对于统一高考制度而言，自主招生独特的招生制度创造了一个优势家庭资本竞相作用的场域。高阶层家庭资本通过资源转化模式间接或直接对考生的自主招生录取资格获得起重要的作用，将部分竞争者排斥在竞争之外。首先，本研究在控制了家庭资本后，模型二重点高中对自主招生的显著作用消失。该结果表明，进入重点高中就读的机会大量被高阶层家庭子女占据，进入重点中学的筛选性和中学推荐表为高阶层家庭子女提供了一条额外的上升专用通道，形成教育获得过程中的“累积优势”效应（DiPret 和 Eirish，2006）。自主招生对重点高中的政策倾斜必然进一步助长“上重点大学，必先上重点中学”的趋势（Ye，2015）。其次，由于自主招生流程自由化、标准弹性化、权力分散化，具备丰富社会资源的高阶层家庭可能伙同部分高校招生人员，采取违规违纪的手段在自主招生博弈中轻易获胜（郑旭辉，2018）。自主招生论文造假现象背后反映的是由学生及其家长、培训机构和期刊编辑形成的隐性利益圈（熊丙奇，2018）。最后，无论是自主招生面试环节主要考查的考生谈吐风貌和综合素质，还是自主招生笔试测试的知识面及创新思维，其培养都需要大量时间、金钱先期投入的积累和丰富的阅历见闻作为基础。高阶层子女在自主招生的笔试和面试中的强势表现是家庭资本间接为子代积蓄教育资本、获取优质高等教育机会的证明（黄梦杰，2015）。

（七）结论

本研究发现，统考招生仍是目前中国国情下相对最公平、公正的人才选拔方式。自主招生试点高校把选拔对象圈定在少数省市及其重点中学，虽然满足了高校的选才需求，但是人为剥夺了部分考生的参与机会与权利，导致自主招生起始环节的不公平。自主招生的选拔方式同出身于广大农村偏远地区的学生有着天然的距离，城乡居民获得优质高等教育的差异进一步扩大了。自主招生还营造了一个使考生家庭资本的作用得以凸显的制度空间，更加有利于中高职业阶层将家庭资源转化为子女的优质高等教育机会，进而实现阶层的代际传递与再生产。

虽然自主招生录取改革走向落幕，但高校招生自主权的实施方式应随着经济和社会发展阶段以及人才标准的演变而持续改进。2020 年开始实施的“强基计划”解决了传统自主招生制度中的一系列问题：第一，多元录取中高考成绩所占比重越小，该模式人才选拔的公平性越差。从当前国情和社会现实出发，还没有一种更加公正可信的评价方式可以完全取代高考。自主招生试点高校的报名条件是以重点中学推荐、竞赛获奖、论文发表情况、专利申请情况的条件为报名门槛。而“强基计划”明确高校的自主选拔要“在统一高考的基础上”，以高考成绩为准入门槛且规定高考成绩在录取成绩中所占的

权重保证了“强基计划”录取工作的机会公平（张志勇，2020）。最终的录取是按将考生高考成绩、高校综合考核结果及综合素质评价情况等按比例（其中高考成绩所占比例不得低于85%）由高到低顺序录取。录取成绩的15%可由高校通过综合考核和综合素质评价决定，允许试点高校可以在一定程度上决定录取、培养什么样的学生。

第二，在招生名额分配方面，自主招生的试点高校采用自由竞争的策略，在原有分省招生计划的基础上加大了地区间优质高等教育机会分配的不均。与自主招生不同，“强基计划”要求各试点高校制订分专业的分省计划，规定高校把计划招生名额“在各省（区、市）的分省计划中安排”。各试点高校需要与各地教育部门充分沟通协商，统筹考虑国家政策与导向、招生定位和培养要求、各地高考综合改革进程以及中学素质教育推进情况等因素，合理安排具体分省计划（吕阳，2020）。此外，“强基计划”实质上不限制招考专业，也不限制招生人数，教育部也无须对高校分省计划中“强基计划”的名额比例做额外限制，高校每增加一个“强基计划”名额就意味着放弃同省市另一个高考高分学生，此时高校就需要权衡高考与其综合素质测试的科学性孰高孰低。如果该“强基计划”运行顺利，其或将成为试点高校的未来重要的招生形式之一。

参考文献

[1] 刘海峰．高考改革的突破口：自主招生的一个制度设计［J］．中国高等教育，2011（9）：43－45.

[2] 劳凯声．教育体制改革中的高等学校法律地位变迁［J］．北京师范大学学报（社会科学版），2007（2）：5－16.

[3] 刘世清，崔海丽．高校招生自主权：历史嬗变与困境突围［J］．华东师范大学学报（教育科学版），2018（3）：125－134.

[4] 龚怡祖．我国高校自主权的法律性质探疑［J］．教育研究，2007（9）：50－54.

[5] 郑若玲．追求公平：美国高校招生政策的争议与改革［J］．教育发展研究，2008（Z3）：96－99.

[6] 黄晓婷，等．自主招生价值何在？高校自主招生公平与效率的实证研究［J］．教育学术月刊，2015（6）：28－33.

[7] 荀振芳，汪庆华．自主招生：精英角逐的场域［J］．清华大学教育研究，2011（2）：56－63.

[8] 朱欣．高校十年自主招生的政策调整与争议［J］．江苏高教，2014（2）：

42 -45.
[9] 郑方贤. 自主招生渐行渐近 [N]. 文汇报，2008 -12 -06.
[10] 黄首晶，郑畅. 美澳两国自主招生公平性改革的经验与借鉴 [J]. 中国高教研究，2015 (7)：59 -63.
[11] 汪庆华，荀振芳. 自主招生场域家庭资本的影响与自主招生的制度探寻 [J]. 中州学刊，2011 (3)：125 -129.
[12] 侯佳伟. 高校自主招生学生入学后与普考生的对比分析 [J]. 高等教育研究，2011 (12)：34 -39.
[13] 鲍威. 高校自主招生制度实施成效分析：公平性与效率性的视角 [J]. 教育发展研究，2012 (19)：1 -7.
[14] 吴晓刚，李忠路. 中国高等教育中的自主招生与人才选拔：来自北大、清华和人大的发现 [J]. 社会，2017 (5)：65 -67.
[15] Raudenbush S W, Bryk A S. Hierarchical Linear Model: Applications and Data Analysis Methods [M]. CA: Sage Publications, 2002.
[16] 李雄鹰. 基于公平的自主招生考试评价体系建构 [J]. 厦门大学学报(哲学社会科学版)，2017 (3)：18 -26.
[17] Liu L M, Wagner W, Sonnenberg B. Independent Freshman Admission and Educational Inequality in the Access to Elite Higher Education [J]. Chinese Sociological Review, 2014, 46 (4): 41 -67.
[18] 罗建国，谢康. 高校自主招生政策实施：公平、自主权与监督——基于创新人才选拔的过程分析 [J]. 扬州大学学报（高教研究版），2018 (6)：67 -71.
[19] 郭延凯. 高校自主招生科学性问题探析 [J]. 现代教育科学，2014 (1)：31 -35.
[20] 吕小芳. 我国高校自主招生制度研究 [D]. 武汉：武汉理工大学，2007.
[21] 熊丙奇. 自主招生与高考公平 [J]. 探索与争鸣，2011 (12)：90 -93.
[22] 吉明明，李峻. 公平视阈下高校自主招生选拔机制研究 [J]. 中国教育学刊，2016 (8)：46 -50.
[23] 王春光. 知识还能改变命运吗——教育对推动阶层结构合理化的意义探讨 [J]. 人民论坛，2014 (2)：15 -17.
[24] 钱民辉. 教育社会学——现代性的思考与建构 [M]. 北京：北京大学出版社，2005.
[25] 谢维和. 教育活动的社会学分析 [M]. 北京：教育科学出版社，2000.

[26] 李煜．制度变迁与教育不平等的产生机制——中国城市子女的教育获得（1966—2003）［J］．中国社会科学，2006（4）：98－110.

[27] 杨东平．高等教育入学机会：扩大之中的阶层差距［J］．清华大学教育研究，2006（1）：19－25.

[28] 陆学艺．当代中国社会阶层研究报告［M］．北京：社会科学文献出版社出版，2002：54－56.

[29] DiPrete T A，Eirich G M. Cumulative Advantage as a Mechanism for Inequality：A Review of Theoretical and Empirical Developments［J］. Annual Review of Sociology，2006（32）：271－297.

[30] Ye H. Key-Point Schools and Entry into Tertiary Education in China［J］. Chinese Sociological Review，2015，47（2）：128－153.

[31] 郑旭辉，余慧莉．我国高校自主招生政策执行偏差现状研究［J］．华北电力大学学报（社会科学版），2018（4）：123－130.

[32] 熊丙奇．从自主招生论文涉嫌造假谈我国自主招生改革［J］．上海教育评估研究，2018（5）：28－30.

[33] 黄梦杰．公共选择视角下高校自主招生政策公平性分析［J］．集美大学学报（教育科学版），2015（5）：51－56.

[34] 吴晓刚．中国当代的高等教育、精英形成与社会分层——来自“首都大学生成长追踪调查”的初步发现［J］．社会，2016（3）：1－31.

[35] 罗立祝．高校招生考试制度对城乡子女高等教育入学机会差异的影响［J］．高等教育研究，2011（1）：32－41.

[36] 张文静．高校自主招生改革试行十年的回顾和展望［J］．国家教育行政学院学报，2013（9）：36－40.

[37] 郑若玲．高考公平的忧思与求索［J］．北京大学教育评论，2010（2）：14－29.

[38] 戴家干．坚持公平公正深化高考改革［J］．求是，2011（2）：57－59.

[39] 张志勇．建立基于统一高考的综合评价多元录取制度［N］．中国青年报，2020－01－16.

[40] 吕阳．强基计划溯源、特点及影响［J］．教师教育论坛，2020（6）：8－12.

四、高等教育收益率的因果推断

摘要：本研究使用“中国家庭动态跟踪调查”2010年的数据，采用多层倾向性评分的估计方法来对高等教育收益率进行考察，综合考虑了个体因素、省际高等教育招生名额差异以及居民收入差距等因素，以及与年份有关的高等教育规模扩张以及经济的市场转型等因素。通过同省份内和年份内的匹配来构建有意义的干预组和对照组后发现，当前接受高等教育依然具有较高的终身受益，且高中组的潜在高等教育收益率要高于大学组的高等教育收益率。上述结果表明，政府通过高等教育规模扩张政策来促进高等教育入学均等性，可以有效起到提高居民收入水平和缩小居民收入差距的作用。

关键词：倾向性评分匹配；高等教育；收益率

长期以来，作为一种稀缺资源，中国高等教育入学机会的分配直接影响到个人向上流动的可能性以及在社会阶层中的地位，社会对高等教育的需求一直很旺盛。改革开放前，个人接受高等教育并不需要分担教育成本。从20世纪80年代中期开始，我国高等教育经费的来源结构发生了很大的变化，由以前的政府财政独立负担转变为由政府、个人等多元化主体共同负担。1997年，随着全国高校招生收费全面并轨结束，我国高等教育成本分担与补偿制度正式形成。

人力资本理论认为，教育不仅是一种消费，同时也是一种生产性投资，通过教育形成的人力资本不仅能为社会带来效益，也能为个人带来收益。随着社会主义市场经济体制的初步建立和不断完善，个人或家庭进行高等教育投资已经成为一种普遍的社会现象。但同其他物力资本投资一样，个人针对高等教育的投资同样具有风险性及一些不确定性，高等教育也越来越多地被人们视作一种理性的投资行为，人们必将关注其教育投资的收益问题。高等教育个人投资收益率的准确估计不但可以成为个人投资高等教育决策的重要指标，也可以为国家稳步扩张高等教育规模和合理调整高等教育个人成本分担比例提供参考依据。

（一）文献综述

传统明瑟方程将受教育程度设为连续变量，估计出的教育收益率表示增长1年教育所带来的收入增长率。不同层级教育的收益率可能具有异质性，研究者因而通过构造不同的学历虚拟变量来代替明瑟方程中的受教育年限，然后利用虚拟变量的回归系数与各学历水平之间受教育年限的差异得到不同学历的教育收益率。根据新古典经济理论中投资边际报酬递减规律，随着教育阶段的提高，教育回报应该呈现下降的趋势。对世界多国进行的研究基本证明了这一点（Psacharopoulos，1994）。然而基于中国数据的教育收益率异质性研究却得出了相反的结论，即我国高等教育的收益率持续在各级教育中保持最高（李实等，1994；杜育红等，2003；陈晓宇等，2003）。

直接使用OLS法对高等教育收益率进行估计会受遗漏变量偏误的影响。由于一些未观测变量，比如个体能力，既影响收入也影响高等教育的选择，教育程度与随机误差项因而会产生相关性，这使得OLS法得出有偏、非一致的估计量。此外，异质性是指不同个体接受高等教育的效用是不同的。即使所有可观察的属性都相同，由于一些不可观察的异质性因素存在，同样接受过高等教育的人所获得的经济收益也不相同。如果可以从高等教育中获益更多的个体更倾向于选择接受高等教育，这种建立在比较优势基础上的自我选择将使OLS方法产生很大的选择性偏差。以往研究者试图通过寻找合适的工具变量来解决能力偏误与教育程度相关性的问题。但如果接受高等教育是个人选择的结果，那么教育程度和教育收益率存在相关性，即使加入能力或其他工具变量也无法克服这一问题（赵西亮等，2009）。只有在未观测到的异质性和选择偏差都不存在，或存在不可观测到的异质性，但不存在选择偏差等一些非常特殊的情况下，工具变量法的结果才可能成为高等教育收益率的一致估计量（Heckman等，2004）。实际上，OLS方法比较的是接受过高等教育的群体和没上大学群体之间的收入差异，而研究者和政策制定者所关注的其实是高等教育的因果回报，即某个个体如果上了大学和如果没有上大学之间的差异。但在现实世界中，研究者无法同时观测到个体上大学以及没上大学的状态。因而，缺少与实际相反的状况（Counterfactual）引发的数据缺失问题是微观数据的基本特征。

目前使用观察数据（Observational Data）来对高等教育收益率进行因果推断（Causal Inference）的方法主要有边际政策效应法（Marginal Treatment Effect，MTE）和倾向性评分匹配法（Propensity Score Matching，PSM）。这两种方法可以对以下三种系数进行估计，即平均处理效应（Average Treatment

Effect，ATE），指随机挑选一个高中毕业生接受高等教育而得到的平均收益率；参与者的平均处理效应（Average Treatment Effects on the Treated，ATT），即真正接受过高等教育的人与假设他们没有接受高等教育时相比所获得的平均收益率；未参与者的平均处理效应（Average Treatment Effects on the Untreated，ATU），指没有接受高等教育的高中毕业生，倘若他们接受高等教育时所得到的收益率。综合以往高等教育收益率的研究结果可知（见表3－8），首先，相对于OLS方法的结果，工具变量法所给出的高等教育收益率更高，这与该方法消除因能力变量的遗漏所导致的教育内生性的初衷相反（袁诚等，2009）。其次，不同因果推断法给出的中国高等教育收益率的离散程度很大，其中的极大值（2.064）或者极小值（0.113）可称为奇异值。最后，MTE方程给出的大学组的平均处理效应要更高（ATT > ATU），与之相反，PSM方法给出的高中组的平均处理效应更高（ATU > ATT）。

表3－8　高等教育收益率的研究总结

研究者	数据	年份	方法	OLS	IV	ATT	ATE	ATU
Heckman等，2004	CUHIES	2000	MTE	0.293	0.561	0.515	0.434	0.363
袁诚等，2009	CHIP	2002	MET	0.261		0.452	0.269	0.113
缪柏其等，2011	CHNS	2006	MTE	0.383	0.368	0.563	0.384	0.155
Fleisher等，2004	CHIP	1988	MTE	0.203	0.849	1.653	0.624	0.351
		1995		0.213	0.596	0.646	0.566	0.500
		2002		0.281	1.471	0.817	1.304	2.064
任兆璋等，2006	CHFLS	2000	PSM	0.97		0.778		
赵西亮等，2009	CGSS	2003	PSM	0.561		0.791		0.989
高梦滔，2007			PSM	0.815		0.331	0.399	0.438
白添泷等，2010	CGSS	2006	PSM			0.647		1.365

注：中国城镇居民家庭收支调查（CUHIES）；中国家庭收入调查（CHIP）；中国健康与营养调查（CHNS）；全国综合社会调查数据（CGSS）；中国健康与家庭生活调查（CHFLS）。

一般而言，MTE法和PSM法都包括两部分，首先通过选择方程来估计个体接受高等教育的概率；在接下来的结果方程中，两种方法对所获得的概率采用不同的分析策略来估计高等教育的收益率。作为结果方程的基础，选择方程如果出现系统性的偏误，就有可能导致结果方程估计的高等教育收益率出现偏差。要正确估算个体接受高等教育的选择方程需要考虑以下几点：

首先，选择方程中的控制变量应该是在个体接受高等教育之前就确定的，

应是那些影响个体能否接受高等教育的变量（如性别或者民族），而不是那些受个体高等教育经历影响的变量（如工作地、职业等）。此外，个体的家庭背景是时变变量，父母当前的职业或者收入与子女接受高等教育前的职业或者收入可能有比较大的差异，因而也不适宜作为个体接受高等教育选择方程中的变量。

其次，研究者必须考虑中国分省定额的招生录取制度。依照分省定额政策，各省市能被录取进入高校的考生总数以及这些考生在不同层次的学校间和专业间的分布，远在高考之前就已被给定。然而，高校招生名额的分配并不是依照各省报考人数按比例分配的，各省高等教育发展状况对其招生规模有直接影响。高考户籍制又严格要求考生必须在户籍所在地报考。因此，分省定额制度造成省际招生人数存在很大差异，考生由于具有的户籍不同，其享有的高等教育入学机会也就不同。缪柏其等（2011）曾在估计是否接受高等教育的 Logit 模型中加入了一组代表省份的虚拟变量。

最后，个体上大学的机会与其参加高考年份的高等教育招生规模有直接联系。随着我国经济持续、快速发展，社会对高等教育人才的需求量日益扩大。我国高等教育规模自改革开放以来持续增长，并于 1999 年开始了超常规发展。高等教育毛入学率从 1978 年的 1.56%、1998 年的 9.76%，跃升至 2002 年的 15%，从而进入高等教育大众化阶段。Heckman 等（2004）在接受高等教育的 Logit 模型中加入了一组代表个体出生年份的虚拟变量。此外，我国的高考招生录取制度也经历了几次变革，不同年代所依据的重点并不相同。《关于全国高等学校 1952 年暑期招收新生的规定》首次明确自该年度起，高等学校招生实行全国统一招生考试。高等教育入学机会的分配注重学术和政治的双重标准。“文革”期间（1966—1976）废除高考，实行推荐入学制，政治标准被突出强调。“文革”结束后，1977 年恢复了高校统一招生考试制度。高考分数作为一种客观的学术标准重新取代了强制性的政治出身和政治表现成为分配高等教育入学机会的重要依据。进入 21 世纪以来，我国目前的高考命题采取教育部考试中心统一命题与分省自主命题相结合的方式，并且以多元化的招生考试制度作为补充。

简言之，个体参加高考的年份和户籍所在省份是决定其入学机会的两个宏观因素，年份决定了全国高等教育入学机会的总量，而省份决定了入学机会在各省市间的分配。任兆璋等（2006）在其选择模型中加入了年龄的连续变量和一组代表地区的虚拟变量。但该方法的问题是不同省份在不同年份间的入学机会变动趋势都被设为一样的，但中国高等教育的非均衡发展策略使得各省入学机会历年的增长幅度并不相同，不同年份的省间入学机会差距也各不相同。此外，“最大化维持不平等”假设（简称 MMI 假设）声称只有当高阶层的教育需求已经达到了某种饱和，持续增长的教育规模才有可能缩小特权阶层和弱势群体之间的入学机会差异（Raftery 和 Hout，1993）。MMI 理论揭示了在高等教育扩张的不同时期，各种个体因素对入学机会的影响可能并不相同。比如对于已经进入高等教育普及阶段的省市，其城乡间的入学差距可能随着城镇人口高等教育需求的饱和而出现收敛。而对于处于精英教育阶段的省份，城镇考生在入学竞争中的优势地位可能依然明显。因此，选择方程还需要考虑个体因素对高等教育入学选择在各省间和年间的随机效应。

（二）数据和变量

中国家庭动态跟踪调查（Chinese Family Panel Studies，CFPS）由北京大学中国社会科学调查中心负责实施。CFPS2010 年的数据收集在全国 25 个省、市、自治区展开，采取省、区县、村居的三阶段不等概率的整群抽样设计，最终的全国代表性样本包括 21 822 个成人。本研究选取具有高中和高等教育学习经历，年龄在 18 ~ 60 岁，目前有全职工作并且有年收入信息的样本。最终分析样本中有 2003 个劳动者，其中 30.1% 的样本接受过高等教育。

本研究中的年收入包括工资性收入和经营性收入两部分，并不包括财产性收入和转移性收入。工资性收入由月固定工资月浮动工资，加班费以及补贴和奖金，年终奖金，单位发放的实物折合现金，第二职业、兼职或临时性收入，以及其他劳动收入的合计获得。经营性收入指个人收益，不是指企业收益。农民通过经营自己的土地或其他资产获得收入被计入家庭经营性收入，此部分收入通过除以家庭内的务农人数转化为个体经营性收入的一部分。

CFPS 详细询问了个体在出生时、3 岁时、12 岁时以及 2010 年的居住地、户口性质以及当前的户口所在地。由于考生必须在其户籍所在地报名参加高考的规定，我们首先确定了样本 12 岁时的户口所在省份。CFPS 还详细询问了个体的受教育经历，因而可以估算出其进入大学的确切年份。对于只接受过高中教育的劳动者，我们将他们的高中毕业年份作为其竞争高等教育入学机会的年份。

对于个体层面的变量，我们选取个体 12 岁时的户口状态作为高等教育适龄人口的城乡划分依据，因为除家属随转或者征地等个别原因外，样本在参加高考前一般不太可能由于参军、招工、转干等原因而转换户口状态。其他个体特征包括性别（男性 = 1，女性 = 0）、民族（少数民族 = 1，汉族 = 0）以及兄弟姐妹数（独生子女、1 ~ 2 个兄弟姐妹、3 个及以上兄弟姐妹）。由于

家庭收入以及父母的职业都是时变变量，而一个家庭所拥有的文化资源很难在短时期内有大的改变，因此，本研究主要关注家庭所拥有的不同文化资源对其子女是否接受高等教育的影响。父母的受教育程度被划分为包括文盲或者半文盲，小学或初中教育，高中教育以及高等教育在内的四个类别。

（三）研究方法和模型设定

本研究关注相对高中阶段的教育，个体因接受高等教育而获得的经济回报，因而接受高等教育可被视为一种干预。从实验的角度出发，个体有可能接受了高等教育，也有可能只接受高中教育，这两种情况可以用以下符号表示：

$Y_i = Y_i^1$ if $S=1$，表示个体接受了高等教育。

$Y_i = Y_i^0$ if $S=0$，表示个体只接受了高中教育。

Y_i表示个体 i 的收入。

由于每个个体 i 都有两个可能的收入，Y_i^1 和 Y_i^0，因此高等教育对个体收入的影响就可以这样表示：

$$\delta_i = Y_i^1 - Y_i^0 \qquad \text{式 (3.13)}$$

但是在现实生活中，研究者只能观测到个体的某一潜在结果，即缺少一个非实际状态。比如一个大学毕业的劳动者，只能观测到他在受过大学教育后的工资收入而没有办法观测到 Y_i^0，即该个体在未接受大学教育时可能获得的工资收入。这种数据缺失问题也被称为“因果推论的基本问题”（Holland，1986），故我们无法直接估计出 δ_i。为了估计出 δ_i，必须另找一个非实际状态作为第 i 个人 t 时刻的非实际状态的替代。从反事实的框架出发，高等教育对收入的作用可以通过如下公式表示：

$$\begin{aligned}
E[\delta] &= E[Y^1 - Y^0] \\
&= E[Y^1] - E[Y^0] \\
&= \{\pi E[Y^1 \mid S=1] + (1-\pi)E[Y^1 \mid S=0]\} - \{\pi E[Y^0 \mid S=1] + \\
&\quad (1-\pi)E[Y^0 \mid S=0]\} \\
&= \pi\{E[Y^1 \mid S=1] - E[Y^0 \mid S=1]\} + (1-\pi)\{E[Y^1 \mid S=0] - \\
&\quad E[Y^0 \mid S=0]\} \\
&= \pi E[\delta \mid S=1] + (1-\pi)E[\delta \mid S=0] \\
&= \pi \mathrm{ATT} + (1-\pi)\mathrm{ATE} \qquad \text{式 (3.14)}
\end{aligned}$$

式中，π 指所有样本中大学组所占的比例，而 $1-\pi$ 表示所有调查对象中高中组所占的比例。因此高等教育的平均处理效应（ATE）是参与者的平均处理效应和未参与者平均处理效应的加权平均值。将上式进行重新变形可得：

$$\delta_{\text{NAÏVE}} = E[Y^1 \mid S=1] - E[Y^0 \mid S=0]$$
$$= E[\delta] + \{E[Y^0 \mid S=1] - E[Y^0 \mid S=0]\} + (1-\pi)$$
$$\{E[\delta \mid S=1] - E[\delta \mid S=0]\} \quad \text{式 (3.15)}$$

根据上式可以得知，大学组和高中组之间的收入差距可以分解为三部分，高等教育的平均处理效果（$E[\delta]$）；处理前异质性，即高中组和大学组的基线差异（$E[Y^0 \mid S=1] - E[Y^0 \mid S=0]$）；处理效应异质性偏误，即 $E[\delta \mid S=1]$ 和 $E[\delta \mid S=0]$ 之间的差异所造成的误差。通过引入其他控制变量的方法可以减少第一种偏误的影响；但由于接受高等教育者的自我选择，会造成其干预效果与高中组不同，因此很难通过 OLS 方法来进行控制。

为了估计 $E[\delta]$，如果能够满足"非混淆假设"(Unconfoundedness Assumption)，即 $E[Y^0 \mid S=1] = E[Y^0 \mid S=0]$，也就是假定大学组在未接受高等教育的收入与高中组是相等的，并且 $E[Y^1 \mid S=1] = E[Y^1 \mid S=0]$，也就是假定如果高中组接受高等教育的话，其收入与大学组的平均处理效果相等，那么式 3.2 就可以简化为：

$$E[\delta] = E[Y^1 \mid S=1] - E[Y^0 \mid S=0]$$

但 $E[Y^0 \mid S=1] = E[Y^0 \mid S=0]$ 和 $E[Y^1 \mid S=1] = E[Y^1 \mid S=0]$ 成立的充分条件就是是否接受高等教育能够做到随机分布。实验法可以通过随机分组的方式将样本分配到实验组和对照组中，S 本身就和最后的实验结果 Y^1 或 Y^0 没有关系。但随机分组法在社会科学研究领域的应用会受到可行性、实施成本以及伦理道德等的限制。

在本研究中，个体是否接受高等教育显然不是随机分配的，而是要使得接受高等教育的分派方式与个体收入相互独立，目前常用的就是使用匹配法。为了满足非混淆假设，该方法假定，高中组和大学组之间存在很多差异，但是是否接受高等教育的筛选机制可以被一组观察到的控制变量 X 完全解释。也就是说，在控制了向量 X 之后，所有的个体看起来都是相似的，处置不会影响潜在结果，潜在结果也不会影响选择，即 $(Y^1, Y^0) \perp S \mid X$。这就是"强忽略假设"（Assumption of Strong Ignorability）。在此假定下，这些变量一旦被控制起来，S 就能够近似地和 Y^1 或 Y^0 保持独立，因而：

$$E[Y^0 \mid S=1, X] = E[Y^0 \mid S=0, X]$$
$$E[Y^1 \mid S=1, X] - E[Y^1 \mid S=0, X]$$

在具体实施匹配的过程中，如果直接依据选择变量 X 匹配，当 X 维度比较高时，这种匹配策略会出现维度诅咒（Curse of Dimensionality）问题。Rosenbaum 和 Rubin（1983）证明，可以将对高维向量 X 的匹配转化为对一维变量 $P(Z=1 \mid X) = P(z)$ 的匹配。$P(z)$ 也称为倾向性评分（Propensity

Score)。使用倾向性评分匹配法来对干预的效果进行因果推断，其结果的可靠性严重依赖"强忽略假设"是否成立，即倾向性评分的估计已经考虑了所有可能影响干预分配机制的因素。以往研究者大多用 logit 或者 probit 的方法估计出个体是否接受高等教育的倾向分数，但除了个体和家庭层面的变量，影响个体高等教育入学机会的宏观层面变量却大都被忽视了。

个体参加高考的年份和户籍所在省份是决定其入学机会的两个宏观因素，个体同省份和年份存在嵌套关系。多层线性模型（Hierarchical Linear Models，HLM）可以很好地处理具有嵌套结构的数据（Raudenbush 和 Bryk，2002）。我们可以将省份作为横栏、年份作为纵栏，个体会在某一特定的年份—省份交互组内与同组的其他个体竞争高等教育入学机会。由于个体同时嵌套于某一省份和某一年份，因此需要采用 HLM 的一种高级形式——多层线性交互分类模型（Cross - Classified Multilevel Model）。多层线性交互分类模型假定每个省份—年份交互组都有各自不同的高等教育入学概率和筛选机制，很好地契合了我国分省录取的高考招生制度。此外，由于本研究中的因变量为是否接受高等教育的二分变量，模型还应继续扩展为广义多层线性模型（Hierarchical Generalized Linear Models，HGLM）。

多层线性交互分类模型的分析思路是将因变量的总变异在层一省份—年份交互组，层二横栏的省份间以及层二纵栏的年份间进行划分，然后在不同层次的模型中引入相应的自变量对结果进行解释。传统回归分析中的误差也被分解为三部分，每个个体在各自省份—年份交互组内有自己的误差（e_{ijk}），来自同一省份的个体具有相同的截距误差（b_{00j}），来自同一年份的个体具有相同的截距误差（c_{00k}）。模型的假设是层一的误差（e_{ijk}）在省份—年份交互组内相互独立，层二的横栏误差（b_{00j}）在省份间相互独立，层二的纵栏误差（c_{00k}）在年份间互相独立。

在把因变量的总变异在省份间和年份间进行划分的基础上，我们可以将一组代表地区的虚拟变量引入层二的横栏方程中，扩张变量会被引入层二的纵栏方程中。由于将省份和年份间的变异同个体层面的变异分离，我们也可以得到个体和家庭变量对于高等教育入学机会的净效应。多层交互分类模型还可以检验个体层面变量的随机效应，在本研究中，个体的城乡户籍类别对高等教育入学的作用被允许在省份间和年份间有所不同。下一步，我们还可以探讨层一变量同层二扩招变量之间的交互关系，即扩招政策对于个体特征和家庭背景对高等教育入学机会影响的作用。具体的多层变截距和变斜率选择模型为：

层一模型

$$\text{Log}\left(\frac{p_{ijk}}{1-p_{ijk}}\right)=\pi_{0jk}+\pi_{1jk}(\text{Hukou}_{ijk})+\pi_{2jk}(\text{Male}_{ijk})+\pi_{3jk}(\text{Minority}_{ijk})+$$
$$\pi_{4jk}(\text{Sibling}_{ijk})+\pi_{5jk}(\text{Fedu}_{ijk})+e_{ijk}$$

式中，p_{ijk}是个体i在省份j年份k的高等教育入学概率；

π_{0jk}是省份j年份k的截距；

π_{pjk}是省份j年份k对应的自变量回归系数；

e_{ijk}是层一个体的随机效应，即个体i同交互组jk平均值的离差。

层二模型

$$\pi_{0jk}=\theta_0+b_{00j}+c_{00k}+\beta_{01}\ (\text{Expansion}_j)+\gamma_{01}\ (\text{Area}_k)$$
$$\pi_{1jk}=\theta_1+b_{10j}+c_{10k}+\beta_{11}\ (\text{Expansion}_j)$$
$$\pi_{pjk}=\theta_p+\beta_{p1}\ (\text{Expansion}_j)$$

式中，θ_0是全体样本的截距的平均值；

θ_1是全体样本的城乡入学机会差异；

β_{01}和β_{p1}分别是高等教育扩张对于入学机会高低以及入学机会不平等的影响；

γ_{0p}是地区间高等教育入学机会差异；

b_{p0j}，c_{p0k}分别为省份和年份所对应的随机效应。

（四）结果

要使用多层线性模型对个体接受高等教育的概率进行预测，首先需要将总变异在省份和年份间进行划分。零模型的结果表明，个体接受高等教育的概率在年份间（$\tau_{c00}=1.9115^{***}$）和省份间（$\tau_{b00}=0.1034^{**}$）都有显著差异，且年份间的差异大于省份间的差异。年份间的差异表明我国高等教育的规模扩张会极大影响不同年份个体接受高等教育的机会。省间差异相对较小是因为各省区基础教育的发展不均衡是无法回避的。随着高等教育招生规模的扩大，如果某些省市的基础教育未按比例相应发展，那么那些初高中规模小、筛选强的省区，就可能反而有更高的“高考招生录取率”(刘精明，2007)。

在模型一，我们在层二横栏方程中引入地区变量，在纵栏方程中引入扩招变量。结果表明，相对西部地区，直辖市（$\gamma_{01}=0.319$）、东部地区（$\gamma_{02}=0.149$）和中部地区（$\gamma_{03}=0.286$）居民在高等教育入学机会上的优势并没有达到统计上的显著水平，而始自1999年的扩招政策极大提高了我国居民接受高等教育的机会（$\beta_{01}=2.202^{***}$）。在模型三，我们在层一方程中引入了个体

层面的变量，并且将城乡户籍划分对高等教育入学机会的影响在层二的省份间和年份间都设为随机效应。结果表明，总体而言，农村居民的高等教育入学概率要显著低于城镇居民（$\theta_1 = -0.528^{**}$）。此外，城乡间的高等教育入学差距在省间具有显著差异（$\tau_{b30} = 0.1726^{*}$），而在年份间的差异则没有达到统计上的显著水平（$\tau_{c30} = 0.1496$）。在模型四，我们加入了层一变量同层二纵栏扩招变量间的交互作用，以考察高等教育扩招对于我国高等教育入学均等化的作用。模型四也是本研究的总模型。表3－9所示为接受高等教育概率的广义多层线性模型。

表3－9　接受高等教育概率的广义多层线性模型

固定效应	零模型	模型一	模型二	模型三
截距，θ_0	-1.497^{***}	-1.907^{***}	-1.915^{***}	-1.770^{***}
直辖市，γ_{01}		0.319	0.305	0.284
东部地区，γ_{02}		0.149	0.269	0.268
中部地区，γ_{03}		0.286	0.228	0.265
扩招，β_{01}		2.202^{***}	2.223^{**}	1.917^{**}
农业户口，θ_1			-0.528^{**}	-0.112
扩招，β_{11}				-1.219^{***}
男性，θ_2			-0.353^{**}	-0.206
扩招，β_{21}				-0.544
少数民族，θ_3			0.203	0.005
扩招，β_{31}				0.553
1～2个兄妹，θ_4			-0.471^{**}	-0.788^{**}
扩招，β_{41}				0.963
3个以上兄妹，θ_5			-0.617^{**}	-1.063^{***}
扩招，β_{51}				1.612^{*}
父母教育：小学，θ_6			-0.101	-0.288
扩招，β_{61}				0.6239
父母教育：初中，θ_7			0.144	0.303
扩招，β_{71}				-0.675

续表

固定效应	零模型	模型一	模型二	模型三
父母教育：高中，θ_8			0.578**	0.989***
扩招，β_{81}				-1.379
父母教育：大学，θ_9			1.215***	1.352***
扩招，β_{91}				-0.575
随机效应				
层二横栏方差				
省份截距，τ_{b00}	0.103 4**	0.090 3**	0.047 9**	0.046 5**
农村户口斜率，τ_{b30}			0.172 6*	0.132 7*
层二纵栏方差				
年份截距，τ_{c00}	1.911 5***	1.414 4***	1.197 5***	1.104 6***
农村户口斜率，τ_{c30}			0.149 6	0.108 8

本研究又选用相同的样本和变量，使用传统的 Logit 模型对个体高等教育的入学概率进行预测，具体模型为：

$$\mathrm{Log}\left(\frac{p_i}{1-p_i}\right)=\beta_0+\beta_1\times \mathrm{Expansion}+\sum_k\beta_k X_{ik}+\sum_k\beta_{1k}X_{ik}\times \mathrm{Expansion}+e_i$$

式中，X_{ik}代表影响上大学概率的各种因素（包括户口、性别、民族、父母受教育程度、兄弟姐妹数量以及生源地区）；β_k则是各自变量的回归系数；Expansion 是代表扩招政策的虚拟变量；$X_{ik}\times$Expansion 表示扩招政策同其他控制变量的交互作用；β_{1k}反映的就是扩招对于教育机会不平等的影响。

使用两种方法获得的倾向性评分密度图如图 3-5 所示。从大学组倾向性评分的分布看，多层线性模型所得的概率分布更加偏右（倾向概率 1）。从高中组倾向性评分的分布看，多层线性模型所得的概率分布更加偏左（倾向概率 0）。因此，考虑了个体接受高等教育的省间和年份间差异，以及个体层面变量对高等教育入学的作用在省间和年份间的随机效应后，多层线性模型所估算的倾向性评分的准确性比 Logit 模型的结果更高。

在利用所获得倾向性得分对高等教育的收益率进行因果推断之前，我们先用 OLS 方法来计算出简易明瑟收益率。根据表 3-10 中模型 1 的结果，我国当前的高等教育收益率为 48%，以四年制本科教育计算，接受高等教育的年均收益率约为 12%。而根据 CFPS 全体劳动力样本计算的中国教育收益率

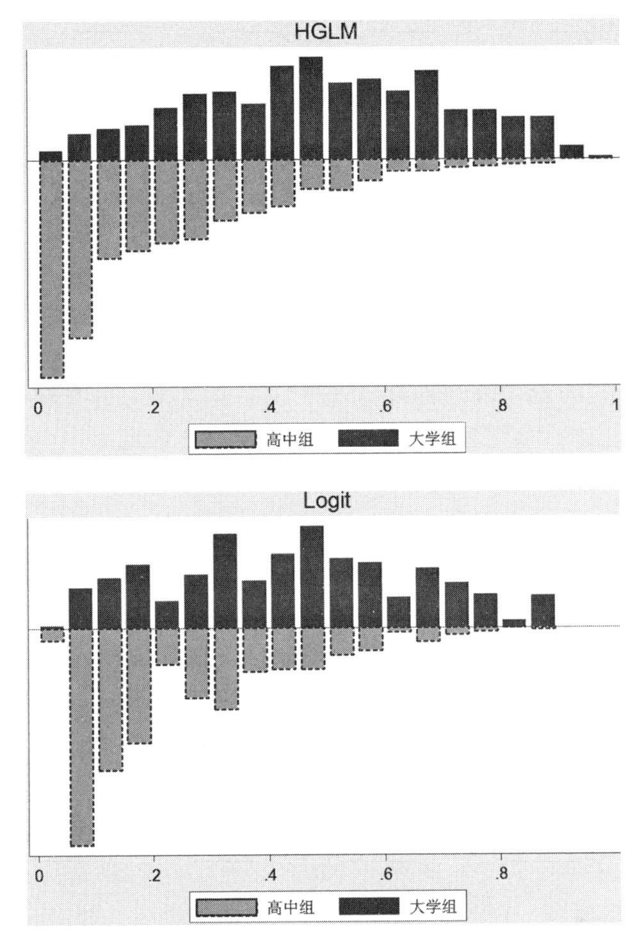

图 3－5　HGLM 和 Logit 法的倾向性评分密度图

为 11.7%，这表明在经过迅猛的高等教育规模扩张后，我国高等教育收益率开始同平均的教育收益率趋同。需要注意的是，国家统计局已于 2013 年开始按照城乡统一的“人均可支配收入”指标测算全国居民收入水平，从而使得估算中国整体的教育收益率成为可能。CFPS 数据使用了城乡统一的调查工具，但使用全国样本计算的教育收益率会包含较大的城乡和地区差异，因而其全国教育收益率的估计值会较城镇或者农村地区各自的教育收益率偏高。

表 3－10　基于 OLS 方法的高等教育收益率

变量	模型 1	生源地	模型 2	高考年份	模型 3
截距	9.530***		9.474***		9.545***
高等教育	0.480***	直辖市	0.934***	1968—1976	0.815***

续表

变量	模型 1	生源地	模型 2	高考年份	模型 3
		东部	0.556***	1977—1987	0.665***
		中部	0.447***	1988—1998	0.460***
		西部	0.212*	1999—2008	0.404***
工龄	0.047***		0.052***		0.046***
工龄平方	-0.001***		-0.002***		-0.001***

本研究又将接受高等教育的群体按照其生源地划分为直辖市生源、东部地区生源、中部地区生源和西部地区生源。模型 2 的结果表明，不同地区的生源从接受高等教育所获得的收益存在很大差异，直辖市生源的高等教育收益率最高（0.934），东部地区次之（0.556），西部地区最低（0.212）。首先，高等教育收益率在地区间的差异可能与我国地区间的收入差异有关。当前我国的高收入群体依然集中在经济发达的东部地区和沿海省份，而西部地区收入较低。其次，高等教育收益率在地区间的差异还可能与我国劳动力市场存在分割有关。我国大学生毕业后初次就业，会面临一些区域性、制度性的限制因素，包括户籍制度、社会保障、住房、福利制度以及其他地方保护性政策等，从而限制高校毕业生的自由流动。随着社会主义市场经济的逐步完善，大学生跨省就业的比例逐步上升，但大部分高校毕业生依然要在生源地就业。丁小浩等（2009）发现，2008 年，全国在生源地就业的毕业生为 82.3%。分地区而言，直辖市生源本地就业的比例最高（95.3%），其次是东部地区（89%），西部地区（76.7%）和中部地区（75.6%）则较低。

本研究又将接受高等教育者分为四类（按其入学年份）(1968—1976，1977—1987，1988—1998，1999—2008)。模型 3 的结果表明，个体的高等教育入学年份越晚，其收益率越低。该结果首先可以由劳动力市场供需理论来解释。在竞争市场上，工资是由供给与需求决定的，劳动力的供给和需求的变化会导致均衡价格的变化，如果高等教育规模不断扩大，毕业生的供给持续增加，其工资水平就会下降。但扩招前接受高等教育者的收益率依然出现随时间递减的现象，这可能与人力资本促进收入增长的过程有关。教育并没有插电即用的效果，其投资效益的获得具有迟滞性。即使劳动者接受了较多的教育，只有通过实际工作不断提高与工作相关的技能，教育才能发挥生产性作用。教育投资一旦取得收益，便具有长期性——教育会长久地在劳动者的职业生涯中发挥作用。因此，不同文化水平的劳动者在刚开始工作时，收入差距可能并不太大。随着工作年限的增加，有较高文化水平的个体收入

快速增长，因此在工龄较长的群体中，不同文化水平劳动者的收入差距更大。

高等教育收益率在省间和年份间的异质性会直接决定倾向性评分的匹配策略，因为具有相同上大学概率的两个劳动者间的差异可能会非常大。比如对于一个拥有0.3上大学概率的贵州籍高中生 A_{01} 而言，另外拥有0.3上大学概率的贵州籍大学毕业生 A_{11} 可以作为其反事实对照个体，而不管该大学毕业生是在贵州工作还是北京工作。而对于一个拥有0.3上大学概率的北京籍大学毕业生 B_{11} 而言，该个体就不适合作为个体 A_{01} 的反事实对照个体。此外，1980年全国的高考录取率为8%，而2000年则升至59%。对于一个20世纪80年代初拥有0.5上大学概率的大学毕业生 C_{11} 而言，一个在扩招后拥有0.5上大学概率的高中毕业生 D_{01} 就不适合作为其反事实对照个体，因为二者之间会存在严重的能力偏差。

在具体实施倾向性评分的结果估计中，一般有匹配法（Matching）、分层法（Stratification）以及权重法（Weighting）。但综合考虑中国特有的高考分省招生录取制度、高等教育规模的扩张、劳动力市场的多重分割、省间经济和社会发展不平衡以及市场化转型，使用倾向性评分来估计高等教育收益率的最可行策略就是最近邻匹配法（Nearest Neighbor Matching），而且是省份内年份内匹配（Matching Within - Province and Within - Year）。换言之，一个大学毕业生最适合的匹配个体是一个与其在同一年份和同一省份竞争高等教育入学机会的高中毕业生，这样才能最大限度保证干预组和对照组之间的同质性。但是考虑到本研究可能的年份—省份交互组以及现有样本数量的限制，很难保证每个个体都能在同省份—年份内都找到合适的匹配样本，因此本研究将匹配的限制放宽到地区—年代内匹配。近邻匹配将在四个地区（直辖市、东部、中部、西部）以及四个年代（1968—1976，1977—1987，1988—1998，1999—2008）交叉组成的16个交互组内进行。我们根据个体的倾向性评分在交互组内找到与之最合适的对照个体（匹配半径为±0.1）。此外，一个大学毕业生可能拥有几个高中毕业生作为其匹配对象，一个高中毕业生也可能作为几个大学毕业生的匹配对象。

匹配后的高等教育收益率的结果如表3-11所示。基于Logit模型的倾向性评分匹配的结果表明，大学组接受高等教育的收益率为0.47，而高中组接受高等教育的潜在收益率为0.497。而基于多层倾向性评分匹配的结果表明，大学组接受高等教育的收益率为0.498，而高中组接受高等教育的潜在收益率为0.545。但不管基于哪种倾向性评分的估计，高中组的干预效果都高于大学组的干预效果，即 ATU > ATT。

表 3-11　基于 OLS 方法的高等教育收益率

变量	Logit		HLM	
variable	ATT	ATU	ATT	ATU
截距	9.389***	9.464***	9.333***	9.392***
高等教育	0.470***	0.497***	0.498***	0.545***
工龄	0.062***	0.049***	0.065***	0.056***
工龄平方	-0.002***	-0.001***	-0.002***	-0.001***

（五）讨论及结论

本研究使用“中国家庭动态跟踪调查”（CFPS）2010 年的微观数据发现，不管是 OLS 方法（0.48），还是倾向性评分匹配法（ATT = 0.498，ATU = 0.545）的结果，当前接受高等教育依然具有较高的平均收益率。虽然扩招后个体分担高等教育成本的比例不断提高，投资高等教育的成本收益比下降，导致很多弱势群体做出了理性放弃接受高等教育的决定，但明瑟收益率并不考虑接受高等教育的成本问题。近年还出现了高校毕业生起薪同农民工平均工资趋同的现象，但这种比较只是把高等教育投资当作一种短期投资行为。明瑟方程考虑的是高等教育的终身受益，大学毕业生就业后的收入增长率会更高，因而应该从长远利益的角度去考量高等教育投资的收益问题。

本研究还发现，基于 OLS 方法的高等教育收益率与高等教育的平均处理效应之间的差异并不很大。就大学组和高中组之间的能力偏误而言，首先，由于高中教育在中国依然不属于义务教育阶段，接受高中教育的个体一般还需要通过中考的筛选，因此大学组和高中组之间的能力差异要小于大学组同全体样本间的能力差异。其次，就高等教育筛选机制而言，“文革”期间更为看重的是家庭出身和政治素质。即使恢复高考后，不同于美国的学术能力评估测试（Scholastic Assessment Test，SAT），高考本身并不是一个能力测验，而更偏重学科知识的考查。高考的“指挥棒”作用也使得以往基础教育对于学生能力和素质的培养有所忽视，“应试教育”一定程度上造成了“高分低能”现象。最后，由于将高考分数作为分配高等教育入学机会的最重要标准，学生所接受中小学教育的质量高低将直接影响到其是否能够接受高等教育。由于优势家庭子女在争取优质教育资源方面处于有利位置，他们家庭较多的经济资本、社会资本和文化资本最终都会转化为学业上的优势，从而在高考竞争中处于优势地位。因此，家庭背景造成的基础教育阶段的不平等是影响高等教育入学机会差异的非常重要的因素。

就选择偏差而言，Heckman 等（2004）认为人力资本具有异质性，每个人的受教育程度取决于他自己的选择行为，人们会根据比较优势原理来对教育水平进行选择。美国的基础教育（K－12）涵盖幼儿园、小学、初中及高中，也被称为大学前（pre－college）的教育。美国的高中生会在毕业时根据比较优势来选择是否继续接受高等教育。但中国目前是九年义务教育，这种自我选择主要发生在初中毕业后：一部分个体会选择直接进入劳动力市场，另一部分个体会选择生存导向的中等职业教育，而普通高中教育所传授的知识与个体在劳动力市场所需的技能相关性不大，继续接受高等教育几乎是绝大部分高中学生的首要目标。此外，是否接受大学教育，并不是完全由个人的理性选择所决定，家庭的社会背景因素对于这一过程存在着重要影响。按照布迪厄的文化再生产理论，文化资本的传承是阶级再生产的重要一环。对于优势家庭的子女而言，接受高等教育是符合其父母价值观和期望的。另一方面，对于弱势家庭的子女，比如农村家庭的子女，在以往以户籍为基础的严格的城乡二元社会结构的背景下，通过接受高等教育来获得“农转非”的机会，从而彻底改变自己较低的社会地位，是很多农村家庭的子女积极投入高考这一“跳农门”机会的主要动力。因此，我国的高考竞争一向非常激烈，高中生有能力考上大学但是选择放弃的情况非常少见。

对于高等教育的收益率而言，参与组的平均处理效应（ATT）和未参与组的平均处理效应（ATU）的比较还有重要的政策含义，可以为政府调整高等教育的发展策略提供证据支持。理性行为决策理论认为，最有可能选择并有机会获得高等教育的群体，将是从高等教育中获益最多的。因此从整个社会福利的角度出发，ATT 大于 ATU 是一种有效率的状态，因为花费同样的社会资源，选择收益率更高的学生接受高等教育应更为妥当。如若 ATU 大于 ATT，至少一定程度上说明现有的高考招生政策没有将最佳的学生招进来（缪柏其等，2011）。而负向行为选择理论认为，最不可能获得高等教育机会的群体，其选择进入大学接受教育的意愿更高，而且一旦其选择进入就会收益更多。基于美国（Brand 和 Xie，2010）、中国台湾（Tsai 和 Xie，2008）和中国大陆（陈纯槿，2012）的数据也证明了负向行为选择的存在。

本研究发现，高等教育对高中组的处理效应要高于大学组的处理效应，即 ATU 高于 ATT。换言之，高等教育对于大学组是“锦上添花”，而对高中组则是“雪中送炭”。从常识出发，该结果也不难理解。在当前我国高等教育招生录取制度下，优势家庭子女会在高考竞争中占据优势地位。即使他们在升学过程中面临失败，父母也能利用社会资源、经济资源和文化资源来补偿损失。而对于在高考竞争中失败的弱势家庭子女而言，他们并没有家庭的各种资本供依赖，接受高等教育是他们改变贫穷在代际传递的最现实途径，这也是教育公平被称为促进社会公平最伟大的工具的原因。

文献中基于 MTE 方法的结论却相反，该方法一般将 ATT 大于 ATU 的结果归结为分类效应，即已经接受该高等教育的个体基于他们自身不可观测变量带来的额外平均收益。谢宇（2010）在谈到如何认识中国的不平等时指出，中国的不平等很大程度上受一些集体机制的影响，这种结构性的差异是个体所无法摆脱的。首先，对于个体的生源地而言，遗漏该变量会造成大学组中的直辖市和东部地区生源被过度代表，而高中组中的中西部地区生源被过度代表。生源地不但会决定个体接受高等教育的机会，还会影响其将来的就业地。因而，东部地区较高的高等教育入学机会和收入水平，再加上较高的生源地就业比例，就会造成 ATT 的高估。其次，在将倾向性评分代入结果方程时，不考虑个体接受高等教育的年份差异，同样会造成高等教育收益率的高估。扩招前由于高等教育入学机会较少，高等教育入学竞争更加激烈。对于两个相同入学概率的个体，扩招前接受高等教育的个体的能力可能显著高于扩招后没有接受高等教育的个体。某些使用 MTE 方法的研究，其 ATT 的结果是 ATU 的四倍以上（袁诚等，2009）。MTE 方法所得的 ATT 较大的结果很有可能是来源于对省份和年份这两个可观测的宏观变量的忽视。

以往使用 PSM 方法的研究，虽然也没有很好地处理省份和年份因素，但是依然得出了 ATU 大于 ATT 的结论，这可能是因为 PSM 方法需要使用满足“公共支撑”（Common Support）条件的样本，而不像 MTE 方法使用全体样本，因为不是每个个体都能在样本中找到合适的匹配对象。在对公共支撑区间内的样本进行匹配的时候，PSM 方法分别独立对 ATT 和 ATU 进行估计，通过匹配的方法使得干预组和对照组的分布尽可能一致。而 MTE 方法对 ATT 和 ATU 系数的估计则是通过个体接受高等教育的概率和个体没有接受高等教育的概率来对 ATE 的结果进行权重调整，一个系数的高估就会直接导致另一个系数的低估。

综上所述，本研究使用 CFPS2010 年的微观数据发现，在经过 20 多年的以市场为导向的经济改革和社会转型后，我国的高等教育收益率较以往有较大幅度的提升。ATU 大于 ATT 的结果表明，政府实行高等教育扩张的政策不但可以带来全民累积受教育程度的普遍提高，从而扩大中等收入者在居民中的比例，而且在高等教育扩张的过程中如果能够兼顾教育公平，还将有利于收入的均等化，这就给经济增长创造了一个广泛的良性循环的基础。要实现上述目标，政府在高等教育扩张的过程中要保证规模扩张的速度同经济发展速度相协调，同时要继续加大对高等教育的投资力度，控制个人接受高等教

育的成本分担比例，进一步完善助学贷款制度，减轻民众接受高等教育的经济压力，保持和扩大个人投资高等教育的收益空间。

参考文献

[1] Psacharopoulos G. Returns to Investment in Education：A Global Update [J]. World Development，1994，22（9）：1325－1343.

[2] 李实，李文彬. 中国教育投资的个人收益率的估计 [M]. 北京：中国社会科学出版社，1994.

[3] 杜育红，孙志军. 中国欠发达地区的教育、收入与劳动力市场经历——基于内蒙古赤峰市城镇地区的研究 [J]. 管理世界，2003（9）：68－76.

[4] 陈晓宇，陈良焜，夏晨. 20 世纪 90 年代中国城镇教育收益率的变化与启示 [J]. 北京大学教育评论，2003（2）：65－72.

[5] 赵西亮，朱喜. 城镇居民的大学教育收益率估计：倾向指数匹配方法 [J]. 南方经济，2009（10）：45－56.

[6] Heckman J J，Lozano S. Using Matching，Instrumental Variables and Control Functions to Estimate Economic Choice Models [J]. Review of Economics and Statistics，2004，86（1）：30－57.

[7] 袁诚，张磊. 对低收入家庭子女大学收益的观察 [J]. 经济研究，2009（5）：42－51.

[8] Heckman J J，Li X S. Selection Bias，Comparative Advantage，and Heterogeneous Returns to Education：Evidence from China in 2000 [J]. Pacific Economic Review，2004（9）：155－71.

[9] 缪柏其，舒海兵，叶五一. 异质性、自选择偏差和教育收益率 [J]. 数学的实践与认识，2011（7）：30－40.

[10] Fleisher B M，Li H Z，Li S. Sorting Selection and Transformation of the Return to College Education in China [J]. Institute for the Study of Labour，Working Paper，2004.

[11] 任兆璋，范闽. 教育工资升水率的微观计量分析 [J]. 财经研究，2006（1）：104－120.

[12] 高梦滔. 高等教育投资回报率估算——基于西部三个城市的微观数据 [J]. 统计研究，2007（9）：69－76.

[13] 白添泷，潘煜文. 负向选择下城乡高等教育的异质性收益——基于反事实的观测方法，今日南国，2010（6）：33－34.

[14] Raftery A E，Hout M. Maximally Maintained Inequality：Expansion，

Reform, and Opportunity in Irish Education, 1921 – 75 [J]. Sociology of Education, 1993, 66 (1): 41 – 62.

[15] Holland P. Statistics and Causal Inference [J]. Journal of the American Statistical Association, 1986 (81): 945 – 960.

[16] Rosenbaum P R, Rubin D. The Central Role of the Propensity Score in Observational Studies for Causal Effects [J]. Biometrika, 1983 (17): 41 – 55.

[17] Raudenbush S W, Bryk A S. Hierarchical Linear Model: Applications and Data Analysis Methods [M]. CA: Sage Publications, 2002.

[18] 刘精明. 扩招时期高等教育机会的地区差异研究 [J]. 北京大学教育评论, 2007 (4): 142 – 155.

[19] 丁小浩, 岳昌君. 我国高校毕业生的就业特点与变化趋势 [J]. 科学中国人, 2009 (12): 26 – 28.

[20] Brand J E, Xie Y. Who Benefits Most from College? Evidence from Negative Selection in Heterogeneous Economic Returns to Higher Education [J]. American Sociological Review, 2010, 75 (2): 273 – 302.

[21] Tsai S L, Xie Y. Changes in Earnings Returns to Higher Education in Taiwan since the 1990s [J]. Population Review, 2008, 47 (1): 1 – 20.

[22] 陈纯槿. 谁是高等教育的最大受益者? 来自转型中国的经验证据 [J]. 北京大学教育评论, 2012 (4): 135 – 152.

[23] 谢宇. 认知中国的不平等 [J]. 社会, 2010 (3): 1 – 20.

第四章

高校毕业生就业与劳动力市场分割的作用机制

一、我国高等教育规模扩张政策与毕业生起薪变动趋势分析

摘要：本研究采用政策评估视角，通过实证研究考察高等教育规模扩张政策对高校毕业生起薪变动趋势的影响，以研究我国高等教育的适宜发展速度。基于2003—2015年七次全国高校毕业生的抽样调查数据发现，高校毕业生的名义起薪和实际起薪都保持了逐年增长的趋势，个体回收高等教育投资成本的周期缩短，但是起薪增长速度低于同期城镇居民人均可支配收入的增长速度，高校毕业生供给增加的速度超出了社会对大学生有效需求增加的速度。多层线性模型的结果表明，扩招对大学生起薪增长的抑制作用在2009年达到最大，其后毕业生起薪的增长速度逐渐反弹。本研究的政策含义是高等教育规模扩张要适应经济发展的情况，控制高等教育规模扩张的速度并全面提高高等教育质量是提高毕业生起薪的有效途径。

关键词：高校扩招；毕业生起薪；变动趋势

（一）前言

随着知识经济的崛起，高等教育在国家发展战略中占据愈加重要的地位。各国纷纷大力发展高等教育以适应知识经济对人力资源的要求，从而提升本国的经济竞争力。由于各自国情的不同，高等教育规模扩张也出现不同的模

式，主要有以美国为代表的持续增长型，以西欧为代表的波段推进型，以韩国为代表的后发增长型，还有以印度、巴西为代表的超速发展型（董泽芳等，2012）。

1999年，《中共中央国务院关于深化教育改全面推进素质教育的决定》指出："调整现有教育体系结构，扩大高中阶段教育和高等教育的规模，通过多种形式积极发展高等教育。"同年，高校扩招政策的出台掀起了高等教育发展的新一轮热潮。中国高等教育毛入学率1998年为9.76%，2002年就达到15%，高等教育从精英教育阶段进入大众化阶段。2010年，中国高等教育毛入学率达到26.5%；2015年，中国高等教育毛入学率达到40.0%。在高等教育人口规模上，2000年全国高等教育人口为4 402万人，2010年增至1.18亿人。到2015年，高等教育人口达到1.71亿人，占全国总人口的12.4%（张银锋，2017）。我国高等教育规模扩张的政策极大提高了我国人力资本存量中高学历人才的数量。

就中国高等教育借鉴国际高等教育改革的经验、扩大高等教育规模、实现高等教育大众化这个目标而言，人们已经取得了高度共识，但是对于高等教育规模增加的速度以及实现方式则争议很多，尤其是对扩招后高等教育质量滑坡、高校毕业生就业难等现象有很多批评和反思。在高等教育深化发展的背景下，本研究采用政策评估的视角，通过实证研究考察高等教育规模扩张政策对大学生就业，也就是政策结果的影响，来研究我国高等教育的适度规模，以阐明高等教育规模是否扩张过快，若要与社会、经济发展相协调，我国应保持怎样的高等教育发展速度，从而为缓解近年来不断突显的大学毕业生就业难问题提供思路。

（二）文献综述

1. 以往对我国高等教育规模扩张的研究

对于我国高等教育的规模，一种观点认为现有规模已经偏大，应适当控制发展速度。胡咏梅等（2004）从国际比较的角度，以高等教育毛入学率为因变量，建立三类不同收入水平国家的经济发展水平与高等教育规模的回归模型，得出我国高等教育规模不宜再继续大规模扩张的结论。谢尊贤等（2008）通过对28个国家的高等教育在学率和人均GDP进行回归分析，从而得出我国高等教育规模的发展速度应该减缓。

与之相对应的观点认为，中国高等教育规模无论是与国际平均水平比还是与自身潜力相比，都还存在很大的发展空间。岳昌君（2004）采用高等教

育人口比重作为衡量高等教育发展规模的指标，用计量经济回归分析的方法对中国高等教育发展规模进行了国际比较，发现中国高等教育人口比重的实际值低于与中国经济发展水平相当的国家的国际平均水平。柳博（2004）以高等教育毛入学率作为衡量高等教育规模及发展水平的主要参数，构建了人均 GDP 与高等教育毛入学率关系的回归模型，得出我国高等教育规模相对偏低，具有较大的发展空间的结论。

还有研究者对我国高等教育规模扩张合理的增长速度进行研究。谢作栩等（2004）对我国 50 多年来高等教育发展波动和美日等国高等教育大众化时期规模扩张的历史经验的分析表明，2003—2020 年我国高等学校学生数的年增长率控制在 2% ~7% 为宜。李硕豪（2013）基于未来适龄人口的变化和经济发展趋势，利用时间序列法外推高等教育规模纵向发展模型，将获得的结果与横向人口、经济因素相联系进行回归分析，从而得出 2013—2030 年高等教育规模年均增长率应控制在 1.76% 内的结论。

2. 我国政策驱动的高等教育规模扩张

根据主体作用的差异，世界高等教育发展大致可以分为国家调控和高校自主两种模式。中国高等教育发展采取的是国家调控模式，其基本特征是国家主义和政府主导。在此模式之中，我国高等教育年度招生的计划指标一直是由中央政府制定和下达的，采取基本数加增量的招生指标控制办法（彭红玉等，2007）。1999 年临近高考的时候，国家决定大幅扩大高校招生规模。2003—2009 年高校毕业生的年均增量为 66.57 万人，年均增速为 22.81%（见表 4－1）。高校扩招初期大学毕业生供给增加的速度远远超过我国同期经济增长的速度，超出社会对大学毕业生有效需求的增长速度。面对毕业生就业难和高等教育质量下滑的问题，教育部在 2006 年做出了稳定高等教育规模的决定，其后大学毕业生供给增加的速度出现了大幅降低。2009—2015 年高校毕业生的年均增量为 23 万人，年均增速为 3.45%。

表 4－1　扩招后中国普通高校毕业生的规模及增长

项目	2002	2003	2004	2005	2006	2007	2008	2009	2010	2011	2012	2013	2014	2015
数量/万人	145	212	280	338	413	495	559	611	631	660	680	699	727	749
增量/万人		67	68	58	75	82	64	52	20	29	20	19	28	22
增速/%		46.2	32.1	20.7	22.2	19.8	12.9	9.3	3.3	4.6	3.0	2.8	4.0	3.0

以往在对高等教育规模进行实证研究时，研究者多选取GDP、GNP、人均GDP、人均GNP、总人口、适龄人口等变量，在一定程度上解析了高等教育规模的扩张机制。但这些研究却忽视了我国高等教育规模变化与上述因素并无直接因果关系，而决定我国高等教育规模的最直接因素乃是政策这个因素。政策因素的影响不仅直接，而且带有强制性（李若建，2002）。因此判断高等教育规模的适度性并不能依据计量模型中影响因素的系数来判断。

3. 高等教育规模扩张的劳动力市场影响

20世纪70年代，西方国家在高等教育进入大众化阶段后也出现了大学毕业生失业和教育收益下降的现象。因此，国外近年来更加关注高等教育规模同劳动力市场因素如就业、失业与工资的相关研究。劳动力市场供需理论认为，在竞争性劳动力市场上，工资是由供给与需求决定的，劳动力的供给和需求的变化会导致均衡价格的变化。依据新古典主义劳动经济理论的框架，布劳培等（Blaug等，1969）提出，如果高等教育规模不断扩大，毕业生的供给持续增加，其工资水平就会下降，高校毕业生失业现象之所以存在是因为他们不愿降低工资。Teichler等（2004）分别从教育、失业和就业等方面对高等教育的发展规模进行了探讨。Enders（2010）对高等教育规模扩展与劳动力市场的相关性进行综合分析，从理论和实证研究方面重点考察了高等教育制度和劳动力市场供求结构的问题。

我国在2006年对高等教育规模扩张政策进行调整的直接动因是大学生就业难问题，高等教育发展同社会经济发展不协调的问题日益突出，因此考察我国高等教育规模适度性问题也应从高校毕业生的劳动力市场表现着手。在我国高等教育扩招的同时，我国经济结构也在经历重要调整，劳动力市场的供需矛盾十分突出，大学毕业生的就业竞争日趋激烈，从最初的文凭较量，发展到了价格战，最终导致不正常的“零工资就业”现象的出现。我国自1997年正式确立了高等教育成本分担的财政机制，个体接受高等教育需要缴纳一定费用。在当前国情下，个体接受高等教育的花费主要来自家庭收入，家庭除了需要考虑高等教育的终身收益外，还必须考虑短期内的收益，否则投资高等教育带来的开销会使得整个家庭在一段相对较长的时间承受较大的经济负担。扩招后，从短期收益的观点来看，黄照旭（2011）发现贫困家庭要为负担一名大学生忍受更加贫困的生活8~16年。李桂荣等（2012）也发现农村籍学生的高等教育投资回收期从10年延长到了14年。

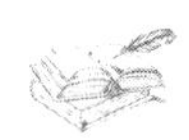

（三）数据及模型

为及时准确地了解我国高校扩招后的毕业生就业状况，北京大学教育经济研究所先后于2003年、2005年、2007年、2009年、2011年、2013年和2015年进行了7次全国高校毕业生抽样调查。问卷调查的对象是应届毕业生，调查时间是当年的6月份。每次调查都参照我国高等教育的地区结构、学校类型结构、学历结构、专业结构、性别结构等进行抽样，努力使调查样本具有较好的代表性。在发放问卷时，对每所抽样高校根据毕业生学科和学历层次按一定比例发放500~1 000份问卷。

要分离出高等教育规模扩张对于毕业生起薪变动的净效应，需要考虑每年毕业生总量的增速并不相同，扩招后高校自身、学生和就业环境也发生了一系列变化。就高校类型而言，一个显著的标志就是高职院校开始占据高等教育的半壁江山。此外，我国高等教育办学主体逐渐呈现出多元化趋向，公立高等学校的单一格局被打破，民办高校大量涌现。就高校的专业结构而言，扩招后各高校纷纷根据劳动力市场的需求进行专业结构调整，但由于高校在确定各专业的招生数量上缺乏科学的依据，部分专业人才的供给与市场需求出现错位。比如经济类、管理类、计算机类、新闻类、法学等“热门”专业毕业生急剧增多，增大了就业压力。从教育系统自身看，扩招也对高等教育质量产生了一定的影响。自从高等教育扩招以来，教育资源短缺、师生比增大以及同时代脱节的教育内容和教育方法，都不同程度地影响了人才培养的质量，进而有可能使得毕业生起薪水平降低。

从学生特征而言，扩招后除入学新生基本素质普遍下降的问题外，学生的结构也发生了很大变化。岳昌君（2012）发现高校毕业生的性别比例的变化趋势明显，男性所占的比例从2003年的57.9%下降到2011年的49.1%。就城乡构成而言，在录取新生中，农村生源所占比例总体趋势不断上升，从1998年的48%，到2003年与城市生源所占比例基本持平，直到2005年的53%（苟人民，2006）。

具有嵌套结构的数据在社会科学领域非常普遍，多层线性模型（Hierarchical Linear Model，HLM）可以很好地处理具有嵌套结构的数据（Raudenbush & Bryk，2002）。个体嵌套于学校是一种最经典的嵌套结构，但由于本研究对高校毕业生起薪进行跨年比较，因此本研究会采用HLM的一种高级形式——多层线性交互分类模型（Cross - Classified Multilevel Model），二层变量包括一个横栏的学校分类以及一个纵栏的毕业年份。多层线性交互分类模型将起薪的总变异在个体层面、学校间和年份间进行划分。个体的专业、学历层次、个体人口学特征、人力资本、家庭背景变量会被引入层一模型。一组代表高校特征的变量会被引入横栏方程中，一组代表年份的虚拟变量会被引入二层的纵栏方程中。在本研究中，不同水平的变量都以总体均值进行对中处理（Grand - mean Centered）。具体的模型设定为：

层一模型

$$Y_{ijk} = \pi_{0jk} + \pi_{1jk}(\text{Maijor}_{ijk}) + \pi_{2jk}(\text{Degree}_{ijk}) + \pi_{3jk}(P_{ijk}) + \pi_{4jk}(H_{ijk}) + \pi_{5jk}(F_{ijk}) + e_{ijk}$$

式中，Y_{ijk}是学校j年份k的毕业生i的起薪；

π_{0jk}是学校j年份k毕业生的起薪均值；

π_{pjk}是学校j年份k毕业生自变量对应的回归系数，自变量包括一组个体专业（Major_{ijk}），学历（Degree_{ijk}），人口学特征（P_{ijk}），人力资本（H_{ijk}），家庭背景（F_{ijk}）变量；

e_{ijk}是层一毕业生的随机效应，即个体i同交互组jk平均值的离差。假定离差服从平均值为0，组内方差为σ^2的正态分布。

层二模型

$$\pi_{0jk} = \theta_0 + b_{00j} + c_{00k} + (\gamma_{0p})\text{School}_j + (\beta_{0p})Year_k$$

$$\pi_{pjk} = \theta_p$$

式中，θ_0是历年全体毕业生的平均起薪的期望值；

γ_{0p}分别是一组学校特征（School_j）所对应的起薪差异系数；

β_{0p}分别是一组毕业年份（Year_k）所对应的起薪差异系数；

b_{00j}和c_{00k}分别为学校和毕业年份对应的随机效应，它们服从平均值为0，方差为τ_{b00}、τ_{c00}的正态分布。

（四）结果

本研究中高校毕业生的起薪是指其月工资，由已经确定就业单位的毕业生对自己的起薪进行报告。由表4-2的简单描述性统计可见，全体毕业生名义起薪的均值呈现逐年上升的趋势，从2003年的1564元上升到2015年的3 907元，年均增长率为7.92%。毕业生名义起薪的增长还受居民消费价格指数（CPI）上升的影响，经调整后的毕业生的实际起薪也呈现逐年上升的趋势，2003—2015年的年均增长率为5.05%。由于我国城乡分割的二元劳动力市场，高校毕业生通常不会考虑在农村地区就业，样本中有94.9%的毕业生都在城镇地区就业。本研究还选取了国家统计局公布的城镇居民人均可支配收入以及全国非私营单位在岗职工平均月工资做对比，两者在2003—2015年分别保持了年均11.47%和13.36%的增速，远高于同期高校毕业生实际起薪

均值的年平均 5.05% 的增长率。

表 4-2　2003—2015 年高校毕业生起薪均值描述性统计

项目	2003	2005	2007	2009	2011	2013	2015	2003—2009	2009—2015	2003—2015
毕业生人均名义月薪/元	1 564	1 702	1 853	2 254	2 393	3 197	3 907	6.27%	9.59%	7.92%
毕业生人均实际月薪/元	1 545	1 619	1 705	1 870	1 935	2 391	2 791	3.23%	6.90%	5.05%
城镇居民人均可支配月收入/元	706	874	1 149	1 431	1 817	2 205	2 599	12.48%	10.45%	11.47%
单位在岗职工人均月工资/元	1 170	1 530	2 077	2 728	3 537	4 365	5 270	15.14%	11.59%	13.36%

毕业生的起薪水平受多种因素影响，简单比较历年大学毕业生平均起薪均值的差异，只能表明扩招后毕业生起薪发生了什么变化，但这种变化既受高等教育规模扩张的影响，也受高校以及学生群体变化的影响。本研究主要利用多层线性交互分类模型考察高等教育规模扩张对高校毕业生起薪变动的净效应。本研究首先以毕业生的名义起薪作为因变量。零模型（见表 4-3）的结果表明，毕业生的起薪在学校间（$r_{0jk}=633\ 100^{***}$）和年份间（$u_{00k}=921\ 324^{***}$）都存在显著差异。其中 17.76% 的起薪方差存在于学校间，25.86% 的起薪方差存在于年份间，而余下 56.37% 的起薪方差存在于毕业生的个体层面。

模型一的因变量为高校毕业生的名义起薪，层二横栏方程引入了一组学校特征变量：普通本科院校作为“211”大学和其他院校（高职高专院校、民办院校和独立学院）的参照组，东部地区院校作为直辖市院校、中部地区院校、西部地区院校和民族地区院校（西藏、新疆、青海、内蒙古和宁夏）的参照组，学生对学校高等教育质量的评价以里克特五分量表来衡量（1＝很差，5＝很好）。层二纵栏方程中引入了一组代表毕业年份的二分变量，以 2003 届毕业生为参照组。层一方程中进一步引入了毕业生的专业（工科作为参照组），学历（本科毕业生作为专科生和研究生的参照组），人口学特征（性别和民族），家庭背景（家庭社会经济地位、生源地），人力资本（学习成绩、奖学金、英语证书、学生干部、党员、实习经历、专业兴趣）。结果表明，在控制了学校、学科和个体层面的差异后，2005 届（$\beta_{01}=386^{***}$）、2007 届（$\beta_{02}=674^{***}$）、2009 届（$\beta_{03}=859^{***}$）、2011 届（$\beta_{04}=1\ 552^{***}$）、2013

届（$\beta_{05}=1\ 995^{***}$）和 2015 届（$\beta_{06}=2\ 647^{***}$）毕业生的起薪都显著高于 2003 届毕业生，并且起薪呈现逐年增长的趋势。

模型二将因变量替换为按照 2003 年可比价格进行调整后的实际起薪。结果表明，2005 届毕业生的实际起薪比 2003 届毕业生增加 258 元（$\beta_{01}=258^{***}$），2007 届毕业生的实际起薪增加 462 元（$\beta_{02}=462^{***}$），但 2009 届毕业生的实际起薪却比 2007 届有所降低（$\beta_{03}=437^{***}$），其后的 2011 届（$\beta_{04}=931^{***}$）、2013 届（$\beta_{05}=1091^{***}$）和 2015 届（$\beta_{06}=1\ 458^{***}$）的毕业生起薪表现出了逐年增长的趋势。

模型三是将模型二中的实际起薪替换为对数实际起薪，以比较毕业生总量增加速度以及毕业生起薪的变动趋势。结果表明，在控制了其他因素的影响后，高等教育规模扩张效应造成 2003—2005 年高校毕业生起薪增长约 10.5%；2005—2007 年高校毕业生起薪增长约 12%；2007—2009 年高校毕业生起薪降低约 1.5%；2009—2011 年高校毕业生起薪增长约 26.8%；2011—2013 年高校毕业生起薪增长约 7.5%；20013—2015 年高校毕业生起薪增长约 16.3%。

表 4-3　高等教育规模扩张对毕业生起薪影响的多层线性模型分析结果

固定效应	零模型	模型一	模型二	模型三
截距，θ_0	2 501***	2 480***	2 026***	7.443***
“211”大学，γ_{01}		464***	393***	0.187***
其他院校，γ_{02}		-140	-97	-0.052
直辖市，γ_{03}		631***	495***	0.200***
中部地区，γ_{04}		-142	-101	-0.027
西部地区，γ_{05}		-125	-124	-0.089*
民族地区，γ_{06}		-601**	-453**	-0.197*
学校质量评价，γ_{07}		419**	402***	0.204***
2005 年，β_{01}		386***	258***	0.105***
2007 年，β_{02}		674***	462***	0.225***
2009 年，β_{03}		859***	437***	0.210***
2011 年，β_{04}		1 552***	931***	0.478***
2013 年，β_{05}		1 995***	1 091***	0.553***
2015 年，β_{06}		2 647***	1 458***	0.716***

续表

固定效应	零模型	模型一	模型二	模型三
哲学，π_1		-167*	-116*	-0.002
经济学，π_2		-71***	-56**	-0.024***
法学，π_3		-260***	-202***	-0.057***
教育学，π_4		-57*	-39	-0.028**
文学，π_5		-137***	-101***	-0.029***
历史学，π_6		-491***	-412***	-0.151***
理学，π_7		-72*	-59**	-0.025***
农学，π_8		-132***	-103**	-0.059***
医学，π_9		-266***	-210***	-0.104***
管理学，π_{10}		-91***	-70***	-0.019***
专科生，π_{11}		-1 278***	-1 049***	-0.406***
研究生，π_{12}		-1 059***	-865***	-0.288***
男性，π_{13}		201***	162***	0.072***
少数民族，π_{14}		55*	52**	0.015*
ses，π_{15}		196***	162***	0.056***
农村家庭，π_{16}		-55***	-49***	-0.023***
gpa，π_{17}		152***	124***	0.043***
学生干部，π_{18}		192***	161***	0.063***
党员，π_{19}		18	11	0.014***
英语证书，π_{20}		-12	-1	0.017**
职业证书，π_{21}		-44***	-37***	-0.010***
实习，π_{22}		-61***	-53***	-0.017
奖学金，π_{23}		0.2	-3	-0.003
专业兴趣，π_{24}		37**	29**	0.015***

注：* $p<0.05$；** $p<0.01$；*** $p<0.001$.

（五）结论及政策建议

高校毕业生起薪下降是被媒体经常讨论的社会现象，但对于扩招后毕业生起薪的变动趋势并没有准确定论。由于高质量的、全国代表性的、长期相同变量的高校毕业生就业状况调查数据在我国还非常缺乏，以往研究很难给出准确的扩招后高校毕业生起薪变动趋势。本研究的主要目的是利用北京大学教育经济研究所于2003—2015年进行的7次全国高校毕业生的抽样调查数据，系统考察高等教育规模扩张对大学毕业生起薪变动趋势的影响。

扩招后不断增加的大学生就业风险、不断出现的“教育致贫”现象，使得农村泛起了新一轮的“读书无用论”，大量农村高中毕业生放弃高考而直接进入劳动力市场。因此，高校毕业生起薪高低不但是一个重要的经济问题，也是一个关系到教育公平的严重社会问题。本研究发现，高校毕业生的平均名义起薪在扩招后也保持了逐年增长的趋势，2003—2015年高校毕业生的名义起薪年增长率为7.92%。我国当前高校学费总体标准一直稳定在2000年的水平，教育部在2007年也表示，高校收费标准制定不跟物价挂钩，将来也不会因为物价上涨来提高收费，国家财政会适当增加给高校的拨款。扩招后受教育成本的相对稳定以及毕业生名义起薪的上升影响，个体投资高等教育的成本收回周期有所缩短。

本研究描述统计发现，1999—2005年的大扩招造成了2003届至2009届毕业生的平均实际起薪增速仅为3.23%，远低于同期城镇居民人均可支配收入的增长速度，扩招造成了大学文凭在劳动力市场上的贬值。教育部在2006年限制了高等教育规模的过快增长后，2009—2015年毕业生实际起薪的年均增速提高到6.90%，但是依然低于同期的城镇居民人均可支配收入的增长速度。从世界范围来看，高等教育毛入学率的提高，需要一定的经济发展水平作为基础条件。21世纪的前10年，我国GDP的年均增长率基本保持在9%。因此，我国今后依然要控制高等教育的扩张速度，逐渐达到高等教育供给与需求的平衡，努力实现毕业生实际起薪和居民收入的同步增长。

高校扩招导致毕业生规模急速膨胀，长期作为高校毕业生就业主要部门的机关事业单位和国有企业就业吸纳能力出现了大幅度萎缩。自2001年我国加入世界贸易组织后，外资外贸额增长显著，与之相关的民营企业和三资企业得到快速发展。2003年高校毕业生实际月薪同城镇居民人均可支配收入的比值为2.18（1 545/706），而2015年这一比值则下降为1.07（2 791/2 599），大学毕业生从以前的“天之骄子”变成现在的普通劳动者。非公有制企业得以以较低的劳动力成本大量吸纳大学毕业生，成为大学毕业生主要就业去向，从而为我国经济的升级和转型提供了人力资本的保障。但是非公有制企业大量从事外贸行业和外向型的制造业，受国际经济形势的影响比较大。始于

2008 年的国际金融危机对我国的经济发展和出口环境产生了较大的影响，经济发展速度的降低当然会对大学毕业生的就业产生多方面的影响。本研究的多层线性模型的结果显示，大学毕业生的实际起薪在 2009 年没有持续增长，相对 2007 年，还有约 1.5% 的降幅。随着我国经济进入了新常态，新产业新业态加快孕育，国民经济正在发生深刻变化，经济转型升级成为历史的选择。这一时期，虽然我国经济增长速度出现了回落，但是大学毕业生起薪却持续增长，显示了中国经济转型和升级过程中对高素质人才的需求。因此，政府部门在进行高等教育规模的规划时，一方面要考虑尽可能满足人民群众的高等教育需求，另一方面也要充分考虑到经济发展和产业升级对人才的需求及容纳量，只有综合、均衡地考虑这些因素，高等教育发展才能达到一个最佳的规模。因此，未来应加强高等教育与社会协调发展的机制，推动高等教育与经济社会尤其是劳动市场与产业格局协调发展，通过市场途径实现合理的高等教育规模扩展，走中国特色的高等教育内涵式发展之路。

多层线性模型允许考察影响毕业生起薪的不同层面因素的重要性。在所有已观测变量中，学校层面的变量是影响毕业生起薪的重要因素。就读于高水平大学会给毕业生带来可观的工资溢价，但我国从 2011 年开始已经不再新设“211”工程和“985”工程学校。综合而言，只有提高高等教育质量才可以成为提高毕业生就业质量的突破口。本研究发现高校毕业生对学校教育质量评价每增加一个单位，其起薪增加 20.4%，此外，历届毕业生对高等教育的质量评价总体处于上升的趋势（3.29，3.52，3.78，3.69，3.81，3.86，3.93），并且方差分析的结果表明年份间的差异达到统计上的显著水平（$F=22.43$，$p=.000$）。但同时也应看到，我国高等教育质量还有很大的提升空间。教育部在 2006 年提出要把发展高等教育的积极性放到提高教学质量上来。《国家中长期教育改革和发展规划纲要（2010—2020 年）》强调，提高质量是高等教育发展的核心任务，是建设高等教育强国的基本要求。因此，高校必须将人才培养质量视作学校的生命线，不断深化教育教学改革，适应社会对人才的需求，着力提高人才培养质量和培养层次，从而使得毕业生能够在社会竞争中立于不败之地。

参考文献

[1] 董泽芳，张继平．“二战”后发达国家与我国高等教育规模调控的比较与思考［J］. 国家教育行政学院学报，2012（5）.

[2] 张银锋．高等教育人口占比提升至新水平［N］. 中国社会科学报，2017 -

05 -03.
[3] 胡咏梅，薛海平．经济发展水平与高等教育规模的相关性研究［J］．江苏高教，2004（2）．
[4] 谢尊贤，胡振．我国高等教育规模适度发展的回归研究［J］．西安建筑科技大学学报（社科版），2008（1）．
[5] 岳昌君．高等教育人口比重的国际比较［J］．比较教育研究．2004（2）．
[6] 柳博．高等教育规模和经济发展水平的关系研究［J］．中国考试（研究版），2004（4）．
[7] 谢作栩，黄荣坦．中国高等教育规模发展宏观调控模型研究［J］．高等教育研究，2004（6）．
[8] 李硕豪，李文平．2013—2030 年我国高等教育规模发展研究——基于适龄人口和经济水平的分析［J］．开放教育研究，2013（6）．
[9] 彭红玉，张应强．20 世纪 90 年代以来我国高等教育规模发展的政策文本与实施效果分析［J］．清华大学教育研究，2007（6）．
[10] 李若建．社会流动模式的改变与大跃进［J］．中山大学学报（社会科学版），2002（5）．
[11] Blaug M，Layard R，Woodhall M. The Causes of Graduate Unemployment in India [M]. Allen Lane：The Penguin Press，1969.
[12] Teichler U. Education and Employment [J]. International Encyclopedia of the Social & Behavioral Sciences，2004，32（4）：168 -201.
[13] Enders J. Higher Education and the Labor Market [M]. The Netherlands：Elsevier Science，2010.
[14] 黄照旭．我国不同层次高校毕业生起薪及高等教育个人收益的研究［J］．现代教育管理，2011（9）．
[15] 李桂荣，谷晓霞．农村籍学生接受高等教育的个人成本与收益分析［J］．教育研究，2012（7）．
[16] 岳昌君．高校毕业生就业状况分析：2003—2011［J］．北京大学教育评论，2012（1）．
[17] 苟人民．从城乡入学机会看高等教育公平［J］．教育发展研究，2006（9）．
[18] Raudenbush S W，Bryk A S. Hierarchical Linear Model：Applications and Data Analysis Methods [M]. CA：Sage Publications，2002.

二、高校扩招后毕业生求职结果影响因素的变动趋势分析

摘要：面对扩招后日益严峻的大学生就业压力，高校应着力解决自身如何同劳动力市场相适应的问题。本研究基于北京大学"全国高校毕业生就业状况调查"数据，利用多层线性交互分类模型对影响大学毕业生就业结果的各种因素，尤其是与高等教育结构相关的学校类型、学科结构、学历层次以及高校教育质量，进行实证研究，并分析了2003—2011年各种因素对就业结果影响的变动趋势，并据此为有效促进大学生顺利就业提供政策建议。

关键词：就业结果；高等教育；多层线性交互分类模型

人力资本理论认为人力资本是推动现代经济增长的首要因素，发达国家的经济增长同其人力资本的积累有很大关系。在我国以经济建设为中心，致力于持续发展的政策目标下，大力发展高等教育，提高人力资本存量就成为必然。自1999年高校扩招的政策施行后，高等教育很快实现了从精英教育阶段到大众化阶段的转变。越来越多的大学生由高校涌入劳动力市场。2003—2011年，全国普通高校毕业生人数从212万人迅速增至660万人。与此同时，高校毕业生的就业形势日趋严峻。当人力资本不能及时在劳动力市场中转化为就业时，现有的人力资本存量会由于知识的更新和产业结构的升级而出现老化的现象，人力资本对社会发展和经济增长所应起到的各种正面效应将逐渐消失。

就业是民生之本，促进就业是安国之策。教育部、各级地方政府乃至国务院一直都对大学生就业工作给予高度的重视。2011年国务院发布了《关于进一步做好普通高等学校毕业生就业工作的通知》，进一步提出要继续把高校毕业生就业摆在就业工作的首位，千方百计促进高校毕业生就业。本研究基于北京大学"全国高校毕业生就业状况调查"数据，利用多层线性交互分类模型对影响大学毕业生就业结果的各种因素，尤其是与高等教育结构相关的学校类型、学科结构、学历层次以及高校教育质量，进行实证研究，并分析了2003—2011年各种因素对就业结果影响的变动趋势，以期为有效促进大学生顺利就业提供政策建议。

（一）文献综述

以往研究对于大学生就业困难的成因并没有取得共识，主要分歧在于大学生就业难究竟属于供求总量问题，还是属于结构性的问题，抑或是两者并存以及其他方面的因素。总量失业理论认为，大学毕业生就业难的原因在于高校扩招速度过快导致了大学生总量供过于求。大学生就业属于新的增量就业，与经济结构和产业结构变化有很大的关系。我国当前的产业结构中传统制造业和农业占据很大比重，而先进制造业和现代服务业则发展相对滞后，整个社会对普通劳动者需求旺盛，对高素质的大学生则需求不足。但实际上，我国扩招以前的高等教育规模与经济发展水平不协调，与国家从人力资源大国向人力资源强国迈进的要求不相称。王金营（2002）的研究显示，在2000—2010年，如果我国经济增长要保持年均8.11%的速度，在其他要素投入一定的条件下，每年平均需净增520万具有大专及以上学历的劳动力。即便我国高等教育经历了快速的规模扩张，高等教育仍处于大众化阶段的中期，受过高等教育的人口占总人口的比例也不足10%，与高等教育发达国家，甚至一些发展中国家的差异依然明显。当前我国正处于转变经济增长方式的关键时期，产业结构的升级和经济的持续发展必然带来对高等教育人才需求的增加。因此，从大学生总量和高等教育扩招上寻找大学生就业难的原因是一种表面化的理解，与国际高等教育普及化的大趋势相违背。

结构性失业理论认为，大学毕业生的供给和需求在地区、产业、职业等方面存在明显的结构性失衡，从而引起失业与工作空位并存的现象。首先，依据劳动力市场分割理论，主劳动力市场与次劳动力市场间在工资待遇和工作环境上存在很大差别，大学生更倾向于在主劳动力市场就业，高等教育规模扩大将导致毕业生在主劳动力市场就业的相对机会减少，致使其失业率增加。由于我国是发展中国家，劳动力市场分割程度更强。在劳动力市场存在分割这一特定制度背景下大学毕业生就业难是相对的，具有转型性和结构性的特点，即在某些大中城市，大学毕业生的供给量是相对过剩的，但在广大农村地区和西部地区则是绝对不足（赖德胜，2001）。很多学者认为，在高等教育已从精英教育过渡到大众教育的情况下，大学生应转变就业观念，如果选择到西部、到农村等基层就业，其就业渠道将大大拓宽。但随着大学生就业体制的改革以及市场经济体制的逐步完善，市场作用在高校毕业生就业分配方面的影响日益增大，主导大学生就业行为的选择由以往集体主义的取向转为追求个人目标和实现自我价值，要实现毕业生的充分流动，特别是自觉向西部地区、艰苦行业的流动，仅靠市场本身的力量还难以实现。

造成大学生供求结构失衡的原因很多，不但涉及劳动力市场分割以及个体选择偏好，高等教育内部存在的结构失调问题也是重要原因之一。优化高等教育结构（学校类型、学科结构、学历层次等）是高等教育从整体上适应社会发展需要、提高人力资源的配置和利用效率的重要途径。首先，随着社会对人才需求的多样化，近几年来我国已基本上形成了普通高等教育、高等职业教育、成人高等教育等共存的多样化办学形式，以满足社会就业市场对人才的多样化需求。但有些高校的观念依然停留在精英教育阶段上，一些普通本科院校盲目追求研究型大学、综合型大学，一部分高等专科学校热心于“专升本”，从而导致高校的精英定位与社会的大众需求之间存在错位，从而使得大学生就业问题更加严重（闫广芬等，2005）。其次，产业结构调整的后果就是职业、职位、岗位的变化，人才市场的需求结构在很大程度上主导了高校专业的设置与调整。相对于灵活的人才需求，传统计划体制加供给导向的教育体制导致了高校的专业调整始终存在明显的滞后性，用人单位对人才需求的变化速度远高于高校专业人才培养的速度，高校设置的某些专业与社会需求存在结构性矛盾，这种情况下多数出现的就是摩擦性失业（郑功成，2006）。最后，高等教育包括专科教育、本科教育、研究生教育三个层次，武毅英（2011）发现扩招后高等教育的学历层次结构显现出一定的问题：高等教育的学历层次比例失衡，各层次教育定位不清，层次结构间衔接性差，从而误导了大学生的就业预期，并减少了大学生的就业机会。

高等教育作为科技第一生产力和人才第一资源的重要结合点，其教育质量关系到国家高层次人才的培养和社会经济发展。一国要想增强自己在全球范围内的竞争力，必须大力发展具有高附加值的产业。而要实现这一发展目标，高等教育一方面要扩大规模，增大人才的供给数量，另一方面则要大力提高高等教育质量，这样才能满足产业结构升级换代的需求（Harvey，2009）。然而我国高等教育规模的急速扩张会使教育资源摊薄，这无疑会影响教育质量和大学生就业。目前我国高校大学生就业市场的形势存在毕业生求职难和用人单位招聘难的局面，从供给角度看，核心问题是毕业生就业能力不足（曾湘泉，2004）。中国人民大学劳动人事学院发布的《中国就业战略报告 2008—2010》指出，高校毕业生能力普遍达不到用人单位要求是大学生就业难的一个主要原因，高等教育扩招后毕业生就业能力不足的问题更加明显，高校作为人才培养的专门机构，理应为此负相应的责任。

研究者还从个体层面对大学毕业生就业的影响机制进行分析。孙志军（2013）使用 2000 年和 2005 年的全国代表性人口抽样调查数据，采用倾向分匹配估计的方法发现，高校扩招后大学毕业生相对于高中毕业生在就业上仍旧延续了优势地位，现实中观察到的扩招后大学生失业率的上升更多的是由于个体因素和家庭背景等因素造成的。比如，《中国教育事业统计年鉴》的资料显示，普通高校女生占在校生总数的比例从1997年的37.3%、2000年的40.9%升至2005年的47.1%。全国高校招生录取的新生中农村生源所占的比例也在不断上升，从1999年的46.8%升至2005年的53%（苟人民，2006）。由于我国劳动力市场中依然存在的性别歧视以及农村生源在家庭所拥有的社会资源上处于劣势，大学生总体的就业状况因此可能受到影响。此外，从人力资本和社会资本作为切入点来研究毕业生求职结果的影响因素也是很具有代表性的研究视角（岳昌君等，2004；赖德胜等，2012）。个人的能力和素质应该是影响就业的主要因素，但在我国现有国情下，比如父母所拥有的社会关系也会参与就业竞争。关于人力资本以及社会资本的衡量，对大学毕业生求职结果和起薪的影响、二者之间的相互作用关系可参照孟大虎等（2012）的研究综述。

高校毕业生就业难是供给、需求及供需匹配等多种因素共同作用的结果，因而解决就业难也需从不同方面来进行。对于高等教育的总量而言，由于高校扩招初期大学毕业生供给增加的速度远远超过我国同期经济增长的速度，教育部从2006年开始将我国高等学校招生规模增长速度将控制在5%以内。教育部2012年发布了《全面提高高等教育质量的若干意见》，明确提出，今后公办普通高校本科招生规模将保持相对稳定。对于劳动力市场分割造成的就业难，重要的是通过产业升级和促进城乡与地区协调发展等多种手段，来创造更多适合大学生就业的岗位。同时，逐步完善各项社会保障制度，消除城乡分割等就业壁垒，缩小城乡、地区、行业间的收益差距，为公平就业创造良好的外部环境，但这是一个长期复杂的过程。对于个体层面的因素而言，毕业生的一些个体特征（比如性别、民族）以及社会资本很难进行干预，而一些人力资本指标（如获得奖学金、成绩排名等）只对提高个体就业情况有效，而对提升毕业生整体就业水平没有明显作用。综合而言，只有高等教育的结构以及质量可被政策制定者和教育者干预，这成为改善毕业生就业状况的突破口。

通过对已有研究的整理与分析可知，高等教育与劳动力市场的关系问题日益成为高等教育领域研究的热点，研究的视角和广度不断拓展，深度也逐步提高。就以往研究的不足来看，高校毕业生的就业状况受多种因素的影响，但能够综合考虑高等教育结构（高校类型、科类结构、学历层次）、高等教育质量以及个体层面因素的实证研究非常少。此外，自高校扩招以来，不但毕业生的供给不断增加，劳动力市场对毕业生的需求、政府的相关政策等也在发生变化，高等教育的结构以及教育质量也处于不断调整与改进的状态。通过高校毕业生就业的纵贯数据进行趋势研究，不但可以考察高等教育的结构

以及教育质量对毕业生就业状况的影响，还可以通过逐年比较来了解各种因素对就业结果影响的变动趋势，从而为高等教育更好地适应劳动力市场需求变化提供针对性意见。

（二）数据与变量

通过对高校毕业生进行大规模的问卷调查，政府和研究机构可以据此了解毕业生的就业结果、求职过程等基本信息，以便提高毕业生的求职效率，并促进就业。我国高校毕业生就业状况的长期调查数据非常缺乏。为及时准确地了解我国高校扩招后的毕业生就业状况，北京大学教育经济研究所先后申请了10多项重要课题，于2003年、2005年、2007年、2009年和2011年进行的五次全国高校毕业生的抽样调查数据，对毕业生的就业状况和求职状况进行比较分析，以期发现我国高校扩招后毕业生的就业特点与变化趋势。问卷调查的对象是当年的应届毕业生，调查时间是当年的6月份。每次调查都参照我国高等教育的地区结构、学校类型结构、学历结构、专业结构、性别结构等，并进行抽样，努力使调查样本具有较好的代表性。在发放问卷时，对每所抽样高校根据毕业生学科和学历层次按一定比例发放500～1 000份问卷。五次调查的样本数据说明详见岳昌君（2012）一文。

本研究的因变量是一个是否就业的二分变量，1为是，0为否。当前教育管理部门采取的毕业生初次就业率的计算方法是：

$$\text{毕业生初次就业率}=\frac{\text{毕业生总人数—未就业毕业生人数}}{\text{毕业生总人数}}\times 100\%$$

这种计算方式中的分子包括毕业生考取研究生以及毕业生出国学习及出国工作，因此初次就业率的提法改为“毕业去向落实率”更准确。就业主要指劳动者同生产资料进行结合，从事生产劳动并获得报酬或者其他经营性收入的活动。本研究主要目的是考察高等教育结构与劳动力市场需求的相互关系，由于毕业生升学或者出国群体在毕业后并没有与中国的劳动力市场发生直接关系，因而本研究采用曾湘泉（2004）对就业率的定义：

$$\text{毕业生初次就业率}=\frac{\text{大学毕业生的就业人数}}{\text{大学毕业生总数}-\text{读研人数}-\text{出国人数}}\times 100\%$$

在2003—2011年五轮调查中，读研和出国人数所占的比例分别为15.1%、19.1%、16.8%、21.5%及16.3%。由于读研和出国的毕业生大部分来自“211”大学或者普通本科院校，因此落实率和就业率的不同计算方法会对高层次大学的就业结果产生一定影响。

高等教育结构与质量对于毕业生就业结果的影响是本研究关注的重点：学校类型分为“211”大学、普通本科院校、高职高专院校，学科结构包括文学、历史学、哲学、经济学、法学、教育学、管理学、理学、工学、农学、医学，学历层次分为研究生教育、本科教育和专科教育。毕业生对于学校总体教育质量评价的均值被视作反映高等教育质量的内部保障指标（使用里克特五分量表进行测量，1 = 很差，5 = 很好）。此外，学校所在省份被划分为东、中、西部。

个体层面影响就业结果的人力资本相关因素包括是否对所学专业感兴趣，学习成绩是否排在班级前25%，是否担任过学生干部，是否是党员，是否有过实习经历，是否考取过职业技能证书，是否获得过奖学金；个体的人口学特征包括性别和民族；个体家庭背景因素，包括家庭社会经济背景（Social Economic Status，由父母的受教育背景、职业层次以及家庭收入计算所得，是一个平均值为0、标准差为1的复合变量）和生源地（省会或直辖市、地/县级市、农村地区）。

（三）研究方法与模型

要有效地对高等教育结构失调问题进行调整，就需要了解各种结构类别对于大学生就业的净效应。以学科间毕业生起薪差异分析为例，从北京高校毕业生就业指导中心发布的《北京高校毕业生就业薪酬调查报告》发现，2006届北京高校毕业生的平均起薪为2 262元/月，哲学类专业的毕业生月起薪最高，为2 823元/月。《2012广东省普通高校毕业生就业工作白皮书（本专科）》中显示，本科生平均起薪为2 795元/月，其中哲学类毕业生的平均起薪最高，达3 649元/月。造成哲学类毕业生起薪最高的客观原因有很多，其中重要原因之一就是哲学类毕业生大多来自高水平综合性大学，自身能力和综合素质都较高。但邓峰（2013）使用多层线性模型将学校差异和个体差异进行控制后发现，哲学类毕业生的起薪在所有学科中排名倒数第一。因而，将各学科毕业生就业率或者起薪的简单描述统计作为学科结构调整的依据，在研究方法上并不严谨。

具有嵌套结构的数据在社会科学领域内非常常见，学生嵌套于学校是一个最经典的嵌套结构。多层线性模型（Hierarchical Linear Model，HLM）可以很好地处理具有嵌套结构的数据（Raudenbush和Bryk，2002）。本研究中，学生还会同时嵌套于某一学科，因此本研究会采用HLM的一种高级形式——多层线性交互分类模型（Cross – Classified Multilevel Model），二层变量包括一个横栏的学校分类以及一个纵栏的学科分类。此外，由于本研究中的因变量为是否就业的二分变量，模型还应继续扩展为广义多层线性模型（Hierarchical Generalized Linear Models，HGLM）。多层线性交互分类模型将就

业结果的总变异在个体层面、学校间和学科间进行划分，传统回归分析中的误差项也被分解为三部分，每个毕业生都有自己的误差（e_{ijk}），来自同一学校的毕业生具有相同的截距误差（b_{00j}），来自同一学科的毕业生都具有相同的截距误差（c_{00k}）。模型的假设是层一的误差（e_{ijk}）在毕业生之间相互独立，层二的横栏误差（b_{00j}）在学校间相互独立，层二的纵栏误差（c_{00k}）在学科间互相独立。

下一步可以在不同层次的模型中引入相应的自变量对就业结果进行解释。个体的学历层次、人口学特征、人力资本和社会资本相关变量会被引入层一模型。对层一系数的估计上，HLM 一般使用经验贝叶斯方法，这是一种收缩估计，具有很好的稳健性。由于将就业结果的总变异中与学校和学科相关的变异进行了区分，我们就可以将一组代表高校特征的变量引入横栏方程中，将一组代表学科类别的变量引入二层的纵栏方程中，从而分别得出学校和学科对于毕业生就业的净效应。二层系数的获得一般通过广义最小二乘法方法，该方法的基本思路就是通过一定的转化将原来不满足同方差假设的模型在转换后满足同方差假定，从而可以获得对于层二横栏和纵栏变量的无偏估计。在本研究中，不同水平的变量都以总均值进行对中处理（grand - mean centered）。具体的模型设定为：

层一模型

$$Y_{ijk} = \pi_{0jk} + \pi_{1jk}(\mathrm{Degree}_{ijk}) + \pi_{2jk}(H_{ijk}) + \pi_{3jk}(P_{ijk}) + \pi_{4jk}(F_{ijk}) + e_{ijk}$$

式中，Y_{ijk}是学校 j 专业 k 的毕业生 i 的就业结果；

π_{0jk}是学校 j 专业 k 毕业生的截距；

π_{pjk}是学校 j 专业 k 毕业生自变量对应的回归系数，自变量包括一组个体个体学历（Degree_{ijk}），人力资本（H_{ijk}），个体人口学特征（P_{ijk}），家庭背景（F_{ijk}）的变量；

e_{ijk}是层一毕业生的随机效应。

层二模型

$$\pi_{0jk} = \theta_0 + b_{00j} + c_{00k} + (\gamma_{0p})\mathrm{School}_j + (\beta_{0p})\mathrm{Major}_k$$

$$\pi_{pjk} = \theta_p$$

θ_0是历年全体毕业生的截距的均值；

γ_{0p}分别是一组学校特征（School_j）所对应的起薪差异系数；

β_{0p}分别是一组学科类别（Major_k）所对应的起薪差异系数；

b_{00j}和 c_{00k}分别为学校和专业对应的随机效应。

（四）结果及讨论

本研究不但关注各种因素对于毕业生求职结果的影响，更关注其影响大小在扩招后的变动趋势。由表4-4可知，学校类型在某些年份对毕业生的求职结果有显著影响。2003届“211”大学毕业生的就业概率显著高于专科院校毕业生（$\gamma_{01}=0.896^{**}$）。对于2009届毕业生而言，“211”大学毕业生（$\gamma_{01}=-0.630^{*}$）以及普通本科院校毕业生（$\gamma_{02}=-0.879^{***}$）的就业概率都要显著低于专科院校毕业生。除此之外，“211”大学以及普通本科院校的系数在2005年、2007年和2011年基本上都为负，但是并没有达到统计上的显著水平。“211”大学以及普通本科院校对于毕业生就业没有显著的促进作用，除与本研究采用新的就业率计算方式有关外，还可能由于我国以高考为核心的高校招生录取制度的存在，高水平大学毕业生的个人能力要更高。多层线性交互分类模型将影响就业的因素在学校间、学科间以及个体间进行划分。在控制了学科以及个体层面因素的影响后，所得到的高水平大学对毕业生就业影响的净效应一定为正。

高等教育结构中的学校类型以及学历层次对就业的影响是相互交缠的。我国存在相当数量的本专科并招的高校，因此专科生有可能来自专科院校，也有可能来自本科院校。而公众在比较不同类型学校的就业率时，一般比较的是本科院校的本科生同专科院校的专科生之间的差异。以2003届毕业生为例，普通本科院校（$\gamma_{02}=0.203$）本科毕业生（$\pi_1=0.747^{***}$）的就业概率要显著高于专科院校的专科毕业生，但这种就业概率上的优势在随后几轮数据中却越来越小，直至显著低于专科院校的专科毕业生。来自教育部高职高专院校毕业生的就业统计数据也可以说明这一现象：2003—2006年，高职毕业生初次就业率一直低于本科生（55%、61%、62%、63%）；2006年，教育部将高职院校毕业生的就业列为高校毕业生就业工作的重点和难点，并采取了一系列措施。至2010年和2011年，我国绝大多数省份的高职院校毕业生的就业率已高于本省普通本科高校毕业生的就业率。对于研究生就业概率的变动趋势，该群体相对于专科生的就业优势逐年减小（1.353^{***}、0.786^{***}、0.582^{***}、0.345^{***}、-0.271^{*}），显示了研究生面临越来越严重的就业压力。由于本科学生的扩招，研究生教育也大量地扩大招生。但过度地扩大研究生的招生规模，既超出了学校的培养能力，也超出了社会的合理需求，不仅造成了精英教育不精，而且造成高层次人才低层次使用，既给研究生的就业带来很大困难，也给本科生就业带来巨大冲击。

对于地区而言，东部高校（$\gamma_{03}=0.808^{**}$）和中部高校毕业生（$\gamma_{04}=0.734^{***}$）在2003年的求职成功概率要显著高于西部高校毕业生，然而这种优势在随后几年也逐渐消失。出现这种现象的原因可能是由于劳动力市场上限制流动的制度因素（比如户籍制度）在逐步解除，不同地区间就业机会以

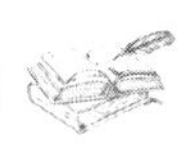

及工资收入的差异刺激高校毕业生跨省流动的比例逐步增大（岳昌君等，2005），又或者是2000年开始实施的西部大开发战略有效地加快了中西部地区的发展，从而为高校毕业生创造出了更多的就业机会。对于2009届毕业生而言，东部高校（$\gamma_{03}=-0.587^{*}$）和中部高校毕业生（$\gamma_{04}=-0.529^{*}$）的就业概率要显著低于西部高校，这可能是因为始于2008年的全球金融危机对我国东部沿海地区大量的外贸行业和外向型的制造业造成比较大的冲击，而这两个行业又恰恰是对劳动力吸纳能力比较强的，因而劳动力市场上对大学生的需求受到很大的抑制。

高等教育的科类结构是影响高等教育与劳动力市场关系的重要内在因素。本研究发现，对于人文类学科，文学、历史学和哲学毕业生在大部分年份的就业概率都显著低于工科毕业生。对于社会科学，法学毕业生历年的就业概率都显著低于工科毕业生，经济学、教育学和管理学毕业生的就业概率在某些年份显著低于工科毕业生，而在某些年份则没有显著差异。对于自然科学，理学、农学和医学毕业生的就业概率在2003年同工科毕业生都没有显著差异，随着扩招的推进，三个学科同工科毕业生在就业上的差距也逐渐显现出来。上述结果表明，工科专业毕业生的就业形势最好，这可能是由于我国第二产业对于工科毕业生的吸纳能力很强，也可能是因为其他学科毕业生的供给超过了社会的需求。当前我国高校的收费和拨款基本上仍然只是根据学生数量，很少体现学科特点和对学生培养成本的区别，导致了一段时期内法律、会计、文秘、外语等低成本的“热门”学科的大量扩张，最终热门变成了冷门，毕业生就业自然就增加困难了，而工程技术类学科的发展得不到有效激励。

本研究另一重要发现是高等教育质量的提高对毕业生就业具有显著正向作用，并且这种作用随着时间的推移而逐渐加强。毕业生对高校总体教育质量的评价的系数从2003年的0.382、2005年的0.727^{**}、2007年的0.584^{*}、2009年的0.839^{**}，直升至2011年的1.307^{***}。出现这种现象的原因可能是由于扩招后，大学生就业市场已由卖方市场转为买方市场，在双向选择、择优录用的原则下，用人单位可以根据本单位的发展需要对毕业生精挑细选。随着市场机制的完善，用人单位在招聘新员工的时候已经不会对其所获得的文凭和学历过分迷信。对于具有相同学历的高校毕业生，其内在素质和潜在劳动生产率都可能存在很大的不同。大学生是否具备适应岗位需要的就业能力成为人力资源部门关注的重点。而大学生的就业能力又与其所接受的高等教育质量息息相关，因而造成了高等教育质量在就业中的作用逐步凸显出来。

本研究发现，很多资本指标都会对个体的求职结果产生显著影响，比如学科兴趣，是否担任过学生干部，是否是党员，是否获得技能证书，是否获得过奖学金等。由于就业于城市、国有部门等主要劳动力市场能获取明显的分割性收益，这就导致主要劳动力市场的职位竞争相当激烈（赖德胜等，2008）。主要劳动力市场一般由用人单位来主导设定招聘条件，大学生的谈判能力是很弱的。而用人单位在筛选过程中，除了关注学校声誉、学历层次、专业类别这些基本要素之外，还会更倾向于挑选综合素质强的学生，于是学习成绩好、获得过奖学金、是党员、有过兼职经历的大学毕业生就会更受用人单位的青睐。本研究还发现我国大学生就业市场上存在显著的性别差异，男性毕业生的就业概率在历次调查中都显著高于女性毕业生。本研究还发现，家庭社会经济地位高的毕业生，其顺利就业的机会也大。表4－4所示为毕业生就业影响因素的多层线性模型分析结果。

表4－4　毕业生就业影响因素的多层线性模型分析结果

固定效应	2003届	2005届	2007届	2009届	2011届
截距，θ_0	0.296***	1.024***	0.636***	0.345***	0.568***
“211”大学，γ_{01}	0.896**	−0.165	−0.337	−0.630*	0.079
普通本科院校，γ_{02}	0.203	−0.061	−0.305	−0.879***	−0.297
东部地区，γ_{03}	0.808***	−0.088	0.365	−0.587*	0.091
中部地区，γ_{04}	0.734***	0.054	0.293	−0.529*	0.398
学校教育质量评价，γ_{05}	0.382	0.727**	0.584*	0.839**	1.307***
文学，β_{05}	0.165*	−0.311***	0.014	−0.428***	−0.376***
历史学，β_{06}	−0.001	0.076	−0.452**	−0.933***	−1.003***
哲学，β_{01}	−0.257	−0.374*	−0.049	0.406**	−0.827***
经济学，β_{02}	0.007	−0.233**	0.486***	−0.199**	−0.108*
法学，β_{03}	−0.496***	−0.771***	−0.183*	−0.255**	−0.231*
教育学，β_{04}	0.27	−0.461***	0.016	−0.364***	−0.695***
管理学，β_{10}	0.026	−0.306***	0.418***	−0.121*	0.052
理学，β_{07}	0.077	−0.319***	0.012	−0.354***	−0.522***
农学，β_{08}	0.104	−0.492***	−0.118	0.226	−0.455***
医学，β_{09}	0.276	−0.005	−0.537***	−0.549***	−0.578***
学历：本科生，π_1	0.747***	0.031	−0.055	0.364***	−0.274***
学历：研究生，π_2	1.353***	0.786***	0.582***	0.345***	−0.271*
学科兴趣，π_3	0.275***	0.162***	0.207***	0.282***	0.100**
成绩排前25%，π_4	0.055	0.024	0.055	0.053	0.033

续表

固定效应	2003 届	2005 届	2007 届	2009 届	2011 届
学生干部，π_5	0.155***	0.280***	0.210***	0.240***	0.282***
党员，π_6	0.381***	0.150***	0.101*	0.291***	0.208***
实习经历，π_7	0.084	-0.051	-0.106*	-0.067	0.340***
职业技能证书，π_8	0.326***	0.113**	0.026	0.007	0.102**
奖学金，π_9	0.237***	0.097**	0.015	0.159***	0.062
男性，π_1，π_{10}	0.245***	0.120**	0.205***	0.348***	0.275***
少数民族，π_{11}	-0.055	0.029	-0.087	0.081	0.023
家庭社会经济地位，π_{12}	0.057*	0.011	0.143***	0.127***	0.025
生源地：直辖市省会，π_{13}	0.012	-0.189***	-0.025	0.028	-0.076
生源地：地县级市，π_{14}	0.064	-0.130**	-0.175***	-0.056	-0.020

（五）结论及政策建议

大学毕业生就业难的原因是复杂的，不仅是缘于高校扩招本身，更深层次的影响因素则是教育结构的失衡和教育质量的不高。因此，深入研究高等教育的结构与质量，对有效配置有限的高等教育资源，形成高等教育与社会发展之间的良性互动，具有十分重要的理论意义和现实意义。

本研究发现，学校类型对毕业生起薪并没有表现出稳定而显著的作用。我国从2011年开始已经不再新设“211”工程和“985”工程学校，因此，通过提高学校办学层次来改善毕业生就业状况并不现实。高校与劳动力市场之间的关系大致分为对口与适应，对口指的是高校的人才培养以劳动力市场中各种工作岗位的实际需要为主，重视技能性的培养；适应是指高校培养的人才合乎整个社会和劳动力市场的需求，而不是直接按照岗位进行订单式的培养（谢维和，2004）。不同类型学校承担着不同的责任，它们在协调同劳动力市场关系、满足劳动力市场需求时，所采取的策略也应不同。研究型的综合大学承担着发展学术、传承文化的重任，因此研究型大学同劳动力市场的关系应该以适应为主。而高职高专院校以培养应用型的技能人才为主，其与劳动力市场的关系应以对口为主。对于学历层次，本研究发现，专科生的就业形势逐渐好转，本科生和研究生相对于专科生的就业优势也逐渐消失。教育部2012年印发《关于全面提高高等教育质量的若干意见》（以下简称《意见》）中指出，以后将保持公办普通高校本科招生规模相对稳定。为促进就业，我国政府近年来明确提出了要建立大力发展高等职业育，引导建立了一批“应用型本科”，在研究生层次，更强调实践性的专业硕士也得到了迅速发展。

对于高校类型以及学历层次，教育管理部门可以通过行政手段对其结构进行调整。但对于学科结构的调整以及教育质量的提高，教育管理部门则应该赋予高校更多的自主权。对于学科结构，其结构失调的根源恰恰是政府垄断高等教育并造成对市场反应失灵，从而导致高校毕业生与市场需求脱节。近年来，我国许多高校采用了按学院或学科大类招生、在低年级不分专业的方式，使高校和学生可以根据劳动力市场需求，在高年级灵活调整专业方向，从而增强学科结构的适应性。此外，许多高校还与用人单位合作开展了“订单式教育”，直接根据用人单位的需求开设相应专业和课程，有效满足了市场需求，提高了毕业生的就业率。《意见》中也强调要优化学科专业结构，为此要落实和扩大高校学科专业设置自主权。本研究还发现高等教育质量对毕业生就业的促进作用逐渐凸显。《意见》还强调高等教育要坚持内涵式发展，走以质量提升为核心的内涵式发展道路。高等教育大众化的进程是对传统精英教育一统天下单一格局的突破，高等教育的多样性要有多样化的培养目标和规格，从而也应当有多样化的教育质量标准（潘懋元，2000）。这也意味着无论学校的性质和层次如何，学校只要针对社会和学生的需求，强化特色，促进高校合理定位、各展所长，在不同层次不同领域都可以办出特色、争创一流。

在调整高等教育结构和提高高等教育质量的过程中，还应处理好就业率和就业质量的关系。就业率低只是就业问题的表面现象，将目光局限在就业率上很可能导致对引起高等教育人才供需矛盾深层次原因的忽视，致使大学生就业质量不高以及就业能力不能很好满足社会发展和产业升级需要这一根本问题长期积累，最终使得大学毕业生就业问题愈发难以解决。当前，西方发达国家大学生就业领域一个明显的变化趋势就是政策的重点逐渐从提高就业率转到提高就业能力上来。从人才市场需求的角度出发，如果高等教育培养出来的毕业生具备核心就业能力，能够为经济发展服务，能够为企业创造出良好的经济效益，那么这就在一定程度上成为社会发展和就业增加的源泉。因此要想稳定保持高校毕业生的高就业率，提高就业能力是基本前提和有效保障。就业能力提高了，也便使得就业率反映出来的信息真正符合社会的需求和福祉。

参考文献

[1] 王金营．中国经济增长与综合要素生产率和人力资本需求［J］．中国人

口科学，2002（2）.
［2］赖德胜．劳动力市场分割与大学毕业生失业［J］. 北京师范大学学报，2001（4）.
［3］郑功成．大学生就业难于政府的政策导向［J］. 中国劳动，2006（4）.
［4］武毅英，杨珍．扩招背景下高等教育层次结构变化对大学生就业的影响［J］. 高校教育管理，2011（6）.
［5］Harvey L. Defining and Measuring Employability［J］. Quality in Higher Education，2001，7（2）：97－109.
［6］曾湘泉．变革中的就业环境与中国大学生就业［J］. 经济研究，2004（6）.
［7］孙志军．高校扩招使得个体就业状况更糟糕吗？［J］. 北京师范大学学报（社会科学版），2013（2）.
［8］苟人民．从城乡入学机会看高等教育公平［J］. 教育发展研究，2006（5）.
［9］岳昌君，文东茅，丁小浩．求职与起薪：高校毕业生就业竞争力的实证分析［J］. 管理世界，2004（11）.
［10］赖德胜，孟大虎，苏丽锋．替代还是互补——大学生就业中的人力资本和社会资本联合作用机制研究［J］. 北京大学教育评论，2012（1）.
［11］孟大虎，苏丽锋，施璐璐．人力资本、社会资本与大学生就业研究综述［J］. 经济学动态，2012（1）.
［12］岳昌君．高校毕业生就业状况分析：2003—2011［J］. 北京大学教育评论，2012（1）.
［13］邓峰．高等教育质量与高校毕业生起薪差异分析［J］. 教育研究，2013（8）.
［14］Raudenbush S W，Bryk A S. Hierarchical Linear Model：Applications and Data Analysis Methods［M］. CA：Sage Publications，2002.
［15］岳昌君，周俊波．高校毕业生为何跨省就业［J］. 清华大学教育研究，2005（2）.
［16］赖德胜，孟大虎．中国大学毕业生失业问题研究［M］. 北京：中国劳动社会保障出版社，2008.
［17］谢维和．对口与适应——高校人才培育与劳动力市场的两种关系模式［J］. 北京大学教育评论，2004（4）.
［18］潘懋元．高等教育大众化的教育质量观［J］. 江苏高教，2000（1）.

三、从扩招后毕业生就业与匹配看高等教育结构调整

摘要：高等教育规模扩张需要伴随教育结构和性质的变化才能较好地实现高等教育大众化的功能和效益，大学毕业生和职业需求之间的适应关系可以视为评价高等教育结构调整和功能实现的重要依据。本研究利用北京大学2003—2015年全国大学生就业抽样调查数据，通过全面解析高等教育的类型、层次和科类结构与大学生就业和匹配之间的关系来考察高等教育结构调整的内在机制。结果表明，高职院校毕业生和专科毕业生在规模增长的同时，通过以社会发展需求为导向调整人才培养方向，从而实现毕业生就业率显著提升；科类结构存在结构性失衡，并且有些学科的失衡加剧。本研究发现的高等教育人才培养同产业发展之间的互动为我国进一步优化高等教育结构提供了依据。

关键词：高等教育；结构调整；就业；匹配

（一）问题提出

美国学者马丁·特罗（Trow，1973）提出的高等教育发展阶段理论将高等教育划为精英教育阶段、大众化阶段和普及阶段，但上述理论并不是一种为政府发展高等教育提供数量指标的目标理论，而是揭示高等教育的结构和性质在不同发展阶段会发生改变的规律。西方主要发达国家高等教育的扩张过程伴随着适应性的结构调整，确保高等教育与经济发展形成良性的动态调适关系。

中国的高等教育大众化是中国建设人力资源强国的必然选择，但在具体政策实施过程中并非一种自然发展的结果，总体上表现为一种国家发展战略和政府行为（潘懋元，2008）。我国自1999年开始实施高等教育扩招政策以来，2002年我国高等教育毛入学率就突破了15%，迅速从精英阶段跨越到大众化阶段。2018年我国高等教育毛入学率达到48.1%，即将进入高等教育的普及阶段。但是我国高等教育规模扩张与结构调整之间表现出明显的非同步性，高等教育结构与经济社会发展需求不相适应的结果就是严重的大学生结构性失业，直接体现为大学生“就业难”与用人单位“招聘难”现象并存

（马云泽，2011）。

优化高等教育结构是解决大学生结构性失业的有效途径。新时代我国高等教育又将迎来新一轮的结构调整，其中高等教育普及化是教育结构调整的逻辑起点，供给侧结构性改革是教育结构调整的经济动因，人口结构变化是教育结构调整的根本动因（高书国，2017）。本研究将高校毕业生就业与高等教育结构调整两个议题关联起来，试图促进高等教育结构调整与产业升级和就业结构的协同发展。

（二）文献综述

马丁·特罗在对美国高等教育发展路径分析的基础上提出应当依靠市场的力量对高等教育结构加以调节。但即使在美国，高等教育结构调整也从政府不干步主义的自由市场模式发展到政府宏观调控下的理性市场模式（韩梦洁，2014）。

我国高等教育体系以公立高等教育为主，因此高等教育结构的调整与优化必定离不开政府的干预。在计划经济年代，政府是高等教育资源配置的主体，中国的高等教育结构由政府的计划决定。随着政府在市场经济体制下的职能转换以及高校依法办学主体地位的确立，政府与高校之间构成了博弈的关系。政府的政策目标是形成合理的高等教育结构，不同类型的高等教育分类定位，满足经济社会发展对人力资源的多元化需要。当政府的目标落实到各高校实际的办学行为时，博弈中的决策就由集中走向分散。高校关注的目标则是把握好自己在整个高等教育系统中所处的位置，在政府的政策框架内争取更多的教育资源以利于自身的发展。各个高等学校基于自身利益最大化原则的决策和办学行为，并不以追求高等教育系统的结构优化为目标，因而各个高校的办学结果有可能偏离甚至背离政府的期望目标（冯向东，2005）。

1. 高等教育结构演化以及失衡分析

高等教育结构是指高等教育系统内部诸因素相互依存、相互作用的关联方式和数量比例关系（潘懋元，1993）。《国家中长期教育改革和发展纲要（2010—2020 年）》提出我国教育结构要适应国家和区域经济社会发展需要，建立动态调整机制，优化教育学科专业、类型、层次结构和区域布局的发展目标。

（1）高等教育类型结构

高等教育类型结构主要指各类教育之间的比例关系，其设定是由所在国家的经济发展以及教育发展的具体情况所决定。从国际上来看，高等教育大众化的过程与高等教育类型多样化的过程是紧紧联系的。发达国家大都采取在传统大学之外成立新型的非传统大学高等教育机构来完成大众化的任务。这些非传统大学机构更强调与外部劳动力市场的对接，主要培养应用型、技术型人才（Kehm，1995）。传统的大学和新型高等教育机构逐步形成学术型教育、技术型教育、实用型教育、文化补偿教育等多样化、多结构的高等教育体系。所有类型的高等学校任务虽然不同，但是地位平等（邬大光，2003）。

我国在高等教育扩招前期走了一条内涵式发展的道路，主要依托传统的全日制普通高校进行扩招，使得传统大学在校生数在1999—2002年的几年间增长了近两倍（潘懋元，2004）。随着我国工业化进程的推进，单一的高等学校类型无法应对产业结构调整与升级对人才多样化的要求，这使得独立的职业教育体系建设成为必然。中国高等职业教育在20世纪80年代初开始产生于经济活跃地区，扩招后高等职业教育也取得蓬勃发展。

由于我国高等教育领域中高度集中统一的管理体制并没有从根本上改变，政府以规划、立项、审批、评估、发布政策等形式，将政府目标与高校所需要的资源分配捆绑在一起。在“985”工程、“211”工程、“大学排名”等政策的评价指标多数是偏学术性的，众多高校则围绕着有限的资源开展竞争（冯向东，2004）。研究型高校纷纷把办成世界知名高水平研究型大学作为自己的办学定位。在示范效应的作用下，地位较低的院校对地位较高的院校进行模仿，教学型高校趋向研究型，高职拼命往学术型发展，高专想方设法往本科院校行列挤，高等学校的办学整体上出现脱离实践的倾向。因此，政府主导资源配置方式造成的弊端是高等学校办学模式单一、发展目标趋同、盲目追求升格，另外，高等学校之间层次定位不清、发展模式趋同成为制约我国高等教育发展的重大障碍（王硕旺，2010）。

（2）高等教育层次结构

高等教育层次结构指学生的教育水平以及比例关系，一般包括专科教育、本科教育、研究生教育三个层次。发达国家高等教育大众化的经验证明，高等教育层次结构必须满足民众的多样化需求，必须与经济社会发展需要相适应。合理的高等教育层次结构呈金字塔状——专科层次人数最多、本科次之、研究生人数最少，这种结构很好地满足了产业发展和升级的需求。只有当劳动密集型转向技术密集型时，人才结构才会变成一个橄榄型，就是金字塔的底部开始萎缩，中等的管理人才开始增多。在世界范围，已经实现第二次工业化又发展知识经济的国家，如欧美国家，就呈现出这种橄榄型的结构（王

根顺，2006）。

随着高等教育规模的扩张，我国各高校普遍将拥有高层次学位点的数量作为衡量自身办学水平的重要标志，追求升格蔚然成风——专科升本科、本科申请硕士点、有硕士点的学校努力争取博士点，这就导致了高等教育的结构偏离了金字塔结构，致使研究生、本科生和专科生的比例失调。在1999—2002年的4年间，我国本科生招生数从112万人增加到209万人，专科生招生数则从40万人增加到89万人。从2003年开始，我国加大了对高等教育层次结构的调整，不断扩大专科层次的教育比例。2018年，我国普通本科招生422.2万人，普通专科招生368.8万人，研究生招生85.8万人，本专科招生比为114.5:100。

（3）高等教育科类结构

高等教育科类结构指高等教育所设置学科的类别、数量、分布的构成状况及比例关系。学科结构反映了一个国家的经济社会发展水平、劳动力分工、产业结构等，其分类的合理与否会直接影响到产业结构的发展与升级。多年来政府一直在努力调整学科专业结构，试图使之适应经济社会发展需求。为此政府采取了一系列优化结构的政策举措，包括修订学科专业目录、开展学位点审批改革、调整招生计划、反对升格、逐渐下放高校专业设置审批权等。然而，政府的调控政策并没有取得预期的成效，科类结构问题依然突出。

我国高校目前实行的是“综合定额+专项补助”拨款制度，在校生人数是拨款和学校收入来源的重要依据。政府希望高校增加社会急需人才的培养规模，但高校却倾向于将投入少、教学成本低的经、法、管理类专业列入优先扩招的行列（刘晖，2005）。“热门专业”一般被公认为是在中国大学毕业生就业市场中就业量最大的专业。为扩大招生，热门专业成为高校间的高趋同专业，这导致热门专业的布点数和招生规模迅速增加，接着就会出现该专业的人才规模迅速地从短缺走向冗余，供应过剩、就业率低于平均就业率也是这些热门专业在人才市场上的遭遇（陈国良，2011）。

2. 以往研究存在的问题

以往研究对高等教育结构的特征从不同层面做出各种描述，例如“研究型”和“应用型”大学各占多大比例，学历层次是金字塔型还是橄榄型，文科和理科的科类占比，等等。但对高等教育结构合理性的判断依据是根据教育结构本身的特征，探讨也大多处于应然的阶段。

高等教育的结构和功能是对立统一、相互联系的两个方面。结构是功能的基础，功能是结构的表现。评价一个国家的高等教育结构是否合理，要根据系统发挥的功能，即它对社会需求满足的程度和推动社会发展作用的大小（冯向东，2005）。高等教育结构可以在很大程度上决定毕业生资源的供给结构，通过高等教育结构的调整，可以改变就业市场中毕业生资源的供求关系。要优化与经济和社会发展相协调的高等教育结构，必须同时考虑高等教育的“入口”和“出口”。高等教育功能的实现是由就业市场来决定的，检验大学毕业生和职业需求之间的适应关系可以视为评价高等教育功能实现和结构调整的重要依据（潘懋元，2004）。

以往关于大学生就业问题的研究重点之一就是毕业生求职成功与否。单纯数量扩张的高等教育大众化带来严重的大学毕业生失业问题。另一研究重点关注毕业生的就业质量高低，其中就业匹配是衡量高校毕业生就业质量的重要指标。学用不匹配会造成高校毕业生在大学获得的专用性人力资本不能发挥应有的功能，可能造成大学生工资收入的减少。

现有大学生就业研究将求职和学用匹配作为两个独立的研究主题，求职研究只关注毕业生能否成功就业，而不关注就业的匹配度；学用匹配研究只关注求职成功毕业生群体是否对口就业，而不关注未就业的毕业生。利用求职结果与匹配结果可以将毕业生分为未就业、非对口就业和对口就业三种状态。高等教育结构的变化同产业结构的演进并不完全同步，人才供给相对于市场需求具有长期性、滞后性和稳定性，高等教育难以与快速变化的市场需求实现有效对接，部分大学生可能面临毕业即失业的窘境，但另一部分大学生则会为了及时就业而放弃与专业匹配的工作找寻要求，即便就业时的专业与工作不匹配。因此，非对口就业也是高等教育的人才培养与劳动力市场的一种宽口径的结合，帮助毕业生能够适应不断变化的劳动力市场对人才的需要（谢维和，2004）。

本研究试图从大学生劳动力市场的视角出发，通过全面解析高等教育的类型、层次和科类结构对大学生同劳动力市场不同层次结合的影响，进而考察高等教育结构调整的内在机制。

（三）数据与模型

为及时准确地了解我国高校扩招后的毕业生就业状况，北京大学教育经济研究所先后于 2003 年、2005 年、2007 年、2009 年、2011 年、2013 年和 2015 年进行了 7 次全国高校毕业生抽样调查。问卷调查的对象是应届毕业生，调查时间是当年的 6 月份。每次调查都参照我国高等教育的地区结构、学校类型结构、学历结构、专业结构、性别结构等进行抽样，努力使调查样本具有较好的代表性。在发放问卷时，对每所抽样高校根据毕业生学科和学历层

次按一定比例发放500～1 000份问卷。

本研究的因变量为大学生的就业结果，存在未就业、对口就业和非对口就业三种状态。

影响大学生就业结果的因素包括学校层面因素、科类层面因素和个体层面因素。学校层面主要考察办学层级和地域因素，学校层级分为“211”高校（包括“985”高校）、普通本科院校、高职高专院校，学校所在地分为直辖市、东部地区、中部地区和西部地区。学科分类包括哲学、经济学、法学、教育学、文学、历史学、理学、工学、农学、医学和管理学。个体层面的因素包括毕业生的求职年份和学历层次；个体的人口学特征包括性别和民族；个体家庭背景因素包括家庭社会经济地位（SES）和是否是农村生源；个体层面的人力资本因素包括学习成绩（GPA）是否排在班级前25%，是否担任过学生干部，是否是党员，是否考取过英语和职业技能证书，是否有过实习经历，是否获得过奖学金，是否对所学专业感兴趣。

本研究所使用的数据存在嵌套结构，多层线性模型（Hierarchical Linear Models，HLM）（Raudenbush 和 Bryk，2002）可以很好地处理具有嵌套结构的数据。由于高等教育结构分为类型结构、层次结构和科类结构，因此本研究采用 HLM 的一种高级形式——多层线性交互分类模型（Cross - Classified Multilevel Model），层二变量包括一个纵栏的学校分类考察类型结构，一个横栏的学科分类考察科类结构，以及个体层面的学历分类考察层次结构，个体、家庭以及年份等相关控制变量也进入层一模型。由于本研究的因变量就业结果具有三种状态，多项数据的多层线性交互分类模型的具体设定为：

层一模型

$$\text{Log}[\phi_{1ijk}/\phi_{3ijk}] = \pi_{0jk} + \pi_{1jk}(\text{年份}_{ijk}) + \pi_{2jk}(\text{学历层次}_{ijk}) + \pi_{3jk}(\text{个体特征}_{ijk}) + \pi_{4jk}(\text{家庭特征}_{ijk}) + \pi_{5jk}(\text{教育经历}_{ijk}) + e_{ijk}$$

层二模型

$$\pi_{0jk} = \theta_0 + b_{00j} + c_{00k} + (\gamma_{0p})\ \text{学校特征}_j + (\beta_{0p})\ \text{科类特征}_k$$

$$\pi_{pjk} = \theta_p$$

（四）结果

本研究将2003—2015年分为2003—2009年和2011—2015年两个阶段进行比较。从高等教育供给侧来看，1999年扩招后的大学生在2003年大规模进入劳动力市场，此后几年我国高等教育一直保持着较高的扩张速度。随着大学生就业问题的日益严峻，2006年教育部决定停止大规模的扩招，将高等教育发展的重心转移到教育质量的提高上，因此2010年后我国每年高校毕业生的增速都控制在5%以内。就需求侧而言，2001 年加入 WTO 后，我国经济一直保持着高增速的发展状态。在 2008 年全球金融危机的影响下以及原有粗放式发展模式的弊端日益显现，我国经济开始进行产业结构的转型和升级，经济发展进入中高速增长的新常态。简言之，2003—2009 年是我国经济和高等教育规模的快速发展期，而 2011—2015 年则是我国高等教育规模和经济发展速度的平稳增长期。

本研究采用的大学生就业率的计算公式为：毕业生就业率 = 大学毕业生就业人数 ÷（毕业生就业人数 + 毕业生待业人数）× 100%。由表 4－5 可知，2003—2009 年毕业生的平均就业率为 68.8%，而 2011—2015 年的平均就业率为 76.6%，上升了 7.8%。具体而言，前后两个时期的毕业生对口就业率几乎相同（36.5% vs 36.7%），而非对口就业率则上升了 7.6%（32.3% vs 39.9%）。非对口就业率上升的一个后果就是就业对口率从 53.1% 下降到 47.9%，但由于毕业生的对口就业率没有下降，且略有上升，就业对口率的下降反映的是高等教育采用宽口径对接的方式来满足劳动力市场的需求。

表 4－5　2003—2015 年高校毕业生的就业率和对口率统计　　%

项目	2003—2009	2011—2015
未就业率	31.2	23.4
非对口就业率	32.3	39.9
对口就业率	36.5	36.7
就业率	68.8	76.6
就业对口率	53.1	47.9

表 4－6 所示为 2003—2015 届毕业生就业和学用匹配情况分析。

表 4－6　2003—2015 届毕业生就业和学用匹配情况分析

变量	模型 1 失业/ 对口	模型 2 失业/ 不对口	模型 3 学用 匹配	模型 4 失业/ 对口	模型 5 失业/ 不对口	模型 6 学用 匹配
截距	－0.081	－0.017	－0.063	0.383***	0.554***	－0.170**
“211” 高校，γ_{01}	1.117***	0.697***	0.420**	1.088***	0.712***	0.375*
高职高专，γ_{02}	－0.052	0.252	－0.304*	0.412*	0.429**	－0.016
直辖市，γ_{03}	－0.058	－0.153	0.094	－0.281	－0.326	0.045
中部，γ_{04}	－0.118	0.061	－0.179	－0.186	－0.157	－0.028
西部，γ_{05}	－0.877***	－0.744***	－0.133	－0.860***	－0.693***	－0.167

续表

变量	模型 1 失业/对口	模型 2 失业/不对口	模型 3 学用匹配	模型 4 失业/对口	模型 5 失业/不对口	模型 6 学用匹配
哲学，β_{01}	-0.249*	-0.001	-0.249*	-0.783***	-0.516*	-0.267
历史学，β_{06}	-0.290*	-0.106	-0.184	-1.051***	-0.682**	-0.369*
法学，β_{03}	-0.754***	-0.216**	-0.537***	-1.140***	-0.447***	-0.693**
教育学，β_{04}	-0.292**	-0.256**	-0.036	-0.601***	-0.536***	-0.065
文学，β_{05}	-0.261***	-0.095*	-0.166**	-0.691***	-0.142*	-0.549***
理学，β_{07}	-0.221***	-0.133**	-0.088*	-0.624***	-0.259*	-0.364***
经济学，β_{02}	-0.142*	0.201**	-0.343***	-0.217***	0.004	-0.213***
管理学，β_{10}	-0.199***	0.091*	-0.290***	-0.370***	-0.108	-0.261***
医学，β_{09}	-0.079	-0.739***	0.660***	0.204	-0.385**	0.590***
农学，β_{08}	-0.080	0.017	-0.098	-0.677***	-0.164	-0.512***
2005 年（2013 年），π_{01}	0.070	0.175**	-0.104*	0.224***	-0.061	0.285***
2007 年（2015 年），π_{02}	-0.114	-0.080	-0.034	0.979***	1.011***	-0.031
2009 年，π_{03}	-0.757***	-0.347***	-0.410***			
专科生，π_{04}	-0.601***	-0.257***	-0.343***	0.233***	0.394***	-0.160**
研究生，π_{05}	0.206***	-0.209***	0.416***	0.131*	-0.285***	0.417***
男性，π_{06}	0.277***	0.259***	0.018	0.326***	0.281***	0.045
少数民族，π_{07}	-0.002	0.077	-0.079*	-0.173**	0.009	-0.183***
SES，π_{08}	0.087***	0.146***	-0.059***	0.028	0.090***	-0.061***
农村家庭，π_{09}	0.004	-0.110***	0.115***	-0.027	-0.101***	0.073**
GPA，π_{10}	0.155***	0.017	0.137***	0.284***	0.030	0.253***
学生干部，π_{11}	0.234***	0.325***	-0.091***	0.278***	0.313***	-0.035
党员，π_{12}	0.251***	0.223***	0.028	0.193***	0.105**	0.088**
英语证书，π_{13}	0.248***	0.120***	0.128***	0.142***	0.052	0.089***
职业证书，π_{14}	0.157***	0.039	0.118***	0.108***	-0.020	0.129***
实习，π_{15}	0.011	-0.183***	0.195***	0.200***	-0.059	0.260***
奖学金，π_{16}	0.165***	0.085***	0.080***	0.057	-0.022	0.079**
专业兴趣，π_{17}	0.776***	-0.166***	0.943***	1.087***	-0.161***	1.249***

模型 1～3 关注的是 2003—2009 年高校毕业生的就业状况。模型 1 和模型 2 以未就业学生作为参照组，考察毕业生对口就业和非对口就业的情况。以普

通高校作为参照组，“211”高校毕业生有更高概率找到对口工作（$\gamma_{01}=1.117^{***}$），也有更容易找到非对口的工作（$\gamma_{01}=0.697^{***}$）。模型3考察已就业毕业生学用匹配的概率，该系数其实就是模型1和模型2系数的差值。经过显著性检验发现，“211”高校毕业生有更高的概率找到学用匹配的工作（$\gamma_{01}=0.420^{**}$）。

对于高职院校毕业生，他们在获得对口工作（$\gamma_{02}=-0.052$）和非对口工作（$\gamma_{02}=0.252$）的概率同普通本科院校毕业生没有显著差异。模型3的结果表明高职毕业生学用匹配的概率要显著低于普通本科毕业生（$\gamma_{02}=-0.304^{*}$）。基于模型1和模型2的结果，高职院校毕业生学用匹配率低并不是他们比普通院校毕业生更难找到对口工作，而是他们更容易找到非对口的工作，在劳动力市场中表现出更强的适应性。

模型4～6关注的是2011—2015年高校毕业生的就业状况。相对于普通本科院校毕业生，211高校毕业生在获得对口工作（$\gamma_{01}=1.088^{***}$）和非对口工作（$\gamma_{01}=0.712^{***}$）上依然占据优势，且更易实现学用匹配（$\gamma_{01}=0.375^{*}$）。反观高职院校毕业生，他们同普通本科院校毕业生相比也有更高的概率搜寻到对口工作（$\gamma_{02}=0.412^{*}$）（见模型4）和非对口工作（$\gamma_{02}=0.429^{**}$）（见模型5），且学用匹配的概率（$\gamma_{02}=-0.016$）（见模型6）同普通本科院校毕业生没有显著差异。至此，普通本科院校毕业生就业问题开始凸显。

高等教育区域结构会受到诸多因素的影响，国民经济地区结构的变化促进高等教育的区域结构变化。经济发展越快对专业人才和职业技术人才的需求越大，教育事业则随之发展而打破原来的教育结构，形成教育的区域结构的新布局。2003—2009年，直辖市、东部和中部高校毕业生在对口就业和非对口就业上都没有显著差异，只是西部高校毕业生的对口就业（$\gamma_{02}=-0.877^{***}$）和非对口（$\gamma_{02}=-0.744^{***}$）就业概率要显著低于东部高校。更为重要的是，2011—2015年，西部高校毕业生在对口就业（$\gamma_{02}=-0.860^{***}$）和非对口就业（-0.693^{***}）上的劣势依然延续。

对于科类结构，相对于工科毕业生，哲学和历史学毕业生在2003—2009年，对口就业稍差，非对口就业没有显著差异；但在2011—2015年，哲学和历史学毕业生的对口和非对口就业概率都要显著低于工科毕业生，且就业情况较扩招前期有明显恶化。法学、文学、教育学和理学毕业生在2003—2009年对口就业和非对口就业情况都要显著差于工科毕业生，并且这种差距在2011—2015年还在继续扩大。管理学和经济学专业就业特点在扩招前期和扩招后期基本相同，同工科毕业生相比，经济管理类毕业生的对口就业概率要低，但是其非对口就业概率同工科毕业生相比没有显著差异，在扩招前期具

有一定的优势。农学毕业生在2003—2009年的对口就业和非对口就业同工科毕业生相比没有显著差异，但是在2011—2015年农学毕业生的对口就业概率出现了显著的下降，这种下降可能是农学的专业设置同劳动力市场存在结构性失衡，但更有可能的原因是农学毕业生更倾向在其他行业内就业，而选择放弃对口就业。医学专业的就业特点是对口就业率高，同工科毕业生相比没有显著差异，但是其非对口就业情况则显著低于工科毕业生。

对于学历层次，相对于本科生，专科毕业生的对口就业（$\pi_{04}=-0.601^{***}$）和非对口就业（$\pi_{04}=-0.257^{***}$）在2003—2009年都要更差。但是在2011—2015年，专科毕业生的对口就业（$\pi_{04}=0.233^{***}$）和非对口就业（$\pi_{04}=0.394^{***}$）都要优于本科毕业生。

对于研究生，其就业特点是对口就业的概率要高于本科生，而非对口就业的概率则要低于本科生。通常而言，研究生的人力资本专有性比较强，学位越高，跨行业就业的成本就越大，其就业选择的余地就越小，基本上只能在本专业领域内进行工作找寻，因而更容易也更倾向于实现学用匹配（Brahim，2012）。

（五）讨论

1. 高等教育类型结构与就业

（1）学术漂移及其调整

本研究发现，在2003—2009年，“211”高校的对口就业和非对口就业都显著高于普通本科院校，普通本科院校同高职院校相比没有表现出就业上的优势。Ramsden（1999）认为，相对普通大学，精英大学在办学层级上具有地位优势。由于雇主往往青睐的是大学的声誉，即使精英大学在人才培养质量上表现一般，其毕业生依旧在就业上显示出稳固的竞争优势。我国社会人才需求也存在看重学历甚于能力的“符号效应”。地位优势理论解释了声誉与真实市场需求间可能没有太大的关联，但是在特定社会以及特定的时代，它往往给高校理性定位带来严重的困扰。

我国传统公立高等教育缺乏“类”的概念，仅有层次之别。人们往往还是用一个传统精英教育的标准来看待所有各级各类院校。许多新升本科院校和高职院校在社会“重学术轻职业”的观念氛围之中，表现出了“学术漂移”取向。Morphew（2009）从制度理论分析的视角也指出：组织的生存主要取决于它的合法性，一类机构如果无人认可，即使它在教学以及社会化方面很成功，恐怕也难以生存。按照该理论，“学术漂移”现象的发生与特定社会特定时代人们的观念、思维惯性和刻板印象等难脱干系，导致普通高校以满足雇主服务和质量要求的策略很难奏效。

在美国高等教育系统中也存在一种低等级仿效高等级机构而使系统内部呈现同质化特征的现象（Kerlin，1993）。导致这种同质化的原因是机构对不确定规避的偏好，非大学机构在面对不确定性时会倾向于参照先来者的成功经验以规避风险。但是在精英大学主导的市场话语权中，这些不安于自身的办学目标和使命的高等教育机构更可能成为失败者。以高职院校为例，由于普通本科毕业生的供大于求以及中等职业教育的快速发展，高职院校毕业生在就业市场受到上下挤压，研究者普遍认为高职毕业生的就业难度大于普通高校的本科生（涂晓明，2007）。

虽然高职毕业生面临严重的就业问题，潘懋元（2004）依然认为高职毕业生就业难是一种暂时的现象。如果高职院校定位准确，办成真正的高等职业技术教育院校，培养人才市场所需要的高质量的职业技术人才，那么就业困难就能逐渐缓解，因此扩招的任务主要仍由大众化的高职高专来承担。2006 年，教育部提出“毕业生就业难在高职，重点也是在高职”，从而将高职院校毕业生的就业列为高校毕业生就业工作的重点和难点，并采取了一系列措施。《国家中长期教育改革和发展规划纲要（2010—2020 年）》明确提出要大力发展职业教育，并把提高质量作为重点。在此期间，高职教育招生规模继续增长，并在 2009 年与本科生大体相当，从而成为中国高等教育的“半壁江山”（丁小浩，2010）。

高等教育结构调整的影响是后续的、叠加的，即以往一定时期内高等教育结构调整的效果，可以从当前毕业生的就业状况中较集中地体现出来。因而，根据当前毕业生的就业状况可以对我国高等教育结构调整进行一定的分析与评价。本研究发现 2011 年后，高职院校毕业生的对口就业和非对口就业都显著高于本科院校毕业生，这表明随着“以服务为宗旨，以就业为导向”的高职办学理念的深入人心，高职教育在招生规模增长的同时，培养出的应用型高技能人才越来越受到企业的欢迎。

（2）职业漂移及其调整

我国高等教育类型结构失衡现象中不但存在“学术漂移”的现象，还存在“职业漂移”问题。在扩招过程中，传统大学大都举办了高职二级学院并扩大了原有的成人教育学院的规模。甚至许多重点大学也利用自己的“名牌效应”和政策优势办起了职业技术教育，争夺职业教育的生源市场。但是本科院校本身在高职高专的教育上没有资质，其专科毕业生缺乏真正的高等职业技术的教育和训练，严重影响到包含精英教育和大众化教育在内的整体高等

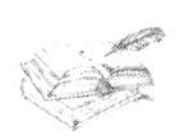

教育质量，从而引发就业问题（潘懋元，2004，2001）。本研究发现普通本科院校的专科毕业生的就业率仅为41.7%，明显低于“985”“211”院校以及高职高专的专科毕业生就业率，且其对口就业率也较低（52.4%）（见表4－7）。

表4－7　不同类型高校总体以及专科就业率和对口率　　%

学校类型	就业率	对口率	专科就业	专科对口
“985”高校	87.5	70.1	79.8	57.3
“211”高校	76.2	64.4	72.6	55.3
普通本科高校	65	60.1	41.7	52.4
高职高专院校	75.7	48.2	73.1	47.2

普通本科院校面临更大的问题是其总体毕业生就业率偏低。教育部2012年全国高校毕业生就业率排名显示，就业率排名第一的是“985”高校，第二位为高职院校，第三位是“211”高校，第四位是独立学院，第五位是科研院所，地方普通本科高校垫底。现代社会对人才需求逐步向两极集中，淡化了对中间人才的需求。社会需要少数具有智慧和创造力的拔尖创新人才，然而大部分人的工作是将他们的成果程序化、形态化和数量化（鲍静，2008）。占我国高校总量大多数的地方普通本科高校办学模式与经济社会需求之间存在严重脱节。《关于引导部分地方普通本科高校向应用型转变的指导意见》（教发〔2015〕7号）明确了地方普通本科高校转型发展的重要性和紧迫性，要求确立应用型的类型定位和培养应用型技术技能型人才的职责使命。

2. 高等教育层次结构与就业

本研究发现在2003—2009年，研究生的就业好于本科生，本科生的就业好于专科生。人力资本理论和信号理论都认为教育与经济收益呈显著正相关的原因是因为更多教育与更高劳动生产率相关联，只不过人力资本理论认为教育后天提高了受教育者的能力，而信号理论认为教育是个人发送先天能力的信号。求职者为了在就业中占据有利的地位就必须不断地追求文凭的层次和质量。当一个职位很多人竞争时，许多单位通常会选择学历更高者。如果高学历层次的个体不能充分就业，就会向下错配，与更低学历层次的个体展开竞争，挤占更低学历层次个体的岗位，从而导致低学历者求职困难。然而高文凭者进入单位后又常常干以前低文凭者就能胜任的工作。这种现象引起了社会上对于人才高消费和文凭贬值问题的广泛讨论。人才市场的学历层次上移并不是产业升级的结果，而是“人才高消费”的结果。“人才高消费”

又导致更多的毕业生选择继续攻读更高层次的学位（王硕旺，2010）。许多高校（普通本科院校和高职高专院校）不是注重自身的发展特色，而是想方设法拼命追求办学层次的升格，来迎合社会对高学历的需求和消费，从而进一步加剧了高等教育层次结构的失调（杨际军，2006）。

本研究还发现，2011 年后的毕业生就业情况是：专科生最好，而本科生的就业形势最差。人力资本理论和信号理论无法很好地解释专科生的就业优势，问题在于两种理论都假定了不同学历层次毕业生所拥有的人力资本或者能力具有同质性。如果本科生和专科生是同一类型的人才，用人单位当然会优先选择层次更高的本科生。一方面，产业发展需要综合性和复合型人才，另一方面，由于我国尚未完成产业的升级和转型，操作性应用型人才的需求量也是很大的。在专科教育的培养目标同本科教育进行分化后，企业一定会优先雇用成本更低且更能满足实际工作需要的应用型专科毕业生。构建协调发展的多层次教育体系，有助于培养产业发展所需要的、多层次的、不同规格的人才队伍，满足企业转型升级的不同需求（辜胜阻，2013）。

3. 高等教育科类结构与就业

本研究发现很多学科在扩招前期就存在毕业生就业难的问题，并且扩招后期就业难问题还更严重。造成高等教育科类结构失衡加剧的原因与高校专业设置实行备案和审批制度有关。目前我国高校专业设置和调整实行的是“统一管理、分级审批的体制”，高等学校将更多的关注投向审批环节而不是专业建设的过程和结果。政府以准入为重点的专业审批制度安排割裂了高校在科类结构调整中的责与利，形成单方逐利而不必承担责任的状况（杜瑛，2016）。《教育部关于全面提高高等教育质量的若干意见》（教高〔2012〕4 号）提出要修订学科专业目录及设置管理办法，落实和扩大高校学科专业设置自主权。若取消高校自主设置专业的限制，高校作为责任主体就会意识到过剩的风险，从而对专业设置进行自我约束和控制。

经济学和管理学毕业生的非对口就业很好，表明这些专业在劳动力市场具有良好的适应性。在计划经济体制下，高校实行对口式的人才培养模式。社会主义市场经济体制建立以后，我国高等教育系统对专业进行调整，包括压缩专业数量、拓宽专业口径、提高综合素质等方面的改革。从“对口”走向“适应”，更加重视和强调劳动力市场对人才培养的需求，体现了我国高等教育适应市场需要和特点的改革（谢维和，2004）。

（六）结论和建议

我国产业结构和技术结构正在进行战略性调整，需要更多高素质、多层

次的应用技能型人才和创新人才。我国高等教育要以社会需求为导向及时调整高等教育体系结构，形成一个分工合理、定位明确、各司其职的多样化的高等教育结构体系，以适应产业结构升级对人才的需求。本研究发现，在高职院校毕业生和专科毕业生规模增长的同时，高职高专院校通过以社会发展需求为导向调整办学定位，以实用型和技能型人才为培养方向，从而实现毕业生就业率显著提升。

高等教育结构是高等教育系统功能作用发挥的有效载体，其合理化水平制约着高等教育系统整体功能的发挥。高等教育系统功能是高等教育结构的外在表现形式，能对高等教育结构的优化产生能动性的作用（祁晓，2015）。我国正在加快转变经济发展方式以及产业结构调整和升级，这也是当前和今后我国面临的重大战略任务。我国从“制造大国”到“制造强国”，再到“创新型”国家的转变无疑是一个长期的过程，现阶段我国产业发展对高职高专院校培养的专科毕业生依然有较强的需求，中国不可能跨越人才的金字塔阶段。我国扩招过程中研究生和本科生规模增长，既违背了高等教育发展的基本规律，也不符合现阶段对人才层次需求的实际（苏丽锋，2011）。本研究发现高职教育人才培养同产业升级之间的良性互动为我国进一步优化高等教育结构提供了依据。《国务院关于印发〈国家职业教育改革实施方案〉的通知》（国发〔2019〕4 号）规定，职业教育与普通教育是两种不同教育类型，具有同等重要地位。2019 年政府工作报告提出高职要扩招 100 万人，表明新时代经济发展对高职院校人才培养提出了新的更高要求，并且将我国高等教育层次结构彻底调整为金字塔结构。

本研究发现工科毕业生的对口就业和非对口就业比其他学科毕业生更具优势。有些学科在扩招前期存在就业困难，并且在扩招后期还更加严重。我国高等教育科类结构亟须调整，但是简单缩减某些就业形势不好的学科的招生规模，将这些招生名额转投到其他学科可能又引起该学科的毕业生超量供给，从而导致新的毕业生就业困难。以理学为例，该学科可在不控制招生规模的情况下，通过新工科的建设实现理工融合，从而很好地解决毕业生就业问题。

新型工业化背景下的高等教育结构调整，不仅是院校结构和功能的重塑，更是人才培养模式的重构。高等教育结构的调整不仅通过现代大学体系的分层、分化、分类，增强高等教育的外部适切性，它更要求通过建构新型的大学人才培养模式，提升高等教育的内部适切性。高等教育在调整优化教育结构的同时，要把工作重点切实转移到以提高人才培养质量为核心的内涵建设上来（罗建平，2018）。

参考文献

[1] Martin T. Problems in the Transition from Elite to Mass Higher Education [R]. Conference on Future Structures of Post-secondary Education, 1973.

[2] 潘懋元，肖海涛．中国高等教育大众化结构与体系变革［J］．高等教育研究，2008（5）：26－31.

[3] 马云泽，吴昊坤．产业结构调整、高等教育改革与大学生就业［J］．河南师范大学学报（哲学社会科学版），2011，38（2）：116－119.

[4] 高书国．新一轮高等教育结构调整特征与对策分析——高等教育普及化时代的战略准备［J］．高校教育管理，2017，11（5）：13－21.

[5] 王根顺，李红英．我国高等教育层次结构的现状、问题及对策［J］．黑龙江高教研究，2006（1）：8－10.

[6] 罗建平．以社会需求为导向的高校本科专业结构布局研究［J］．大学（研究版），2018（10）.

[7] 冯向东高等教育结构：博弈中的建构［J］．高等教育研究，2005（5）：1.

[8] Kehm B M, Teichler U. Higher Education and Employment. European [J]. Journal of Education, 1995, 30 (4): 407－422.

[9] 邬大光．高等教育大众化理论的内涵与价值——与马丁·特罗教授的对话［J］．高等教育研究，2003（6）.

[10] 潘懋元，吴玫．从高等教育结构看大学生就业问题［J］．中国大学生就业，2004（6）：4－6.

[11] 丁小浩．探寻校企合作的本质——霍丽娟《产学合作教育中高职院校与企业的关系研究》出版［J］．职业技术教育，2010（36）：65－67.

[12] 杨际军．资源配置力量的博弈与高等教育结构的建构［J］．现代教育科学，2006（3）：88－91.

[13] 冯向东．高等学校定位：竞争中的抉择［J］．北京大学教育评论，2004（2）.

[14] 王硕旺，阮守华．论大众化进程中的高等教育结构优化——兼谈我国大学生结构性失业问题［J］．教育理论与实践，2010（15）：3－6.

[15] 苏丽锋，孟大虎．扩招以来我国大学毕业生的供给与配置状况报告［J］．中国高教研究，2011（9）.

[16] 冯向东．高等教育结构：博弈中的建构［J］．高等教育研究，2005（5）：1－5.

[17] 陈国良，董业军，王秀军．我国高等教育布局结构面临的挑战及对策建议［J］．复旦教育论坛，2011，9（3）：49－54.

[18] 谢维和．对口与适应——高校人才培养与劳动力市场的两种关系模式［J］．北京大学教育评论，2004（4）.

[19] Ramsden P. Predicting Institutional Research Performance from Published Indicators：A Test of a Classification of Australian University Types［J］. Higher Education，1999，37（4）：341－358.

[20] Kerlin S P，Dunlap D M. For Richer For Poorer：Faculty Morale in Periods of Austerity and Retrenchment［J］. The Journal of Higher Education，1993，64（3）：348－377.

[21] Morphew C C. Conceptualizing Change in the Institutional Diversity of US Colleges and Universities［J］. The Journal of Higher Education，2009，80（3）：243－269.

[22] 涂晓明．高职高专毕业生就业影响因素的实证研究［J］．黑龙江高教研究，2007（1）：71－74.

[23] 潘懋元，吴玫．从高等教育结构看大学生就业问题［J］．中国大学生就业，2004（6）：4－6.

[24] 潘懋元，精英教育与大众教育［J］．中国高教研究，2001（12）：16.

[25] 韩梦洁．美国高等教育层次结构变迁及影响因素分析［J］．大连理工大学学报（社会科学版），2014（1）：111－116.

[26] 刘晖．北京高等学校专业结构现状分析［J］．中国高教研究，2005（10）：29－31.

[27] 鲍静．高等教育人才培养结构对大学生就业的影响分析［J］．广东交通职业技术学院学报，2008，7（4）：116－121.

[28] Freeman R B. The Overeducated American［M］. New York：Academic Press，1976.

[29] 王硕旺，阮守华．论大众化进程中的高等教育结构优化——兼谈我国大学生结构性失业问题［J］．教育理论与实践，2010（15）：3－6.

[30] 杨际军．资源配置力量的博弈与高等教育结构的建构［J］．现代教育科学，2006（3）：88－91.

[31] 辜胜阻，等．就业结构性矛盾下的教育改革与调整［J］．教育研究，2013（5）.

[32] Boudarbat B，Chernoff V. Education-job Match among Recent Canadian University Graduates［J］. Applied Economics Letters，2012，19（18）：

1923 – 1926.
[33] 祁晓．论我国高等教育结构的失范现象及其动态优化［J］．高校教育管理，2015，9（5）．
[34] 谢维和．对口与适应——高校人才培养与劳动力市场的两种关系模式［J］．北京大学教育评论，2004（4）．

四、高校毕业生跨省流动的路径、空间分布与就业状况分析

摘要：高校毕业生的跨省流动既涉及毕业生就业问题，也与地区间高质量人力资源的竞争有关。本研究利用北京大学教育经济研究所“全国大学生就业抽样调查”数据考察分地区的高校毕业生流动路径、空间分布以及跨省流动对就业质量的影响，结果表明，高校毕业生跨省流动的就业路径是双向的和不均衡的。各地区都存在相当比例的本地生源未就业的毕业生，西部地区和民族地区尤为突出；高校毕业生跨省就业流动不能从根本上解决大学生就业难问题。毕业生流动和工作机会分配是一种零和博弈，经济欠发达地区毕业生外流就业导致优质人力资源流失是客观现实，但也缓解了当地严重的大学生就业难问题；直辖市和东部地区通过外来毕业生流入增加了人力资本存量，但是本地生源毕业生则面临严重的就业竞争压力。跨省就业流动能改善高校毕业生的就业质量，不管是从生源地流动还是从院校地流动，跨省就业都能给毕业生带来起薪、学用匹配以及就业满意度上的提升，增加人力资本的个人收益以及社会效益。本研究为地方政府有效吸引人力资本要素促进当地产业发展以及高校开展人才培养改革提供了政策建议。

关键词：高校毕业生；流动路径；就业质量

高校毕业生拥有较高的知识和技术水平，其在地区间的流动会对流入地和流出地的区域发展、产业布局、城市规划产生重要影响。中西部地区人才塌陷、东北老工业基地人才大量流失是媒体长期关注的热点，区域间人力资本积累的差异也成为各地区经济增长呈现“马太效应”的重要解释之一（路

平，2013）。2017年，武汉市发布多项政策措施，提出五年内要留住100万大学毕业生在武汉工作。近两年来，越来越多的城市加入人才竞争，竞相为大学毕业生提供户口、住房补贴和其他各种优惠政策。但各城市出台的人才新政大多是一种靠指标或者政绩导向的临时性制度措施，如果城市无法围绕本地产业发展和就业机会制定人才政策，提高当地的就业吸纳能力，就很难真正吸引和留住人才，增加的人口反而会变成城市的一种负担。

（一）文献综述

1. 高校毕业生跨省流动的路径分析

由于我国区域间经济发展和收入水平的差异，大学毕业生就业出现了由中西部落后地区向沿海发达地区流动的趋势，这种“孔雀东南飞”现象造成了我国人才区域分布的不均衡。聂晶鑫（2018）依据教育部直属高校2015届本科毕业生就业数据发现，高校毕业生就业流动表现为收益指向，东南沿海与长江沿岸等经济发展水平较高的区域对人才产生黏附效应。薛凡凡（2018）通过对西部某高校2014—2017届本科毕业生的就业地域分析发现，该校毕业生流向东部和沿海发达地区较多，毕业生流向区域差异有逐渐扩大趋势。吴雯雯（2019）根据2018年中部某省高校毕业生就业监测系统行政数据，发现该省高校毕业生流失问题严重，总体省外就业率达到52.3%。

要解决毕业生就业流动的非均衡局面，需要对高校毕业生整体流动模式进行研究，考察毕业生的生源地、院校地和就业地之间的联系。国内外研究者对高校毕业生两阶段流动的矢量特征进行过分析。Hoare和Corver（2010）构建的两区域两阶段流动模型（Home - University - Labor market Transitions，HULT）将就业的大学生分为四种流动路径。赵晶晶（2014）按照HULT框架，使用2012年全国高校毕业生的就业抽样调查数据，发现毕业生本省就读本省就业（本地人路径）占73.9%，省外就读本省就业（回归者路径）占11.7%，省外就读省外就业（滞留者路径）占9.4%，而本省就读省外就业（外来者路径）占5.0%。英国学者Faggian等（2006）将就学与就业两阶段流动中的大学生分为不断流动、返回流动、前期流动、后期流动和不动五种类型。岳昌君（2014）基于2013年的全国高校毕业生就业状况调查数据发现，在已就业群体中，继续流动者占15.7%，返回流动者占11.5%，前期流动者占9.8%，后期流动者占13.8%，不动者占49.2%。实际上，因为地区间的高等教育规模和经济发展水平存在差异，不同地区对高校毕业生就业流动的影响是很不一样的。

2. 高校毕业生就业流动的空间分布与就业落实状况

对于毕业生流动与落后地区人力资本积累与使用之间的关系，研究者有不同的看法。Wilson（1992）认为，由于受过高等教育的大学毕业生是经济落后地区的稀缺资源，受过高等教育的大学毕业生由经济落后地区流向经济发达地区，是经济落后地区的人才流失。国内也有学者认为落后地区出现人才流失，不仅使得落后地区已有的教育投入得不到相应的回报，降低教育投资激励（张锦华，2008），更使得落后地区出现人力资本的缺口，阻碍了经济发展和创新进步（岳书敬等，2006）。中西部地区以往为了留住人才，曾采取管、卡、压的办法限制人才流动。实践证明，这种做法既与市场经济原则相悖，也很难达到预期目标。

国外有研究发现，经济落后地区的失业率与受教育程度高度正相关，许多受过高等教育的大学毕业生处于失业状态（Storm，2004）。虽然经济落后地区需要人才去改变落后状态，但是地区经济越落后，其对高校毕业生的需求越是隐性的，就业市场尚处萌芽和发育状态，缺乏充足的就业岗位，直接接受和吸纳高校毕业生的能力有限。高校毕业生所拥有的人力资本要发挥其作用，必须有一定的货币资本、物质资本、制度环境和文化氛围作为基础。另一方面，大量事实证明，一些贫穷地区并不欢迎本地考出去的高校毕业生回乡就业，即使有些毕业生回到家乡，也难以施展自己的才华，进入隐性失业的状态（钟秋明，2007）。但是以往的研究没有进一步考察经济落后地区高校毕业生的外流就业状况与就业落实状况的关系。

跨省流动就业一定程度上是人力资本流动的零和博弈，外地生源毕业生的涌入也给经济发达地区本地生源毕业生造成了很大的就业竞争压力。东部地区一些用人单位曾经在招聘时采用过限定本地户籍等歧视性条件，扭曲了人力资本市场的正常活动，破坏了就业市场的公平竞争。因此，跨省就业的研究还应考察高校毕业生在经济发达地区的就业分布状况以及对当地生源毕业生就业落实的影响程度。

3. 高校毕业生跨省就业流动与就业质量状况

扩招后，为应对严重的大学生就业难问题，教育部联合其他部委出台了一系列文件，将毕业生就业率与高校发展的各方面进行挂钩。2011 年 11 月，教育部发布《关于做好 2012 年全国普通高等学校毕业生就业工作的通知》（教学〔2011〕12 号），明确提出“毕业生就业质量进一步提高”，这表明政府不但关注以就业率为代表的数量指标，还关注就业质量指标。就业质量既

包括起薪和学用匹配等客观指标，也包括就业满意度等主观感受指标。分析流动对毕业生就业质量的作用可以深入了解吸引高校毕业生做出跨省就业流动决策的影响因素。

（1）高校毕业生就业流动与起薪

我国自 1997 年正式确立高等教育成本分担的财政机制，个体接受高等教育需要支付一定的费用。如果毕业生就业后的收入水平较低，就会造成个人的教育投资回收周期变长，人力资本的投资风险增大。实现经济自立也是毕业生选择工作的首要目标，因此用人单位的薪酬待遇一般来说是毕业生择业时较重视的因素。Sjaastad（1962）首创性地用成本与收益框架分析流动可能给个体劳动者带来的经济和其他收益。岳昌君等（2005）从成本和收益角度对高校毕业生跨省就业问题进行统计和计量分析，结果显示跨省就业的毕业生起薪显著高于本省就业的毕业生；其后，岳昌君（2011）对 2009 届高校毕业生的研究再次证实了多种流动类型的毕业生均能获得比不流动群体更高的经济收益。

（2）高校毕业生流动与学用匹配

流动如能给毕业生带来收入改善，说明流动就业能够产生私人收益，但对社会整体而言有何收益还需探讨。学用匹配是考察就业质量的重要指标。毕业生所学专业与工作所需存在不匹配，不仅会降低劳动生产率、工作归属感以及收入水平，还会浪费国家和社会在人力资本培养方面花费的巨大人力、物力和财力。有关荷兰高校毕业生的研究发现，流动就业的学生比不流动毕业生的工作匹配程度更高（Hensen 等，2009），还有一些研究也发现流动与工作匹配之间存在显著的正向关系（Venhorst 等，2010）。马莉萍（2015）发现流动能够增加找到专业更匹配工作的机会，相比不流动和其他流动类型，多次流动对工作匹配的促进作用最大。

（3）高校毕业生流动与就业满意度

就业满意度一般是指求职者在工作找寻过程中感知的就业质量的高低，它取决于求职者的感知与就业期望之间的差异程度。就业满意度是一个相对概念，不同的人面对同样一份工作时，就业满意度可能有高有低。因此，关注高校毕业生群体的就业满意度并分析其影响因素有助于理解当前毕业生个体的就业心理状态和主观感受。岳昌君（2012）发现施展才华、体现人生价值排在毕业生择业时最看重的工作因素首位，收入和福利待遇排在第二位；毕业生的就业满意度在 2003 年后有所提高，2007 年、2009 年、2011 年的调查中，毕业生对工作感到满意的比例均超过了 50%。

以往的研究探讨了就业流动对于高校毕业生就业质量的影响，但是没有结合毕业生就业流动的具体路径，细致刻画各种流动路径对于就业质量的不同影响。本研究通过描绘高校毕业生就业流动的不同路径以及空间分布，进而分析毕业生跨省流动对就业质量的影响，探讨如何充分发挥人力资本对私人收益和社会整体效率提高的作用，实现高校人力资源初次配置同区域发展的协调和优化。

（二）数据与模型

为及时准确地了解我国高校扩招后的毕业生就业状况，北京大学教育经济研究所自2003年起每两年进行一次全国高校毕业生的抽样调查。该调查在2007年及以后询问了毕业生的生源地和就业地的详细信息，因此本研究选取的样本为2007—2015年的毕业生群体。

流动的概念界定可以有不同的分析维度，本研究的分析单位是省份，所指的流动是指跨省流动。对于毕业生生源省份、院校省份和就业省份进行区域划分，需要综合考虑地理、经济、人口和文化等因素。本研究在传统的区域划分基础上根据研究问题的需要和现实的情况对区域划分略做调整，共分六类，具体是直辖市（北京、上海、天津），东部地区（江苏、浙江、广东、福建、山东、河北、海南）、东北地区（辽宁、吉林、黑龙江）、中部地区（湖南、湖北、江西、安徽、河南、山西），西部地区（陕西、甘肃、云南、贵州、四川、重庆、广西），民族地区（内蒙古、宁夏、新疆、西藏、青海）。[①] 本研究参考岳昌君等（2005）提出的就学就业流动框架，从省份宏观视角出发，依照生源地—院校地—就业地的流动过程对毕业生五种就业流动类型进行命名，分别是本省就读就业（毕业生在省内高校就读且在省内就业）、生源地流动（毕业生在省内高校就读但流动到省外就业）、返省就业（毕业生在省外高校就读但返回生源省内就业）、院校地就业（毕业生在省外高校就读且留在院校所在省份就业）、院校地流动（毕业生在省外高校就读且未在院校所在省和生源省内就业）。新的命名利用就学流动区分了省内就读和

① 本研究的就业区域划分基于我国传统的地区划分，但又有区别。以直辖市为例，北京、上海和天津区域内外地生源就业占比达到77%，是人才净流入地，重庆虽也为直辖市，但是其就业流动的类型更接近西部地区。来自东部的辽宁省和中部的吉林省和黑龙江省组成东北区域表现了独特的大学生就业流动类型。本研究的民族地区来自传统的中部和西部地区，但地理上都处于我国北部、西北部，位置相邻；广西虽为民族自治区，但其地理位置处于南部沿海地区，其就业流动类型与云贵川等西南省份类似，因此划入西部区域；青海虽非民族自治区，但是其地理上属于青藏高原板块，境内民族构成、经济发展状况与民族地区类似。

省外就读，并利用就业流动继续对省内就读生源和省外就读生源进行分类，反映了毕业生从就读到就业的完整流动过程，有利于政府在宏观层面上对区域人才流动与经济发展进行协调。

本研究就业质量的因变量包括毕业生经过 CPI 调整的对数起薪、是否学用匹配以及是否对工作满意。本研究将影响大学生就业流动的因素分为学校层面和个体层面。学校层面主要考察办学层级，分为“211”工程高校（包括“985”工程高校）、普通本科院校、高职高专院校；学科分类包括人文学科、社会科学、自然学科和工程学科；学历层次分为研究生教育、本科教育和专科教育；个体的人口学特征包括性别和民族；个体层面包括流动类型，人口学特征包括性别和民族，家庭背景因素包括家庭社会经济地位（SES）和是否是农村生源；个体层面的在校表现指标包括学习成绩（GPA）是否排在班级前 25%，是否担任过学生干部，是否是党员，是否考取过英语和职业技能证书，是否有过实习经历，是否获得过奖学金，是否对所学专业感兴趣。

本研究所使用的数据存在嵌套结构，多层线性模型（Hierarchical Linear Models，HLM）可以很好地处理具有嵌套结构的数据。对于省内高校就读毕业生的就业流动选择模型，其因变量分别为起薪、学用匹配和就业满意度，影响其就业质量的因素分为省际因素和个体层面因素，模型设定为：

层一模型　$$\mathrm{Log}\left(\frac{p_{ijk}}{1-p_{ijk}}\right)=\pi_{0jk}+\pi_{1jk}\times(\text{流动类型})+\pi_{2jk}\times(\text{高校层级})_{ijk}+\pi_{3jk}\times(\text{专业})_{ijk}+\pi_{4jk}\times(\text{学历})_{ijk}+\pi_{5jk}\times(\text{年份})_{ijk}+\pi_{6jk}\times(\text{个体特征})_{ijk}+\pi_{7jk}\times(\text{家庭背景})_{ijk}+\pi_{8jk}\times(\text{人力资本})_{ijk}+e_{ijk}$$

层二模型　$$\beta_{00k}=\gamma_{000}+\gamma_{00p}\times(\text{生源地区类别})_{k}+u_{00k}$$
$$\beta_{p0k}=\gamma_{q00}$$

省外就读毕业生的就业结果受生源地省份和院校地省份因素的共同影响，因此本研究选择 HLM 的一种高级形式——多层线性交互分类模型（Cross - Classified Multilevel Model），层二变量包括一个横栏的生源地省份地区分类，一个纵栏的院校地省份地区分类，以及包含个体层面因素层一模型。具体的模型设定为：

层一模型　$$\mathrm{Log}\left(\frac{p_{ijk}}{1-p_{ijk}}\right)=\pi_{0jk}+\pi_{1jk}\times(\text{流动类型})+\pi_{2jk}\times(\text{高校层级})_{ijk}+\pi_{3jk}\times(\text{专业})_{ijk}+\pi_{4jk}\times(\text{学历})_{ijk}+\pi_{5jk}\times(\text{年份})_{ijk}+\pi_{6jk}\times(\text{个体特征})_{ijk}+\pi_{7jk}\times(\text{家庭背景})_{ijk}+\pi_{8jk}\times(\text{人力资本})_{ijk}+e_{ijk}$$

层二模型 $\pi_{0jkl} = \theta_{0l} + b_{00j} + c_{00kl} + \beta_{0pl} \times (\text{生源地区类别})_j + \gamma_{0pl} \times (\text{院校地区类别})_k$

$\pi_{pjk} = \theta_p$

（三）结果

各地区生源毕业生的五种就业流动路径的统计分析如表4－8所示。就全国整体而言，本省就读就业毕业生占比为57.8%，而在本省就读外流他省就业的毕业生（生源地流动）占比为11.1%。本省在省外院校就读且返回生源省份就业的毕业生（返省就业）占比是10.3%，在省外院校就读且留在院校所在省份就业的毕业生（院校地就业）占比是10.2%，在省外院校就读且继续流动到其他省份就业的毕业生（院校地流动）占比为10.6%。

表4－8 各地区生源毕业生的五种就业流动路径的统计分析 %

流动类型	直辖市	东部	东北	中部	西部	民族地区	合计
本省就读就业	74.1	70.2	42.7	45.3	50.9	61.5	57.8
生源地流动	3.8	5.7	21.0	21.7	9.0	5.3	11.1
返省就业	12.9	9.7	8.4	7.9	15.1	10.2	10.3
院校地就业	4.4	7.9	14.4	11.6	11.3	11.1	10.2
院校地流动	4.8	6.5	13.5	13.5	13.7	11.8	10.6

表4－9描述了各地区生源毕业生就业的空间分布，可以了解不同就业地劳动力市场中各地区生源的就业占比。直辖市劳动力市场中直辖市生源占比为23%，77%的工作岗位被外地生源毕业生占据，占比最大的群体来自东部（30.2%）和中部地区（26.8%）；东部地区劳动力市场中23%的工作岗位被外地生源获得，中部生源毕业生占比最大，为15.3%；中部（89.3%）、西部（86.1%）和民族地区（84.2%）省份劳动力市场中的绝大多数岗位都被本省生源占据。

表4－9 不同地区生源毕业生就业的空间分布分析 %

就业地	直辖市	东部	东北	中部	西部	民族地区
直辖市	23.0	30.2	8.1	26.8	7.8	4.0
东部地区	0.2	77.0	1.9	15.3	4.3	1.3

续表

就业地	直辖市	东部	东北	中部	西部	民族地区
东北地区	0.4	7.8	76.0	7.2	4.2	4.6
中部地区	0.1	4.5	1.3	89.3	3.5	1.3
西部地区	0.2	3.7	1.0	7.0	86.1	1.9
民族地区	0.04	3.9	0.9	3.4	7.5	84.2

表4－10描述了各地区跨省流动同毕业生就业率的关系。对本省就读生源而言，东北（32.9%）和中部地区（32.4%）毕业生大量流动到省外就业，两地区的毕业生未就业率分别为16.9%和26.7%；西部（15.0%）和民族地区（7.9%）省内就读毕业生由于流动就业不足，因此毕业生未就业率都超过40%。① 由于西部地区的经济发展水平和劳动力市场发育程度较低，就业机会缺乏，不但西部生源毕业生的就业率较低，在西部地区高校就读的东部生源毕业生也需要返回到东部地区寻求就业机会。对于省外就读的毕业生，由于他们就业流动性最强，因此他们的未就业率比较低。简言之，毕业生的跨省流动有效缓解了流出地大学生就业难的问题，尤其是对于经济欠发达地区而言。但对于经济发达地区而言，由于外地生源毕业生的大量涌入，直辖市和东部地区本地就学的毕业生的未就业率分别为24.5%和28.6%。

表4－10　各地区生源毕业生就业流动与未就业率对比　　　　%

流动类型	直辖市	东部	东北	中部	西部	民族地区
本省就读流失率	－4.8	－7.5	－32.9	－32.4	－15.0	－7.9
本省就读失业率	24.5	28.6	16.9	26.7	40.2	40.1
外省就读流失率	－41.6	－59.8	－76.9	－76.1	－62.5	－69.2
外省就读失业率	28.8	24.2	22.6	25.9	25.3	27.1
本省生源总流失率	－13.0	－20.1	－48.9	－46.8	－34.0	－28.2
本省生源总失业率	25.5	27.5	20.2	26.4	35.0	36.1

---

①　就业主要指劳动者同生产资料进行结合，从事生产劳动并获得报酬或者其他经营性收入的活动。本研究的就业率计算参考刘潇（2007）提出的大学生就业率计算公式，毕业生就业人数÷（毕业生就业人数＋毕业生待业人数）×100%。该公式将不属于纯粹就业范畴的去向类型，如升学、出国等，从就业率统计口径中调整出去，使其更加准确地反映高校毕业生与劳动力市场对接的真实情况。

本省就读生源就业流动与就业质量的多层线性模型结果如表 4－11 所示。模型 1 考察了毕业生起薪的影响因素，相对于本省就读就业群体，选择从生源地流动就业可以给毕业生带来约 21%（$\pi_1=0.211^{***}$）的起薪收益。

表 4－11　本省就读生源就业流动与就业质量的多层线性模型结果

变量名称	模型 1	模型 2	模型 3
因变量	起薪	学用匹配	就业满意度
截距，γ_{000}	7.445^{***}	0.344^{***}	0.347^{***}
直辖市，β_{01}	0.594^{**}	0.630^{**}	0.995^{***}
东北地区，β_{02}	0.060	0.821^{**}	0.328
中部地区，β_{03}	0.039	0.476	－0.062
西部地区，β_{04}	0.040	0.150	－0.190
民族地区，β_{05}	0.117	0.352	0.518^{**}
生源地流动，π_1	0.211^{***}	0.160^{***}	0.190^{***}
控制变量	yes	yes	yes

注：控制变量包括毕业年份、学校类型、专业分类、学历层次、个体人口学特征、家庭背景和在校表现指标。

模型 2 考察了毕业生学用匹配的影响因素。相对于东部地区生源，直辖市（$\beta_{01}=0.630^{**}$）、东北地区（$\beta_{02}=0.821^{**}$）生源毕业生对口就业概率要更高。此外，从生源地流动就业毕业生（$\pi_1=0.160^{***}$）的学用匹配也要显著高于本省就读就业群体。

模型 3 考察了毕业生对求职结果是否满意。相对于东部地区生源毕业生，直辖市（$\beta_{01}=-0.995^{***}$）和民族地区（$\beta_{05}=0.518^{****}$）生源毕业生的工作满意度要更高。相对于本省就读就业毕业生，从生源地流动就业的毕业生（$\pi_1=0.190^{***}$）拥有更高的工作满意度。

省外就读毕业生就业流动与就业质量的多层线性模型结果如表 4－12 所示。模型 4 考察了省外就读毕业生流动对起薪的影响。省外就读生源以留在学校所在省份就业的毕业生作为参照组，返省就业毕业生的起薪要下降 3.8%（$\pi_1=-0.038^{**}$），而从院校地流动到其他省份就业毕业生的起薪则要高约 13.5%（$\pi_2=0.135^{***}$）。

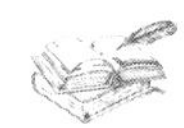

表4-12 省外就读毕业生就业流动与就业质量的多层线性模型结果

变量名称	模型4	模型5	模型6
因变量	起薪	学用匹配	就业满意度
截距，θ_0	7.686***	0.500***	0.840***
生源：直辖市，β_{01}	0.502***	0.265	0.699*
生源：东北地区，β_{02}	-0.001	-0.284	-0.038
生源：中部地区，β_{03}	0.061	-0.149	-0.014
生源：西部地区，β_{04}	0.028	0.169	-0.207
生源：民族地区，β_{05}	-0.071	-0.437***	-0.110
学校：直辖市，γ_{01}	0.225***	0.438***	0.331**
学校：东北地区，γ_{02}	0.095*	0.473***	0.315*
学校：中部地区，γ_{03}	-0.009	0.178	0.007
学校：西部地区，γ_{04}	0.012	0.326	0.136
学校：民族地区，γ_{05}	-0.055	0.411**	0.148
返省就业，π_1	-0.038***	0.079	0.067
院校地流动，π_2	0.135***	0.177**	0.137**
控制变量	yes	yes	yes

注：控制变量包括毕业年份、学校类型、专业分类、学历层次、个体人口学特征、家庭背景和在校表现指标。

模型5考察省外就读毕业生是否对口就业。以在学校所在地就业的省外生源毕业生作为参照组，返省流动就业（$\pi_1 = 0.079$）不能提高学用匹配度，从院校地流动就业的毕业生（$\pi_2 = 0.177^{**}$）能找到与专业更对口的工作。

模型6考察省外就学毕业生流动对就业满意度的影响。以在学校所在地就业的省外生源毕业生作为参照组，从院校地流动的毕业生（$\pi_2 = 0.137^{**}$）能找到满意度更高的工作，而返省就业流动（$\pi_1 = 0.067$）则不能提高毕业生的就业满意度。

（四）讨论

1. 高校毕业生跨省流动就业中的人才流失与工作机会流失

随着高等教育的持续发展，近些年我国每年毕业的大学生数量都在持续增加。相应地，高校毕业生的就业形势日趋严峻，每年都有大量的毕业生在离校时没有实现就业。政府和高校努力拓宽就业渠道，高校毕业生的就业选择范围逐步扩大到全国劳动力市场，跨省就业的毕业生越来越多。有的研究者（赖德胜，2005）认为就业流动不充分是大学毕业生失业增加的一个重要影响因素，因此，引导毕业生合理有序进行区域流动被认为是解决“无业可就”和“有业不就”的重要途径。在以往政府出台的促进大学生就业的政策中，存在着鼓励大学毕业生到西部去、到民族地区去、到农村基层去的倾向。但表4－10的结果表明，全国各个地区都存在相当比例的未就业大学生，西部地区和民族地区，本省生源毕业生未就业比例很高，无法吸纳更多外地生源毕业生就业。还有研究者担心“孔雀东南飞”的现象会持续加重，但是东部地区所能提供的工作机会依然是有限的，在东部地区生源毕业生存在接近30%未就业率的情况下，工作机会的减少和求职竞争的加剧会阻止外地生源毕业生继续向东部地区积聚。促进大学生充分的就业流动能在一定程度上缓解就业难现象，但无法彻底消除毕业生就业难问题。

周骏宇（2010）认为从人口流动的视角看，大学生就业难的根本原因是学生流动偏好高度重叠，一些不合理的制度安排助长了学生流动意向的单向化特征，加剧了就业难。表4－8结果表明不同地区生源毕业生都存在外流就业的情况，并不是“单向化”的，只是外流就业的比例存在差异。表4－9的结果表明，不但直辖市和东部地区有大量外来毕业生流入就业，东北、中部、西部和民族地区的劳动力市场也存在10%以上的外来高校毕业生就业。上述结果表明，各个地区之间的高校毕业生流动并非是经济落后地区向经济发达地区的单向流动，而是多向流动的复杂关系。

毕业生跨省就业的拉动力主要来自地区间的经济差距、收入差距和就业机会可获得性。不可否认，经济落后地区高校毕业生的流出总量要大于流入总量，处于毕业生净流出的状态，优质人力资源流失是一种客观现实。中西部地区为保证居民平等接受高等教育的权利大力发展高等教育，但是其高校培养的毕业生在总量和结构上与当地经济、社会发展存在一定程度的脱节，因而需要大学生在全国范围内流动解决就业问题。表4－10结果表明，西部和民族地区本省就学毕业生由于省外就业比例较低，因而其未就业率都超过了40%。毕业生跨省就业可以在很大程度上缓解当地的大学生就业压力，中部和东北地区生源毕业生由于超过40%的省外流动就业率，因而取得了较高的就业落实率。

由于我国区域发展的不均衡，毕业生对就业区域偏好的一致性带来就业竞争加剧。表4－9中直辖市有77%的工作岗位被外地生源占据，表4－10中直辖市本市就读生源的未就业率为24.5%；东部地区有23%的工作岗位被外

地生源毕业生占据，东部本省就读生源存在28.6%的未就业率。经济发展的本质就是人流、物流和资金流的汇集。由于发达地区在就业机遇、环境、待遇，以及子女教育方面的绝对优势，会吸引落后的外围地区各类劳动者，特别是高级劳动者的大量流入。虽然直辖市和东部地区由于外地生源毕业生大量涌入而造成本地生源毕业生就业压力增大，但是大量高级人力资本的流入使当地获得了高素质的人才，节省了大量人力资本的培养费用，在短时间内迅速提升了人力资本的总量与质量，进而带动了当地高新技术产业及其相关产业的发展，加快了调整和优化产业结构的步伐。

毕业生跨省流动并不会促进就业岗位的增加，流动毕业生是就业岗位的竞争者。在全国劳动力市场的求职竞争中，明显看到西部地区和民族地区处在不利位置上，其本省就读毕业生未能有效地向经济发达地区流动，毕业生的就业落实率最差。西部和民族地区毕业生就业流动性差的原因是多方面的，可能因距沿海地区的空间距离过大造成就业流动成本过高，也可能与省内高校专业结构同经济发达地区劳动力市场需求不匹配有关，还有可能与地区间高等教育质量不均衡造成省内高校毕业生职业竞争力的不足有关。从表4－10可知，西部和民族地区省外就读毕业生的流动就业率和就业落实率同其他地区毕业生不存在明显差异，该结果表明，提高西部和民族地区生源毕业生就业落实率的可行措施就是通过就读流动来提高其流动就业的能力，从而改善其就业难的现状；西部地区和民族地区的高校在教育改革中要积极促进毕业生省外流动就业的意愿和竞争能力。

2. 高校毕业生就业流动与就业质量

本研究发现，本省就读的本省生源毕业生通过向外省就业流动能获得更高起薪，而到外省就读的本省生源毕业生也可以通过从学校所在地继续流动获得起薪的提升。影响大学生跨地区就业流动的因素有很多，就大学生流动的原因以及流动获得的收益而言，“推拉理论”具有很强的解释力。赖德胜等（2003）的研究显示，我国沿海和内地之间、城市和农村之间均存在的经济差异是毕业生就业流动的驱动力。东部沿海地区和大中城市不仅就业机会相对较多，而且工资水平相对较高，因此大学生由中西部地区向沿海地区流动是我国大学生流动的主要方向。

按照人力资本理论，迁移作为一种重要的人力资本，迁移就业能够带来显著的私人收益与社会收益，其中社会收益体现在能够促进人才与工作岗位、就业市场的匹配，促进人力资本与经济发展的契合度，从而促进整体劳动生产率的提高（Borjas，1994）。本研究发现，本省就读的毕业生可以通过外流到他省就业来找到更对口的工作，而省外就读的本省生源毕业生也可以通过从学校所在地向其他省市流动来实现更高的学用匹配水平。不同的区域在产业结构中的分工角色是不同的。大学生偏好于在产业密集带就业，比如珠三角和长三角城市群，是因为执行同一生产任务聚集在一起的企业群越大，他们更容易选择与其专用性人力资本相匹配的企业。因此，东部沿海地区的城市不但使大学生具有更高的生产率，同时还能使他们更容易寻找到与其自身的人力资本存量相匹配的岗位（孟大虎，2005）。

本研究发现，省内就学的毕业生通过外流就业可以获得更高的就业满意度，省外就读的毕业生也可以通过继续流动就业提高就业满意度。影响毕业生就业满意度的因素有很多，就业机会、收入水平和对口就业就是其中的重要因素。源于 Hicks（1932）的“非均衡”流动模型认为，区域之间的经济差异，特别是工资差异是导致流动的主要因素。“均衡”流动模型重点关注区域间的非经济因素。优雅宜居的城市环境、完善的公共服务以及良好的社会人文环境等也是影响大学生择业区域的因素之一。个体在选择流动时同时会考虑经济与非经济因素及对这两类因素赋予的权重，从而获得更高的就业满意度。

（五）结论及建议

高校毕业生作为劳动力市场的优势群体，是实现科技创新、产业升级的主力军，其就业的合理分布和有序流动对于我国人力资本的有效利用和区域协调发展具有重要意义。本研究发现，我国高校毕业生就业仍然存在着明显的地域倾向，毕业生就业分布的地域不均衡反映的是各地经济发展的不均衡，东部地区优先发展战略的实施必然要求高校毕业生向东部地区聚集。经济落后地区高校毕业生供给规模超出了本地经济和社会发展的承载能力，这些地区毕业生外流就业缓解了当地严重的大学生就业难问题，经济发达地区接收了大量流入的高校毕业生，在增加当地人力资本存量的同时也造成本地生源毕业生面临激烈的就业竞争压力。对于高校毕业生个体而言，就业流动能够给其带来更高的收入、更高的学用匹配度和更高的就业满意度，就业流动能产生正向的私人收益和社会收益。

本研究的结果有助于为推动人才合理流动和区域经济的协调发展提供建设性意见。从国家层面，中央政府应消除各种阻碍人才流动的制度性障碍，建立统一、规范和自由流动的全国大学生劳动力市场。地方政府则应将产业政策同人才政策统筹推进。对于城市引才来说，产业基础支撑非常关键，良好的产业基础和就业环境可以形成人才集聚效应。近两年来在二线城市抢人

大战中，各地出台的人才政策同质化现象严重，没有深入考虑如何让人力资本要素更好地满足当地产业发展的需要，需要吸引何种人才来发展哪些产业都没有具体规划。地方政府还应创造好的就业环境，让市场机制充分发挥作用，提高基本工资水平，提供普惠性公共服务，提升所有常住居民的获得感和归属感，从而吸引并留住人才。对于高校毕业生而言，应扩大工作找寻区域，在全国范围内流动，就有机会找到与自身学历和专业更加匹配的满意工作，从而避免人力资本的浪费，实现"人尽其才"的人力资源战略目标。对于高校来讲，尤其是西部地区和民族地区的高校应进一步调整专业设置，加大人才培养改革，提升人才培养质量，增强毕业生在全国劳动力市场上进行流动和竞争的能力。

参考文献

[1] 路平. 基于区域间收入差距的我国大学生就业区位选择［J］. 地域研究与开发，2013（3）：44－48.

[2] 聂晶鑫，刘合林. 中国人才流动的地域模式及空间分布格局研究［J］. 地理科学，2018，38（12）：40－48.

[3] 薛凡凡. 高校本科毕业生就业流向实证分析——以西部某农业高校为例［J］. 大学教育，2018（12）：216－218.

[4] 吴雯雯. 欠发达地区高校毕业生跨省就业流动总体特征与群体差异［J］. 新余学院学报. 2019（5）：133－139.

[5] Hoare A，Corver M. The Regional Geography of New Young Graduate Labour in the UK［J］. Regional Studies，2010，44（4）：477－494.

[6] 赵晶晶，盛玉雪. 高校毕业生的流动路径及其对区域人才政策的启示［J］. 教育发展研究，2014（23）：34－42.

[7] Faggian B A，McCann P. Human Capital Flows and Regional Knowledge Assets：a Simultaneous Equation Approach［J］. Oxford Economic Papers，2006，58（3）：475－500.

[8] 岳昌君. 高校毕业生跨省流动的性别比较［J］. 教育与经济，2014（1）：31－39.

[9] Wilson J D. Optimal Income Taxation and International Personal Mobility［J］. Americana Economic Review，1992，82（2）：191－196.

[10] 张锦华. 教育溢出、教育贫困与教育补偿——外部性视角下弱势家庭和弱势地区的教育补偿机制研究［J］. 教育研究，2008（7）：21－25.

[11] 岳书敬，刘朝明. 人力资本与区域全要素生产率分析［J］. 经济研究，

2006（4）：90－96.

[12] Storm L A. Unemployment Experiences during Early Career of Immigrant and Non-immigrant Graduates [J]. Journal of Education & Work, 2004, 17 (1): 71－93.

[13] 钟秋明，文东茅．高校毕业生就业地域失衡及其对策［J］．求索，2007（9）：117－119.

[14] Sjaastad L A. The Cost and Returns of Human Migration [J]. Journal of Political Economy, 1962, 70 (5): 80－93.

[15] 岳昌君，周俊波．高校毕业生为何跨省就业［J］．清华大学教育研究，2005（2）：34－41.

[16] Hensen M, Vries M R, Corvers F. The Role of Geographic Mobility in Reducing Education-job Mismatches in the Netherlands [J]. Papers in Regional Science, 2009, 88 (3): 667－682.

[17] Venhorst V A, Corvers F. Entry into the Working Life: Spatial Mobility and Job-match Quality of Higher Educated Graduates [R]. Conference of the North American Regional Science Council, 2010.

[18] 马莉萍．流动与工作匹配［J］．复旦教育论坛，2015（2）：75－81.

[19] 岳昌君．高校毕业生就业状况分析：2003—2011［J］．北京大学教育评论，2012（1）：32－47.

[20] 赖德胜，田永坡．对中国“知识失业”成因的一个解释［J］．经济研究，2005（11）：111－119.

[21] 周骏宇，李元平．人口流动视角下大学生就业问题研究——基于中西部地区部分高校学生的调查［J］．教育发展研究，2010（11）：19－23.

[22] 赖德胜，吉利．大学生择业取向的制度分析［J］．宏观经济研究，2003（7）：34－38.

[23] Borjas G J. The Economics of Immigration [J]. Journal of Economic Literature, 1994, 32 (4): 1667－1717.

[24] 孟大虎．大学生就业行为探究：专用性人力资本的视角［J］．教育发展研究，2005（8）：58－61.

[25] Hicks J R. Theory of Wages [M]. London: MacMillan, 1932.

第五章

研究结论及政策建议

围绕居民收入分配的影响机制及教育因素，使用多层线性模型及增长曲线模型分别考察收入差距和居民收入增长的影响机制。结果表明，对个体收入差距解释力度最强的因素包括就业市场的多重分割、教育程度、个体特征以及城乡分割，而影响城乡收入差距的最主要因素是城乡间人力资本存量和要素价格的差异。研究发现，虽然城乡收入差距对全国总体收入差距的贡献度很高，但是如此之高的城乡收入差距却是由一系列的因素造成的，要缩小城乡收入差距，可供政府选择的政策包括：促进地区间经济的均衡发展；实现城乡间的教育公平；促进城乡间劳动力市场一体化的建设，实现人力资源的有效配置；推行户籍制度改革；消除针对女性的就业歧视以及工资歧视；促进农村地区非农产业的发展，消除就业市场中的多重分割。

要缩小我国过大的收入差距，政府应该统筹城乡发展，实现公共服务的均等化，尤其是教育的公平。当前我国在建设社会主义新农村的战略中，国家应加强中西部地区和农村地区教育的财政投入，把积聚在农村的人口压力转变为人力资源的优势。政府还应努力实现城乡一体化的劳动力市场。为此，政府要加大农村基础设施的建设，使得各种资本要素的配置更为便捷，为资本进入农村创造条件，从而为农村经济发展奠定坚实基础。其次，社会管理的一体化，包括户口制度的改变，是建立城乡统一劳动市场的关键。在统一的城乡劳动力市场中，人口在城乡之间是双向流动的，资本在城乡之间也是双向流动的。

本研究利用 CHNS 追踪数据考察 20 年来我国居民收入增长情况，结果表明我国居民收入增长的速度以及均等性方面都存在问题，造成城乡收入差距扩大的最主要因素是教育在农村地区对收入增长的作用较弱。政府应进一步规范收入分配秩序，对居民多种形式的合法收入进行保护，限制高收入群体各种非市场性收入，同时加快健全以税收等为主要手段的再分配调节机制，加大对高收入者的税收调节。

本研究发现，教育对收入增长具有显著的促进作用，稳步提升全民受教育程度是实现城乡居民收入普遍较快增加的一个基础性条件。无论是发达国家还是发展中国家，无论人均收入水平达到多高，劳动就业收入始终是一国居民收入中最主要的部分。解决就业问题是提高居民收入的根本途径。市场经济决定了提高低收入者的收入水平首先是提高其人力资本水平。“提低”的前提是加大教育培训力度，提高低收入阶层的工作技能，增强低收入群体就业能力，使低收入群体更多地通过劳动提高收入。人力资本投资虽然见效慢却是解决贫穷问题的根本途径。美国政府也大力促进教育公平，保证低收入群体具有公平的就业机会。美国设立义务教育制度，在全国范围对全体学龄儿童实行一定年限的免费教育，通过教育机会的均等来促进平等就业（张国华，2012）。一方面，我国政府应通过公平的教育政策，提高低收入群体的受教育水平，通过教育的配置作用让他们获得公平的就业机会，从而建立起解决贫困问题的长效机制。另一方面，教育的生产作用说明了国家通过扩张教育，可以提高本国人力资本的存量和质量，从而更好地为经济发展提供智力支持。“十二五”规划纲要中也提出：“深入实施科教兴国战略和人才强国战略，充分发挥科技第一生产力和人才第一资源作用，提高教育现代化水平……推动发展向主要依靠科技进步、劳动者素质提高、管理创新转变，加快建设创新型国家。”

本研究发现，城乡收入差距扩大是农村地区居民收入增长速度落后于城镇地区造成的。要缩小城乡居民收入差距，关键在于政府要在收入分配政策、城乡教育投入政策、城乡经济均衡发展以及全国统一劳动力市场建设等方面进行综合改革，促进农民收入较快增长。在对农村的收入分配政策方面，应该抓紧落实“十二五“规划纲要中提出的一系列措施，包括“增加新型农村社会养老保险基础养老金，提高新型农村合作医疗补助标准和报销水平，提高农村最低生活保障水平”“加大扶贫投入，逐步提高扶贫标准”。本研究发现，城乡间存在着受教育水平的差距。城乡教育失衡会导致城乡居民就业起点、岗位、待遇等的不均等，从而使收入差距扩大化。导致城乡教育发展失衡的一个重要因素是我国在基础教育资源配置上实行城镇优先的政策。依法提供平等的教育资源对政府而言是必尽的职责。政府应增加教育投入，废除现行城乡差别对待的基础教育经费投入制度，从根本上改善农村的教育质量，普及真正的义务教育，改变农村劳动力的人力资本存量，才有可能减缓城乡收入分配差距过分拉大的趋势。

本研究发现，城乡间教育对于收入增长的作用存在显著差异。教育对收入分配的作用不仅是教育系统自身发展和努力的结果，同时也是外生经济因素和制度制约的结果。如果工作机会的分配没有变化，更多人接受了教育这

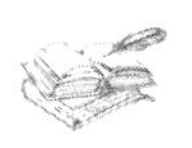

一事实并不能改变收入分配的状况。要真正发挥教育对收入增长的促进作用，就要充分发挥教育的配置作用，政府要大力发展农村地区的非农产业，帮助农村地区受教育程度高的劳动者从低收入的农业部门往高收入的非农业部门流动。但是农村产业结构非农化迫切需要较大规模的资金投入，而我国大多数农村地区自身进行固定资产投资的能力较弱，投资环境和条件不好，无力进行大规模的基础设施投资。因此，资金的瓶颈制约，已经成为农村产业结构非农化的最大障碍。在这种情况下，另一个增加农民收入的现实举措就是大力推进城市化进程，有步骤地将农村剩余人口转移到城市。但是城乡劳动者在就业上享受着不同的待遇，在报酬上表现为同工不同酬，在社会保障上被区分为有保障和无保障。现在对农民工的歧视、对农民工户口的限制，实际上反映了我们劳动力市场的分割问题，这是和一个市场经济国家的基本经济原则相悖的。要解决劳动力市场分割问题，首先要消除就业歧视观念。在市场经济条件下，对于城乡的劳动者来说，就业选择权应该是平等的，他们完全有权利、有理由选择自己所适合的职业。其次是消除城乡劳动者的社会保障方面的隔离体制。2010 年中央一号文件对此也有明确规定，通过加大农民外出务工就业指导和服务力度，深入开展工伤保险全覆盖行动，健全农民工基本医疗保险制度，抓紧落实农民工基本养老保险关系转移接续办法，落实以公办学校为主、以输入地为主解决好农民工子女入学问题的政策，切实维护农民工合法权益，不断增加农民外出务工收入。总之，随着收入分配体制改革的深化，一个符合国情、兼顾公平和效率的收入分配体制一定会建立健全起来；一个有利于全民共享改革成果，有利于扭转收入差距扩大趋势的分配制度一定会走向成熟。

围绕高等教育对收入分配的结构效应和价格效应，研究发现高校扩招对省间和个体间的高等教育入学不平等有抑制作用；多元录取的招生制度则增大了地区间、城乡间和阶层间的优质高等教育入学机会不平等程度。本研究的结果表明，我国招生名额分配缺乏科学合理的依据，当前的分省定额制度不但扩大了地区间的高等教育入学不公平，同时还间接增大了城乡间的入学机会差距。2006 年到 2011 年的《普通高等学校招生工作规定》中将“根据我国经济社会发展的需要”“各省（自治区、直辖市）的生源情况”“毕业生就业情况”等作为确定高校总体的招生规模的指导原则，会使得高校在招生时优先选择经济资本和社会资本较高的发达省市的学生。要解决我国高等教育大众化进程中的公平问题，关键是要明确政府的责任，政府应当而且必须成为公平发展大众高等教育的保证者。《国家中长期教育改革和发展规划纲要(2010—2020 年)》提出“探索缩小高等学校入学机会区域差距的举措”，以促进社会公平。历年“两会”上经常有代表上交提案要求全国所有省份按分数高低统一录取。表面看来，实行全国统一考试、统一录取的办法的确可以解决分数面前人人平等的问题，但有时绝对公平的要求也是有害的。考试公平主张“分数面前人人平等”，区域公平强调区域之间入学机会的大致均衡，考试公平与区域公平成为大规模统一考试必然遇到的两难问题（刘海峰，2006）。尽管一些经济实力强、高等教育资源丰富的省市分享到较大的招生份额，但指标的分配也同样照顾到了教育落后的弱势省区的需求，从政策的效果来看，使得少数民族地区和边远落后省区的考生有机会进中国一流大学（秦惠民，2010）。最近几年屡见报端的高考移民状元的报道，其实质是教育发达省份的考生利用非正当的方式“偷窃”西部省份本已稀缺的优质高等教育机会。如果根据全国一致的录取分数线来实施“绝对公平”，东部教育发达地区的考生就可以合法地“占有”西部省份绝大多数优质高等教育资源。高考实行分省录取的制度具备实质合理性，对于促进底层社会精英的向上流动、保证落后地区考生正当的入学权利具有重大意义（刘海峰，2009），在当前我国教育发展不平衡的背景下只能按照一定规则进行完善，编制科学合理的分省招生计划。首先，在事实上存在巨大社会不平等的现实中，必须采取向弱势群体倾斜的“补偿性原则”，才能有效减少不公平（杨东平，2006）。在确定部属高校的分省配额时，招生录取应以报考人数为主，并对少数民族地区和经济相对落后地区予以补偿性照顾。其次，在特定的历史发展阶段，高等教育入学机会的区域分布存在一定程度的差异不可避免，对非均衡发展起抑制作用的高招指标的倾斜性分配也应该限制在一定的“分担与分享”均衡点上。教育发达省份同外省分享机会的同时，其他省份也应合理承担相应的责任。只有坚持这一重要原则，才可避免“搭便车”的情况发生，否则，过高的责任承担或过度的机会分享，都将严重损害教育公平与效率（刘精明，2007）。

高考招生制度以学术能力为选才标准，在现今历史阶段一定程度地实现了公平、成本和效率的相对平衡，至今仍是被社会广泛认同的体现公平和公正的制度形式（秦惠民，2010）。城乡间入学差距是高等教育不平等的最重要组成部分，努力缩小高等教育入学机会的城乡差距是政府在高等教育管理方面的重要责任。高等教育入学机会的差异在很大程度上反映了基础教育质量的差距，农村学生所接受的基础教育质量较差，导致他们在高考中处于不利的地位。义务教育是面向每一个适龄儿童的基础教育，是一种强迫性教育和全民性教育，也是在保障公民的基本人权。依法提供平等的教育资源对政府而言是必尽的职责。努力缩小城乡基础教育办学质量的差距是缩小高等教育

入学机会城乡差异的重要举措，只有建立统一的城乡居民社会福利体制，不断缩小城乡基础教育办学水平的差距，高等教育入学机会的城乡差距才能不断缩小。近年来，政府已经采取了一些政策，包括加大对农村教育的投入、减少农民的教育负担、减免学费、增加对贫困大学生的经济资助，等等。《国家中长期教育改革和发展规划纲要（2010—2020年）》(以下简称《纲要》)要求："加快缩小城乡差距。建立城乡一体化义务教育发展机制，在财政拨款、学校建设、教师配置等方面向农村倾斜。率先在县（区）内实现城乡均衡发展。"切实落实《纲要》中所提出的要求，废除现行城乡差别对待的基础教育经费投入制度，才是解决高等教育城乡入学差距问题的关键（刘慧珍，2007）。

中国高等教育系统内部存在着很大差异，不同高校在所拥有的资源以及学术声誉上的分化程度是非常显著的。近年来农村考生在重点大学在校生所占比例过低的现象已经引起社会的广泛关注。当教育规模迅速扩大的时候，质量差异的重要程度必定会取代数量差异的重要程度，越来越成为人们对高等教育选择的基础（丁小浩，2006）。因此，除了数量层面的衡量角度外，不同层级高等教育的机会均等也是一个非常重要的方面。本研究主要关注高等教育数量上的公平，但是这远远不够，要认识中国高等教育机会分布的变迁，要将与数量相关的机会变化的分析角度同与质量相关的机会变化的分析角度结合起来。未来研究中我们还将继续关注质量差异这一衡量中国教育系统的机会均等性更深层的指标。

采用多层倾向性评分匹配的方法发现，当前接受高等教育依然具有较高的终身受益，且高中组的潜在高等教育收益率要高于大学组的高等教育收益率。在经过20多年的以市场为导向的经济改革和社会转型后，我国的高等教育收益率较以往有较大幅度的提升。ATU大于ATT的结果表明，政府实行高等教育扩张的政策不但可以带来全民累积受教育程度的普遍提高，从而扩大中等收入者在居民中的比例，而且在高等教育扩张的过程中如果能够兼顾教育公平，还将有利于收入的均等化，这就给经济增长创造了一个广泛的良性循环的基础。要实现上述目标，政府在高等教育扩张的过程中要保证规模扩张的速度同经济发展速度相协调，同时要继续加大对高等教育的投资力度，控制个人的接受高等教育的成本分担比例，进一步完善助学贷款制度，减轻民众接受高等教育的经济压力，保持和扩大个人投资高等教育的收益空间。

围绕高校毕业生就业状况变动趋势及与劳动力市场的匹配机制，研究发现，高校毕业生的名义起薪和实际起薪都保持了逐年增长的趋势，但是起薪增长速度低于同期城镇居民人均可支配收入的增长速度，高校毕业生供给增加的速度超出了社会对大学生有效需求增加的速度。高职院校毕业生和专科毕业生在规模增长的同时，通过以社会发展需求为导向调整人才培养方向，从而实现毕业生就业率显著提升；科类结构存在结构性失衡，并且有些学科的失衡加剧。高校毕业生跨省流动的就业路径是双向的和不均衡的，跨省就业能给毕业生带来起薪、学用匹配以及就业满意度上的提升。

高校毕业生作为劳动力市场的优势群体，是实现科技创新、产业升级的主力军，其就业的合理分布和有序流动对于我国人力资本的有效利用和区域协调发展具有重要意义。本研究发现，我国高校毕业生就业仍然存在着明显的地域倾向，毕业生就业分布的地域不均衡反映的是各地经济发展的不均衡，东部地区优先发展战略的实施必然要求高校毕业生向东部地区聚集。经济落后地区高校毕业生供给规模超出了本地经济和社会发展的承载能力，这些地区毕业生外流就业缓解了当地严重的大学生就业难问题，经济发达地区接收了大量流入的高校毕业生，在增加当地人力资本存量的同时也造成本地生源毕业生面临激烈的就业竞争压力。

随着我国经济进入了新常态，新产业新业态加快孕育，国民经济正在发生深刻变化，经济转型升级成为历史的选择。这一时期，虽然我国经济增长速度出现了回落，但是大学毕业生起薪却持续增长，显示了中国经济转型和升级过程中对高素质人才的需求。因此，政府部门在进行高等教育规模的规划时，一方面要考虑尽可能满足人民群众的高等教育需求，另一方面也要充分考虑到经济发展和产业升级对人才的需求及容纳量，只有综合、均衡地考虑这些因素，高等教育发展才能达到一个最佳的规模。因此，未来应加强高等教育与社会协调发展的机制，推动高等教育与经济社会尤其是劳动市场与产业格局协调发展，通过市场途径实现合理的高等教育规模扩展，走中国特色的高等教育内涵式发展之路。

劳动力市场由市场主体、市场规则和市场服务体系等要素构成。政府在大学生就业过程中担负着不可替代的关键责任，包括公共就业岗位的提供、就业政策的实施、就业市场规范和就业服务体系的建设等。当然，重视发挥政府的作用，并不意味着政府重新包办大学生就业事务，因为归根结底就业岗位不是靠政府来创造，政府的角色不是干预而是促进就业。但在实践中，政府通过行政和政策手段深度介入大学生就业市场，政府包揽了本应由市场所承担的角色，同时放弃了市场监管与规制的责任。因此，通过打破劳动力市场制度性分割，畅通就业信息渠道，规范就业市场，为大学生就业创造良好的市场环境，比政府扶持本身所产生的效果更大。实际上，政府在促进大学生就业的各种措施中，效果最明显的莫过于让市场机制发挥主导作用。

大学生就业市场发育促进了大学生人才资源由政府配置向市场配置的转换，促使了毕业生自由流动和就业结构的优化，激发了高等教育的办学活力。如果没有大学生就业市场的发展，就没有高等教育的大发展，就不可能顺利推进高等教育大众化。在推行市场化改革后，劳动力市场对人才的需求是多样化和动态调整的，主要劳动力市场和次要劳动力市场筛选员工的机制也不尽相同。因此，高等教育的人才培养模式也应该随之多样化和动态化，而且这种多样化和动态化不仅应当表现在不同层次和类型的高校中，也应当体现在不同的学科和专业设置上，这就需要高校不断进行制度创新，从专业设置、课程体系等方面展开高等教育供给侧结构性改革，以契合劳动力市场对人才的多样化和动态化需求。鉴于我国第三产业的崛起以及第二产业逐渐向高精尖制造业转换，国家不仅需要理论型和创新型人才，而且需要大量应用型和技能型人才。因此，未来应当在“创新驱动发展战略”“中国制造 2025”“一带一路”等国家战略的驱动下，调整优化现有的高等教育结构，构建多层次、多学科协调发展的人才培养体系，以满足市场对不同层次和类型人才的需求。具体而言，我们既要加快世界一流大学和一流学科建设，以培养更多的服务于先进制造业和现代服务业的领军型科技人才，也要鼓励、推动和引导部分地方高校向应用型转型，大力推广技能和职业教育，以矫正人才要素配置的扭曲，提高供给结构对劳动力市场需求变化的适应性。

参考文献

[1] 丁小浩. 规模扩大与高等教育入学机会均等化 [J]. 北京大学教育评论，2006 (4).

[2] 刘海峰. 高考改革的思路、原则与政策建议 [J]. 教育研究，2009 (7).

[3] 刘海峰. 高考竞争的本质与现象 [J]. 高等教育研究，2006，27 (12).

[4] 刘慧珍. 社会阶层分化与高等教育机会均等 [J]. 北京师范大学学报 (社会科学版)，2007 (1).

[5] 刘精明. 扩招时期高等教育机会的地区差异研究 [J]. 北京大学教育评论，2007，5 (4).

[6] 秦惠民. 入学机会的公平——中国高等教育最受关注的平等话题 [J]. 中国教育法制评论，2010 (8).